萬迷之謎

A Study on Factors Contributing to
Rapid Develoment of Falun Gong:
with Discussions on Qi Gong and Its Relations to
Religion and Science

法輪功發展之研究
兼論氣功與信仰及科學的關係

凌曉輝博士 ◉ 著

萬迷之謎 法輪功發展之研究 ｜ 兼論氣功與信仰及科學的關係

A Study on Factors Contributing to Rapid
Develoment of Falun Gong: ｜ with Discussions on Qi Gong and Its
Relations to Religion and Science

前言

　　本書可以做為初次接觸氣功、特異功能、宗教和法輪功的現代社會科學、自然科學工作者以及廣大氣功愛好者了解法輪功的途徑之一。但是，書中的觀點和認識只是筆者十分粗淺的對法輪功的認識，並借用了現代社會科學研究的方法和理論框架，它不代表法輪功本身的內涵。

　　人們知道《易經》可以說是中華文化的源頭，研究《易經》的人千千萬萬。它開創了中華五千年神傳文化的先河，以致於現代人無論遇到什麼問題似乎都可以從中找到答案。然而筆者接觸到它之後，感到其真正深刻的內涵在於它的「一劃開天」。也正是由於這最簡單的一劃，成為了中華文化的開始，而這最簡單的一劃也就是宇宙「陰陽」學說的根本。它就像一本「天書」一樣，直到現代科學發達的今天，人們仍然難以做出完整、透徹、正確的解讀。古往今來很多人，除了一些修佛、修道和修煉的人，無法直接讀懂《易經》，還是借助孔子寫的《易傳》去瞭解和認識《易經》。同樣，法輪功的主要著作《轉法輪》，儘管書中的文字已經簡單到只要能識字就能讀的程度，但是到現在為止，也還沒有人敢說真正的完全讀懂其內涵，而這裡所

指的人包括所有法輪功的修煉者。

　　當代中國社會正掀起一股「國學熱」，這反映了中國民眾內心深處存在的幾千年傳統文化的本性被再次啟蒙。連曾經將孔子「批倒批臭」的中共政權，也在海外大辦所謂的孔子學院，試圖借用中國傳統文化兩千五百年的代表人物——孔子在中華文明中巨大的影響力來美化自己。人們普遍知道孔子是信天、信地和信神的，孔子曾拜見求教老子，他們是同時代的人物。老子是後人尊崇的神仙，即太上老君；而中國共產黨信仰的是馬克思主義，是一群反神反佛的無神論者，與神佛水火不容。其實中共在使中華文化失去了「神」，使中華文明失去活生生的生命。

　　書中第二章第三節的第六個小標題是：現代「神學」的研究導致對神的「背叛」。其實一些宗教也在使人背離神，即宗教的「世俗化」。也許神學研究起初的願望是好的，在信仰神的前提下，想通過神學家們各自一定的對神的認識和理解，讓更多的人去認識和相信神，並走入修煉或信神的道路，從而使人得救。人們建立宗教的出發點，也是想通過一定的形式，把信神和想要修煉的人，以一種形式組織起來給一些看起來有困難的人們提供幫助，以便使更多人修煉。其實任何修煉只是「心」的修煉及「心性」的提高。但是當宗教成為一種人類社會有形的形式，也有人被這種形式帶入修煉中後，人們就更加看重這種形式，以致於依賴這種形式而漸漸遠離了對「心」的修煉的要求。甚至於有的宗教形式與政權相結合，形成政教合一，管理起人間的事物（這裡並不是指神不能管人，而是人不能借用神的名義來

萬迷之謎 法輪功發展之研究 │ 兼論氣功與信仰及科學的關係

A Study on Factors Contributing to Rapid
Develoment of Falun Gong: │ with Discussions on Qi Gong and Its
Relations to Religion and Science

管人，從而獲得自己對某種欲望的滿足）。宗教的領袖們變成了一種權力的象徵，以致於這種權力變得至高無上，這種權力必然導致慾望，致使宗教世俗化從而背離「神」。

其實真正意義上的「神」是不能被研究的，特別是不能僅僅依賴現代科學的手段、方法來研究。因為現代科學是建立在有限空間的實證認識基礎之上的，以至於像許多「特異功能」已經反應到現實空間變成實實在在的現象後，還是不能使現代科學認識。其實科學怎麼能認識到這種用「心」才能知道的「神」的存在呢？同樣，法輪功是修煉，修煉就是修心，也是不能被研究的。在現代的環境下，借用任何方法去研究法輪功，包括本書也只能適合於某種環境或某些個體認識法輪功的真相。如果真正要認識和了解法輪功、特別是有意修煉的人，只有閱讀法輪功的原著。因為無窮無盡的內涵，只有在你誠心去閱讀原著的過程中才能知道。

2011年9月5日於悉尼

學術視野中的法輪功

　　法輪功現象是轟動全中國以至於全世界的重大課題。學術界對法輪功問題的研究成果之少，與法輪功問題的重要性很不相稱，似有失職之嫌。作為學界中人，我一向認為，學術界最重要的使命，是為攸關人類利益及世道人心的重大問題及時地提供知識、答案和思路，而不是將學術完全變成關在象牙塔內自說自話的玩物或謀取稻糧的工具。凌曉輝此書挖掘和利用大量第一手材料，從信仰和科學兩個維度對法輪功現象進行了系統深入的探討，是對推進法輪功問題研究的一大貢獻。他本人就修煉法輪功，其研究心得自是內行人的見解。當然，作為當事人的一家之言，其利鈍得失，相信讀者諸君會作出恰當的評判。

　　按照法輪功網站所提供的資訊，於1992年才正式問世的法輪功，其修煉者1999就已猛增到7000萬至一個億[1]。中國政府將法輪功視為1989年六四事件以後所遇到的最大挑戰，於1999年7月20日宣布取締法輪功，隨後成立專門機構協調、黨政軍全面動員、掀起類似文革的全國性政治運動來撲滅法輪功。但是，法輪功不但沒有被消滅，而且迄今已傳播於至少114個國家（地區）。[2]法輪功成員在中國使領館

及唐人街的標幟和長期抗議活動，成為諸多國際都會的一道風景線。在中國國內，法輪功成員除了繼續私自練功外，還突破封鎖到處以發傳單、發電郵、發短信、打電話等方式繼續「講真相」。牽涉人員如此之多、牽涉面如此之廣、持續時間如此之長的社會事件和社會現象，召喚學界中人作出令人滿意的分析和解釋。

　　對法輪功的性質和是非，學術界眾說紛紜。有人將法輪功歸類為道家氣功，也有人將它歸入佛教功夫；[3]有人將法輪功視為新興宗教，也有人則強調法輪功與中國傳統民間宗教文化的關聯；[4]有人強調法輪功是挑戰中共政權合法性的信仰團體，也有人強調法輪功只不過是一批人為應付醫療改革所帶來的困局而自謀強身健體之道。[5]其實，中國科學界和哲學界對中國氣功的功能一直是見仁見智。錢學森等一批科學家從實證科學的角度出發，強調現代量子力學及宇宙學與中國傳統醫學及人天觀的「不謀而合」，論證以氣功為核心的中醫理論、氣功和人體特異功能是「開展人體科學研究的一把鑰匙」。[6]馬克思主義哲學家于光遠和物理學家何祚庥等人，則從唯物主義角度批判氣功、特異功能和法輪功的荒誕無稽。[7]氣功的健身和治療功效，有人認為是一種精神治療，也就是基於強烈信仰的高度精神集中，使心理和生理關係得到調整，從而提高身體的免疫力和抵抗力。凌曉輝在此書中則認為，法輪功修煉者可將身心修煉到神妙的境界，接通神的力量來調控宇宙能量在身體內部的迴圈，超越了通常那些導致病痛的生命法則。

　　法輪功究竟是什麼？法輪功與中國佛教及道教的聯繫和差別何在？法輪功與中國傳統民間宗教的聯繫和差別何在？20世紀90年代法

輪功為什麼在中國社會飛速發展？信奉「真善忍」、力圖遠離政治、和平地打坐練功的法輪功為什麼會被中共政權視為不共戴天的仇敵？法輪功是不是試圖挑戰中共黨國意識形態及其合法性基礎的一種新興宗教？為什麼中共政權要發動與法輪功之間「你死我活」的決戰？鎮壓法輪功是否違反宗教信仰自由、集會結社自由等基本人權？鎮壓法輪功與中共維穩體制之間是何種關係？中共政權與法輪功之爭將會走向何種結局？凌曉輝的著作並不能回答所有這些問題，但會有助於人們對這些問題的深入思考。

眾所周知，中共政權將法輪功定性為「邪教」。在中共取締鎮壓法輪功之前，世界上有幾個國家取締「邪教」，國際媒體廣為報導。例如，美國的「人民聖殿教」，由原基督教新教牧師吉姆・鐘斯於20世紀50年代創立，鼓吹世界末日即將到來，為「拯救世界」而在教會內營造「和睦的家庭氣氛」，在「愛」的口號下對信徒施行嚴厲的管制和殘酷的精神控制。1978年11月，鐘斯下令槍殺了前往調查的美國眾議員和隨行的3名記者等人，隨後脅迫914名教徒集體服毒自殺，製造了人類20世紀駭人聽聞的一幕慘劇。其他的突出例子，還有日本的「歐姆真理教」、歐洲的「太陽神殿教」等。這些邪教的成員人數不多，其實質是以宗教名義不擇手段地聚斂錢財、從事強烈的反人類行為，雖具宗教之名而與黑社會、恐怖組織無異，往往策動集體自殺和殺人的恐怖行動。

那些實行民主法治制度的國家，對「邪教」的處理嚴格遵守法律規範及法律程式，通過執法部門針對犯法和犯罪行為採取行動。畢竟，是否有犯法和犯罪行為，才是判斷是否「邪教」的客觀標準。在

萬迷之謎　法輪功發展之研究 | 兼論氣功與信仰及科學的關係

A Study on Factors Contributing to Rapid
Develoment of Falun Gong: | with Discussions on Qi Gong and Its
Relations to Religion and Science

宗教信仰自由的原則之下，不允許任何人根據信仰的某些「特徵」來定義「邪教」。中共政權1999年取締法輪功，恰恰是中共黨政、行政機關沒有法律依據的政治行動。即使按照當時中國的法律，那些被抓捕、勞教的法輪功成員並沒有犯罪或犯法行為。在全面取締、鎮壓法輪功幾個月之後，1999年10月底，中共當局才經由全國人大常委會作出《關於辦理邪教組織、防範和懲治邪教活動的決定》，並經由最高人民法院、最高人民檢察院作出《關於辦理組織和利用邪教組織犯罪案件具體應用法律若干問題的解釋》，在法律上將「邪教組織」定義為「冒用宗教、氣功或者其他名義建立，神化首要分子，利用製造、散布迷信邪說等手段蠱惑、矇騙他人，發展、控制成員，危害社會的非法組織。」這種先治人以罪再制定法律的做法，本身就是很不嚴肅的違法行為和對法治精神的褻瀆。「維穩體制」之下，「將不穩定因素消滅於萌芽狀態」的專政手段大行其道，對人權、法治甚為不利。國際上的民主國家以及國內外具有自由民主信念的人士，都認為中共政權對法輪功的鎮壓嚴重侵犯基本人權。

　　中共政權對法輪功的鎮壓，確實與當代民主國家依法取締「邪教」沒有共同之處，倒是類似中國古代專制君主的「滅教」之舉。中國的君權至上、中央集權的君主專制制度始於秦始皇。秦嬴政橫掃六合、一統天下之後，狂妄至極地自以為「德兼三皇」、「功蓋五帝」，合三皇五帝而稱皇帝，而且是破天荒的「始皇帝」。秦始皇焚書坑儒，消滅一切不同聲音和異端思想，命國人「以吏為師」，將教育和宗教信仰事宜統統置於王權的淫威之下。此後的中國本部，城頭變幻大王旗，江山易幟頻繁，但「百代皆行秦政制」，教權從屬於皇

權的格局始終沒變。通常情形下，古代中國君權與神權相安無事。專制君主們樂於利用各種民間宗教為其服務，特別是將宗教信仰當作輔佐統治的教化工具之一。但是，當專制君主們覺得某一民間宗教不合時宜或不聽使喚的時候，便不惜動用國家暴力將其禁毀，諸如北魏太武帝禁佛、唐武宗滅佛、明太祖滅摩尼教、清高宗禁天主教等。這種無法無天的中世紀「毀教」傳統，被中共政權繼承下來，而且有過之而無不及。之所以有過之而無不及，還因為中共政權是建立在無神論意識形態基礎上的黨國體制，自以為有權壟斷宇宙真理與道德準則，留給宗教信仰的空間非常有限，對信仰自由的侵犯和對不服從領導的信仰團體的迫害，成為這種政權運行的內在邏輯之一。

從學術角度說，似乎不便將法輪功歸結為一種宗教。宗教信仰的存在遠遠先於「宗教」這一概念，基督教、佛教、伊斯蘭教等概念名稱都是後人所加，特別是在排他性宗教共同體出現之後才流行開來，而非那些信仰體系的創立者們所用之概念名稱。[8]學術界對「宗教」有很多定義，下面這個定義比較穩妥：「宗教是一種對超自然、超人間的力量或神靈之信仰與崇拜為核心的社會意識，是通過特定的組織制度和行為活動來體現這種意識的社會體系」。[9]從終極關懷、信仰體系、行為體系、組織體系等方面看，將法輪功歸結為一種宗教，顯得過於牽強。

中國本土的宗教信仰，是一個興味無窮的話題。同源於原始猶太教的猶太教、基督教和伊斯蘭教，被視為世界宗教的典範，都信仰唯一的神。其實，很多文化史的著作，都誇大了宗教，特別是一神教在人類文明史中的作用和地位。按照德國哲學家雅斯貝爾斯所提出的

「軸心時代」理論，為人類精神文明奠基的「軸心時代」，不是「諸神狂歡」，而是「諸子並起」。在西元前8世紀至西元前2世紀這600年間，希臘、印度和中國分別出現了蘇格拉底、柏拉圖、釋迦牟尼、老子、孔子等偉大的思想家，他們各自為希臘文化、印度文化和中國文化制定了思想文化範式，後來的人類歷史發展不斷環繞這些「軸心」範式旋轉、展開、昇華。[10]猶太教、基督教和伊斯蘭教，並不在這些初創的範式之中，只能算是人類文明史中的後起之秀。

　　像釋迦牟尼所創造的傳統一樣，古來中國的智慧並不指向唯一的神，而是給芸芸眾生留下廣闊的想像空間和創造空間。莊子說，「六合之外，聖人存而不論」。[11]聖人也就是超凡入聖、學問和修養達到最高層次、最高境界的人。中國的古聖先賢們，對經驗範圍之外的彼岸世界，視為無可定論的領域，「存而不論」，這自有玄妙之處。《易經》中有「神道設教」之說，其原文是「觀天之神道，而四時不忒；聖人以神道設教，天下服矣」。[12]這裡的「神」與「道」同義，並不是通常宗教意義上的神，更不是一神教意義上的神。神在這裡所指的是不可觸摸的神秘力量，是能使時節正常運行而不出差錯的自然法則。妙不可言謂之神，形而上者謂之道。「神道設教」，指的是在人間弘揚這種形而上的、玄妙莫測的自然法則。《老子》開篇就說：「道可道，非常道。名可名，非常名」。就因為大道無形，是生生不息、包羅萬象、瞬息萬變、無可名狀、不可思議的動態過程，無法定義、無法指證、無法論斷，只可意會、不可言傳，一旦用語言和邏輯去定義和規範它，它便死掉了，就不再是「道」了。

現代中國那些學貫中西的人們，早就特別敏感地意識到形而上的道與以形而下的經驗世界為物件的現代科學之間的張力。中國知識界於20世紀20年代初展開的「科學與人生觀」問題大論戰，體現了現代中國學人非凡的探索精神。[13]沒有人能否認現代科學對宗教信仰的巨大衝擊。「科學主義」的目標，是將世間的一切事物都還原為物質，依靠科學知識來作出解釋，建立「科學的人生觀」。但是，實證科學無法解決靈魂的物質性問題，無法圓滿說明一切生命現象和精神現象、特別是超驗性的精神現象，更無法滿足人的超自然的願望和對奇蹟的願望。其實，事關有無真偽的事實判斷可以仰賴科學，事關是非善惡的價值判斷則是實證科學所無能為力，甚至形而上領域有無真偽的事實判斷實證科學也無能為力。走「性命雙修」路線的氣功，究竟如何博大精深，還值得學術界繼續探討。從這個意義上說，凌曉輝的一得之見，至少有拋磚引玉之效。

悉尼科技大學　馮崇義

萬迷之謎 法輪功發展之研究 ｜ 兼論氣功與信仰及科學的關係

A Study on Factors Contributing to Rapid ｜ with Discussions on Qi Gong and Its
Develoment of Falun Gong: ｜ Relations to Religion and Science

[1] 明慧網：《法輪大法究竟是什麼？》2002年7月5日，http://www.minghui.cc/mh/articles/2002/7/5/32819.html。據說這一資料來源於中國公安部門的1999年取締法輪功之前的一份內部調查報告。在取締法輪功之後，中國政府的文獻對法輪功修煉者人數的估算要少得多，有時說兩千萬，有時說三千萬，甚至也有幾百萬的說法。因為法輪功並沒有組織名冊或負責成員登記的機構，法輪功修煉者的實際人數本身就是一個值得研究的複雜問題。

[2] 明慧資料中心：《傳法傳功階段的一些重要史實》2009年5月更新http://package.minghui.org/mh/center/index.htm。關於法輪功在全球的傳播，可參閱Nancy Chen, *Breathing Space: Qigong, Psychiatry, and Healing in China,* Columbia University Press, 2003.

[3] Beatrice Leung, 'China and Falun Gong: Party and Society in the Modern Era', *Journal of Contemporary China,* 2002, Vol.11, no. 33, pp. 761-784；Maria Hsia Chang, *Falun Gong: The End of Days,* Yale University Press, 2004.

[4] Vivienne Shue, 'Global imaginings, the state's quest for legitimacy, and the pursuit of phantom freedom in China, from Heshang to Falun Gong', in Catarina Kinnval and Kristina Jonsson, eds, *Globalization and Democratization in Asia: The Construction of Identity,* Routledge, 2002; David Ownby, *Falun Gong and the Future of China,* Oxford University Press, 2008.

[5] John Wong and William Liu, 'The Mystery of Falun Gong: Its Rise and Fall in China', in John Wong and William Liu, eds, *The Mystery of China's Falun Gong: Its Rise and Its Sociological Implications,* Singapore University Press, 1999; Cheris Shun-Ching Chan, 'The Falun Gong in China: A Sociological Perspective', *The China Quarterly,* 2004, no. 179, pp. 665-683.

[6] 錢學森著：《論人體科學》，人民軍醫出版社，1988年，第21~25頁

[7] 于光遠著：《評所謂「人體特異功能」》，知識出版社，1986年版；何祚庥著：《何祚庥與法輪功——1999年夏天的報告》，1999年版。

[8] Wilfred Cantwell Smith, *The Meaning and End of Religion,* First Fortress Press, 1991.

[9] 戴康生、彭耀主編：《宗教社會學》，社會科學文獻出版社，2007年版，第36頁。

[10] 卡爾‧雅斯貝斯著：《歷史的起源與目標》，魏楚雄、俞新天譯，華夏出版社，1989年版。

[11]《莊子・齊物論》

[12]《易經・觀卦・象傳》

[13] 汪孟鄒編：《科學與人生觀》，亞東圖書館2003年版。

目錄
Content

20　摘要

21　Abstract

22　緒論

22　一‧問題的提出

25　二‧研究的內容和意義

27　三‧文獻綜述

39　四‧結構

第一章‧氣功和人體特異功能研究

46　一‧什麼是氣功

52　二‧氣功的起源和歷史

59　三‧現代氣功的發展

59　　（一）氣功悄悄進入無神論的禁區

60　　（二）氣功登上科學舞臺

65　　（三）法輪功的傳出

66　四‧什麼是特異功能

68　五‧特異功能熱

68　　（一）大陸媒體的報導

69　　（二）研究成果和眼見為實

76　　　（三）臺灣的特異功能研究

82　　六・對特異功能的批判及其爭論

82　　　（一）現代哲學思維的僵化和侷限

85　　　（二）特異功能現象不穩定

85　　　（三）特異功能現象超出了現代自然科學的認識範圍，無法解釋

86　　　（四）所謂馬列主義的意識形態

86　　　　1・中共的理論家與「偽科學」的鬥爭

89　　　　2・揭批「偽科學」的政治運動

92　　七・現代科學無法迴避

92　　　（一）研究人員的困惑

95　　　（二）真正的科學態度

97　　　（三）必需改變觀念才能看到真相

第二章・信仰、宗教、神學和科學

110　一・人類的信仰

110　　（一）對「信仰」的認識

110　　　1・信仰

112　　　2・宗教信仰

112　　　3・法輪功信仰

113　　（二）人生的真諦

116　二・「人類」與「宇宙」

116　　（一）人類的「為什麼」和「無法知道的為什麼」

117　　　　（二）人類認識的宇宙

118　　　　　1‧宇宙的時空大小

120　　　　　2‧宇宙的物質

120　　　　　　（1）生命論──泛靈論

124　　　　　　（2）宇宙的「能量──生命」形式

126　　　　（三）對宇宙新的認識

126　　　　　1‧人類永恆的疑問

127　　　　　2‧對宇宙的新認識

128　　　　　　（1）宇宙的特性

130　　　　　　（2）宇宙的本源物質

132　　　　　　（3）兩個主要的問題

133　　　　　　（4）人類生活的空間

134　　　　（四）永恆的進一步探討

136　三‧宗教、神學及其批判

136　　　　（一）宗教概述

138　　　　（二）宗教的變質、末法和世俗化

139　　　　（三）宗教對人類社會的影響，正確理解修煉的人

141　　　　（四）宗教的實質問題

142　　　　（五）神學

143　　　　（六）現代神學的「研究」導致人對「神」的背叛

147　四‧科學與宗教

147　　　　（一）科學的宗教特徵

148　　　　（二）宗教和科學的不同基本動因

149　　　　（三）科學統治的人類

149　　　　　1‧科學的繁榮

150　　　　　2‧科學致命的弱點

150　　　　　　（1）科學藉宗教作道德補充

151　　　（2）心理學使「靈魂」死亡，所謂大腦的「上帝區」

152　　　（3）科學的「死穴」

154　　（四）法輪功是修煉、不是宗教.

155　五‧宗教的神通和氣功的特異功能

....

第三章‧法輪功的真實情況

166　一‧認識法輪功真實情況的途徑的探討

166　　（一）歸屬「中國問題」

169　　（二）憑經驗去瞭解

170　　（三）還原到正常情況看待法輪功

171　　（四）人類認識事物的智慧

172　二‧法輪功簡介

173　　（一）什麼是法輪功

176　　（二）法輪功的功法特點

178　　（三）法輪功修煉者

178　　　1‧什麼是法輪功修煉者

179　　　2‧學法

181　　　3‧煉功

181　三‧法輪功對社會的影響和作用

181　　（一）法輪功對人身心的影響

181　　　1‧對人身體的影響——法輪功健身功效調查

185　　　2‧對人思想的影響

185　　　（1）法輪功要求學員做一個好人、或好人中的更好的人

187　　　（2）怎樣是法輪功認為的好人

189　　　（3）浪子回頭

191　（二）對社會的影響

191　　1・法輪功學員在工作單位的情況

198　　2・法輪功學員與周圍人的相處情況

198　　　（1）遇事要為別人著想

199　　　（2）修心的例子

202　四・對國家和民族的影響

202　（一）法輪功修煉者不參與政治

202　　1・法輪功的法理不容許法輪功修煉者參於政治

205　　2・法輪功修煉者實際上也沒有參與政治

208　（二）法輪功沒有組織、不存錢物

208　　1・不動錢、不搞任何形式的經濟實體

211　　2・法輪功實行鬆散管理

213　（三）法輪功在不同社會制度的國家和不同民族的情況

214　　1・「以德治國」和「重德修善」是任何社會和諧、安定的前題

215　　2・法輪功適應於不同國家制度、民族和宗教信仰的情況

第四章・法輪功迅速發展的原因研究

224　一・法輪功的發展情況

224　（一）初期的辦班階段.

224　　1・概述

225　　2・最初法輪功書籍出版和發行情況

226　　3・傳法面授

227　（二）海外面授班

227　（三）「人傳人」的方式使法輪功迅速發展

229　二・習煉者的現實效果使得法輪功迅速發展

229　　（一）「神」一般地去病

229　　　　1．李洪志先生出山的幾件事

231　　　　2．煉功祛病

236　　（二）對法輪功的信念的產生

236　　　　1．不是盲目的信仰

237　　　　2．因信念而獲救

245　三．中國以外的法輪功

245　　（一）臺灣地區

247　　（二）其他地區

250　四．媒體的零星報導

250　　（一）羊城晚報

251　　（二）人民公安報

251　　（三）中國青年報

252　　（四）醫藥保健報

254　　（五）中國經濟時報

257　　（六）深星時報

261　五．發現了「世俗」之外「神聖」的精神世界

265　六．最樸素、淺顯的語言表達了最高深的「法理」

268　七．中華民族重新獲得人類的道德生機

271　八．結論

273　結語

277　參考文獻

摘要

　　法輪功現象是一個引起全中國、以至全世界都極度關注的重大課題。本論文重點從信仰和科學兩個維度對法輪功現象進行了系統的研究，特別是澄清了中國政府帶著偏見批判法輪功時所造成的混亂概念。本論文所挖掘和利用的基本上是第一手材料，包括李洪志先生已發表的全部講話文本、有關法輪功和法輪功學員的調查材料、中國政府對法輪功進行鎮壓（強制取締）前後的媒體報導。為了深化對法輪功現象的理解，本論文還探討了宗教復興、特異功能現象等當代人類的前沿課題。

　　本論文的研究表明，氣功的實質是修煉，與氣功相伴而來的「人體特異功能」現象不是實證科學所能完全解釋的，更不是馬列主義無神論者所能理解的。法輪功能迅速發展的原因在於他導（道）出了「修煉界」和人類社會的根本；他的「性命雙修」理論既能為廣大民眾祛病健身，又能在社會出現信仰危機的關頭提供正視生命意義和淨化人類心靈的信仰。

Abstract

The study of the Falun Gong phenomenon is of great significance not only for China but also for the entire world due to its global impacts. This thesis is a systematic analysis of both the religious dimension and the life science dimension of the Falun Gong phenomenon, clarifying serious confusions created by the propanganda machine of the communist government in China. This research has generated and made use of rich original sources, including the writings of Li Hongzhi, the founder of Falun Gong, personal experiences of Falun Gong practioners, and media reports of Falun Gong, especially reports before its suppression by Chinese government in 1999. For the purpose of deepening our understanding of Falun Gong, this thesis also explores the phenomenon of Qigong in general and miraculous human capabilities in particular.

This study shows that Qigong is a combination of physical exercise with moral cultivation in a special way. Its extraordinary effects, especially the miraculous human capabilities, cannot be fully explained by current empirical science, and they are definitely incompatible with Marxist-Leninist ideology. The rapid development of Falun Gong, in spite of brutal suppression by the Chinese government, lies in the fact Falun Gong is extraordinary effective in bringing about both physical health and mental health in the environment where crisis of belief is caused by the collapse of state ideology. As Jesus, Li Hongzhi has won the hearts of thousands of practitioners who have found meaning of life and whose various physical illness have been cured through persistent practice in accordance with the teachings of him.

萬迷之謎　法輪功發展之研究 | 兼論氣功與信仰及科學的關係

A Study on Factors Contributing to Rapid
Develoment of Falun Gong: | with Discussions on Qi Gong and Its
Relations to Religion and Science

緒論

一‧問題的提出

　　當我們翻開歷史的畫卷，展現在我們面前的幾千年華夏民族的歷史，是一部以儒、釋、道為主線，以祭拜神仙、佛祖、宗族和祖先為形式的鮮活歷史。這種形式的歷史一直走在人類歷史的前列。然而，經歷短暫的百年屈辱後，中國大陸走了一條由西方發明創造而又被西方否定的馬克思主義，作為指導中國人民思想靈魂的道路。

　　隨著以馬克思列寧主義為理論基礎的中國共產黨建立了紅色政權，一個飄蕩在西方的共產主義幽靈成功地附著在這個具有幾千年古老文明、占人類總人口五分之一的中華民族的軀體上，並有序地以「嶄新」的唯物主義「科學理論」對這個民族的靈魂進行徹底的改變，以共產主義的信仰和世界觀徹底地替換了中華民族的宗教信仰和文化，一次一次的政治思想運動和文化運動也就是這種徹底的替換運動。

　　與此同時，中國也出現了一位原本不會引起被徹底改變過的「無神論」者注意的小人物——劉貴珍[1]。劉貴珍1945年參加工作，因滿身疾病而喪失了「革命」工作能力，只好回老家休養，經介紹跟隨同鄉劉渡舟（一位農民）練內養功（後稱「氣功」），誠心誠意地練了102天，他的胃潰瘍好了，其他症狀也隨之減輕。這一事例的影響竟然到了中共的最高層，當時的國家主席劉少奇也找他治病，毛澤東也接見他。因此氣功這種可以說是被中共砸毀了的「舊中國的封建迷信」，被稱為中國的「瑰寶」在神州大地的現

代歷史中，「換裝」成新的形式「活了下來」。

　　徹底的唯物主義者——共產主義者的戰士和領袖人物，為什麼會與這些以「修煉」、「宗教」為指導的，帶有濃厚「迷信」色彩的東西，又聯繫起來了呢？繼之中國的科學泰斗錢學森先生以現代科學技術的形式把它作為「人體科學」進行研究。然而這樣的唯物主義的「科學」能行嗎？

　　「氣功」伴隨著「無神論」走在了中國現代的歷史之中，這是為什麼？就像許多大科學家同時是虔誠的宗教信徒一樣，讓「唯物主義的無神論者」迷惑不解。而且在越來越多的氣功門派「出山」後，成百上千的「氣功」門派蓬勃發展之際，法輪功一支獨秀，使許多氣功愛好者們紛紛走進了法輪功。

　　「氣功」的發展之中經歷了3個階段[2]：1949年至「文化大革命」前為第1階段，出現了氣功發展的第一高潮，主要是氣功在醫療界得到了廣泛的傳播，並開展了醫療氣功的科學研究；「文化大革命」及其前後，為第2階段，氣功受到極「左」思潮的嚴酷摧殘；「粉碎四人幫」以後，共產黨的11屆三中全會（1978年12月22日）以來，為第3階段。

　　「法輪功」的發展和傳播使氣功進入了最高潮和最後階段。

　　1992年5月13日至22日，首期法輪功學習班在吉林省長春市第五中學開辦。李洪志先生首次面向社會傳授法輪功，參加人數約180人。到1999年7月，人數達到7000萬至1億人[3]。在1998年底國家體委調查的人數是7000萬人以上，平均每月增加127萬人。相當大數量的氣功愛好者，或練習其他氣功的人逐漸轉為煉法輪功。短短的幾年時間，「法輪功」竟然成為中國人數最多的一個民間團體，甚至比中國共產黨黨員的人數還多。

　　由於中國政府開始對法輪功進行鎮壓，中國民政部於1999年7月22日決定法輪大法研究會及其下屬的法輪功組織為非法組織，並予以取締。一時

萬迷之謎　法輪功發展之研究 ｜ 兼論氣功與信仰及科學的關係

A Study on Factors Contributing to Rapid
Develoment of Falun Gong: ｜ with Discussions on Qi Gong and Its
Relations to Religion and Science

間，中國突然增加了幾千萬被鎮壓和打擊的對象，他們來自中國社會的各個
階層和領域。

　　在世界各地，據不完全統計，法輪大法已洪傳至少114個國家（地區）
[4]；《轉法輪》或其他法輪功書籍已經被翻譯成30多種語言在世界各地發
行；世界各地有大約110個法輪功網站；世界各國政府機構、議員、團體組
織等對法輪大法和法輪大法創始人頒發褒獎及支持議案、信函，已超過2490
項。[5]

1993年12月李洪志先生率弟子參加北京93年東方
健康博覽會，獲博覽會最高獎「邊緣科學進步獎」
和大會「特別金獎」及「受群眾歡迎氣功師」稱
號。(明慧網)

法輪功在全世界載譽無數。世界各國政府機
構、議員、團體組織等對法輪大法和創始人頒
發褒獎及感謝超過兩千多項。(明慧網)

　　另一方面，據「明慧網」的資料顯示，在中國大陸已證實被迫害致死
的法輪功學員達3447名（這個數字每天都在更新），迫害致死案例在全中國
30多個省、自治區、直轄市都有發生；被判刑法輪功學員超過6000人；被勞
教法輪功學員超過10萬人，數千人被強迫送入精神病院受到破壞中樞神經藥
物的摧殘，大批法輪功學員被綁架到各地「洗腦班」遭受精神折磨，更多人
受到所謂「執法人員」的毒打、體罰和經濟敲詐[6]。最近更有多位證人曝光
了中共活體摘取法輪功學員器官以謀取暴利並焚屍滅跡的反人類暴行。這種
慘無人道的虐殺牟利方式已經進行了多年，而且仍在進行著。[7]

　　1999年7月20日至今，中國政府已動用了占相當大比例的國力來維持這樣一場鎮壓，與法輪功進行著一場「你死我活」的鬥爭。為什麼中國政府把法輪功當成如此強大和仇恨的敵人？已經12年時間，為什麼中國政府的全力鎮壓並沒有消滅法輪功，在中國以外的國家和地區，法輪功的成員一直都還在不斷地增加？這不得不讓我們提出「法輪功問題」。

　　法輪功是當今一個巨大的社會現象。許許多多的中國民眾被涉及，幾乎每個華人，大部分西方主流社會和學界人士都知道中國的「法輪功問題」。但研究者寥寥無幾；其中最為核心的問題是：法輪功為何能如此迅速地發展？

二·研究的內容和意義

　　由於法輪功已經成為當今的一個巨大的「社會現象」，除個別學者以帶有一定政治鬥爭的色彩進行一些論述，和無神論的宗教學者從佛教的角度把「法輪功」定位為「附佛外道」外，學術上的研究幾乎是沒有；再有就是中國共產黨控制的大陸和海外華人媒體的鋪天蓋地的與「無產階級文化大革命運動」相類似的批判文章，這些都是中共從維護其政權的角度出發，唯恐法輪功的「法理」從信仰「共產主義」無神論所控制的民眾中「搶奪群眾」而進行的、用以「洗腦」的批判文章。

　　也正是由於對法輪功的殘酷鎮壓，完全是人為地把數以千萬計的法輪功民眾於一夜之間推到了中國政府的對立面，以「階級鬥爭」式的手法強迫這些民眾改變思想，至使當今的中國社會產生強大的「思想內應力」。因而，「法輪功問題」的研究，對於人們瞭解中國的現狀和未來走向，以及對世界局勢的影響，具有非常重要的意義。正確和迅速解決「法輪功問題」將使中國社會脫離正在遭受的危機和這一場災害。從而使人類受益。

萬迷之謎　法輪功發展之研究 ｜ 兼論氣功與信仰及科學的關係

A Study on Factors Contributing to Rapid Develoment of Falun Gong: ｜ with Discussions on Qi Gong and Its Relations to Religion and Science

它將影響著中華民族和全人類的未來。這也就是這一研究專案的意義、重要性和迫切性。

「法輪功問題」是指與法輪功相關的一系列社會問題：首要問題是法輪功到底是什麼？法輪功為什麼在中國社會發展，而且如此的迅速？法輪功對社會和民眾、對不同社會制度、對統治者會有什麼影響？……等等；還包括後極權主義社會問題，鎮壓法輪功所引發的一系列社會問題：包括「人權」、「宗教信仰」、「社會道德」、社會治安、社會的繁榮和發展以及中國的國際關係和國際地位……等等；另一方面，法輪功對中國政府鎮壓的頑強反抗，反抗的性質和意義，反抗的社會和政治後果，以及如何緩解、化解乃至消除這種對抗。

「法輪功問題」是中共建政以來，這一強調高度集權的共產黨作為執政黨面臨的最嚴峻的挑戰。而且中共對法輪功的鎮壓還在不斷升級。另一方面，中共進行的這場曠日持久的全力鎮壓並沒有消滅法輪功。在中國以外的國家和地區，法輪功的成員一直都還在不斷地增加。法輪功的和平抗爭也在發展和不斷顯得更有經驗起來。這種雙方的對峙局面都在不斷的發展和升級，似乎沒有調和和結束的可能。這將會對中國社會帶來什麼影響，最終會對中國社會造成何種結局，對法輪功學員又會帶來的什麼樣的結果？由此給世界各國帶來的影響如何？這些都是一些極其關鍵和主要的研究問題。由於篇幅所限就不包括在本篇論文中。

法輪功的問題，涉及到人權、人性、信仰、道德和精神方面；同時還包括氣功、人體特異功能、宗教和修煉等方面的問題。

法輪功所涉及的內容和範圍及其廣泛。本課題主要針對法輪功研究的首要問題「法輪功為何能迅速發展」這一現象展開研究。本課題將通過對法輪功及其修煉者的調查和研究，並結合對中國社會、人權、宗教信仰、倫

理道德和歷史文化的研究；分析現代科學技術對文化和歷史的衝擊；以及對後極權主義的研究。分析歸納「法輪功問題」的來龍去脈。找尋法輪功為何能如此迅速地發展的原因。給社會提供對「法輪功問題」的正確和客觀的認識。

應用社會科學的研究方法，通過對「法輪功問題」科學的調查研究，提出合理、理性處理「法輪功問題」的建議和避免類似問題出現的預見。

本課題所要研究的核心問題是：法輪功為何能如此迅速地發展？圍繞這一主題，本課題所要研究的附屬性問題包括：氣功、氣功和特異功能、信仰和宗教、人類對自然界和宇宙的認識、法輪功的真實情況。

三・文獻綜述

自從1992年法輪功傳出，到1999年的7年時間裡。法輪功的練習者達到了7千萬人。在此期間，除了中國官方為了掌握情況，國家體總曾於1998年派出調研組到長春和哈爾濱對法輪功進行調研。1998年5月15日，國家體育總局派人親赴法輪大法發祥地長春，廣泛深入群眾之中，瞭解情況。局長伍紹祖也去了[8]。國家氣功評審調研組在長春、哈爾濱召開各界法輪功學員座談會。調研組組長邱玉才發表了講話：「這一次健身功法評審，關於法輪功的問題，國家體總委託我和管謙、李志超，到長春對法輪功做一個瞭解。關於法輪功的問題，是這樣的：一個對於功法、功效，包括促進精神文明建設是沒有疑義的，是應當充分肯定的……。通過調查瞭解，長春有10幾萬人在煉法輪功，而且層次較高，有10幾所大專院校的教授、博士導師、高級幹部，還有從工人到知識份子各個層面上的都有，確實功效很顯著。這一方面沒有疑義……。我們希望這些大的功法能夠納入國家的管道，便於更好地發展。小平同志講幾個有利於，我們就去做。如果說這個功法從根本上有利於

萬迷之謎　法輪功發展之研究 ｜ 兼論氣功與信仰及科學的關係

A Study on Factors Contributing to Rapid Develoment of Falun Gong: | with Discussions on Qi Gong and Its Relations to Religion and Science

人民的身心健康，有利於老百姓的根本利益，我們就應該大力支持。因為我們國家性質決定的，你共產黨就是全心全意為人民服務的，要從人民的利益出發考慮這個問題，這樣，只要老百姓擁護的，對老百姓的身心健康有好處，我們就應該支持，應該做的。這是大家都明白的道理。如果裡邊有不足的地方可以改進，可以完善。因為任何事情都在發展當中，都是在不斷地發展變化、完善。馬克思主義也不是一成不變的，也是在不斷完善，向前發展的，任何事情都是這樣的。……」[9]

　　法輪大法的官方網站《明慧網》詳細介紹了這次的調查，並有照片、錄音和錄影。中國中央電視臺1998年5月15日晚間10時在第一套節目《晚間新聞》和第五套節目中分別報導了國家體育總局伍紹祖局長視察長春，廣大群眾修煉法輪功的盛況，時間大約10分鐘，這是國家電視臺罕見地對法輪功修煉做開明的、很正式的正面報導。[10]

　　1998年，在北京市、武漢市、大連地區及廣東省分別由當地醫學界組織進行了5次醫學調查，調查人數近3萬5千人。這是迄今為止最為系統全面的醫學調查。

　　在中國的科學界，被譽為「科學泰斗」的錢學森[11]，在80年代創立了中國人體科學，並熱情支持和參與了研究。許多人認為中國人體科學，必將在21世紀對整個科學的發展起到不可估量的推動作用。他在《人體科學與現代科技發展縱橫談》提到：「氣功所涉及的問題完全是一個新的領域，氣功的研究會使我們找到一把打開人體科學大門的鑰匙。我們要把人和生物看成是一個複雜的系統，於是在外界給它一個信號，它就可以自己去完成一套行為。把這個信號叫做資訊或密碼都行。它們的能量可以很小很小。關於生命資訊，今天我們有了這樣的想法，是有條件了。因為有了氣功和中醫研究的發展。我們不能怪西方醫學，因為它沒有發展到這個地步。我們的中醫沒有

西醫許多規律、原則的束縛，所以有許多問題反倒猜對了。但是，對中醫也不能句句都信。因為中醫是產生在它的那個時代的系統辨識結果，而我們今天必須前進。我們要把人看成一個巨系統，用系統辨識的方法去解決這個問題。」並且，他進一步認為：「我原來說的中醫、氣功、特異功能等都是指人而言，所以叫人體科學。今天的概念擴大了，擴大到整個生命科學，可以應用於動物和植物，可以應用於工業和農業。」[12]

錢學森從實證科學的角度出發，在《論人體科學》中談到：「我以前就認為以氣功為核心的中醫理論、氣功和人體特異功能是開展人體科學研究的一把鑰匙，但因為設想不具體，也就不能制訂研究計畫。從前面所講的來看，我們現在對氣功、人體特異功能的構思是以實踐為基礎的，而且我們又進一步把它同現代科學技術的系統學、物理學聯繫起來，同現代科學技術的最新發展聯繫起來。它的整體觀又與科學的新成就，量子力學的基礎研究和宇宙學的人天觀不謀而合。這使得我對這個粗略認識有信心，認為可以作為人體科學基礎的出發點。」[13]

「物質和精神、大腦和意識，現在已經是不可避免的問題，在世界科學上已經提到日程上來了。假使我們不研究這個問題，那是不應該的，而研究這個問題，就和人體特異功能有密切關係，它涉及到更長遠的開發人的固有潛力的問題，人怎樣能動地來鍛鍊自己的大腦，使自己的智慧有更高的發展？」

這涉及到人體科學過渡到馬克思主義哲學的問題，我叫這個過渡的橋樑為「人天觀」，涉及精神和物質、意識和大腦的問題。「人天觀」的研究有三個層次，最大的層次是宇觀的層次，就是外國人搞的「人擇原理」等等，講人的所以出現和宇宙的整個安排是分不開的。還有一個微觀的層次，就是量子力學已經證明：世界上沒有東西是不相關的，獨立性不存在。這些

萬迷之謎 法輪功發展之研究 | 兼論氣功與信仰及科學的關係

A Study on Factors Contributing to Rapid | with Discussions on Qi Gong and Its
Develoment of Falun Gong: | Relations to Religion and Science

都是現代科學研究結果。我國遺產中最豐富的是宏觀，也就是中間這一級，講「萬物以息相吹」——萬物相關。[14]

錢學森的這些論段在中國引起了巨大震撼，一時間這位中國著名物理學家，世界著名火箭專家的這些話成為「名言」在大陸、臺灣以至海外的科技界、學術界、氣功界廣為流傳。加上各地不斷湧現出的「特異功能」實例一次次引起了人們對這一超常現象極大的興奮和關照。這一完全超越現代科學的氣功和特異功能，正被現代科學聚精會神的「研究」者。氣功也就是在這種環境得到了史無前例的發展。

另一方面，在中國的社會科學界，因條件限制，馬克思的唯物論和無神論與氣功理論的矛盾和對立，導致了理論研究的空白。直到1999年4月25日萬名法輪功學員到國務院上訪和江澤民決定鎮壓法輪功。中國共產黨宣傳部門組織了大量的批判文章。這些都是文革似的一邊倒的文章。只能反映在中國共產黨控制下的中國大陸和中國政府，正在進行著一場繼「無產階級文化大革命」以來的又一場史無前例的「鎮壓法輪功」的政治鬥爭和政治運動的一種社會環境，為的是進行又一次的「共產主義無神論」的洗腦運動。沒有發現什麼有學術意義的關於法輪功的研究論文。

各界對法輪功的關注也是從1999年4月25日萬名法輪功學員到國務院上訪和江澤民決定鎮壓法輪功時，即1999年7月20日開始。其實中共中央宣傳部在這之前已經在理論上做了十分充分的準備工作，否則，人民日報等中國共產黨的宣傳機器不可能有那麼多的文章在一夜之間一齊出來。其中最具備核心作用是當時的江澤民曾當面親自向克林頓總統贈送的《欺世害人的李洪志及其「法輪功」》[15]一書。這本書至今依然被全文放在中國大陸各主要網站和中國駐世界各國的網站主頁上。

這本由新星出版社出版的批判「法輪功」的書，是針對李洪志在以前

辦氣功學習班傳功傳法時的講話進行批判，這些批判基本上都是斷章取義的，有些言論甚至是被人捏造出來的[16]。其主要來源就是長春宋炳臣、趙傑民、劉鳳才等人的所謂揭發材料。

其主要罪狀是：

（1）改出生年月是頭條大罪；

（2）散佈說「地球爆炸」，什麼「推延30年」、「說某些領導人（這裡指的是『江澤民、李鵬』--筆者注）對他說：『你什麼也別幹了，你的任務就是把地球爆炸時間往後推移，越往後越好。』」[17]；

（3）斂財；

（4）就是各地大量沒有第三方證實的各種「殺人、自殺和自殘」的及其恐怖的極端例子，以及「1400」死亡案例……等等。

然而，後續的各式各樣的、來自於各行各業的、從民間到學界、從無神論到信仰神的所有宗教團體、從社團組織到各級政府以致到駐各國使領館的所有的批判文章，幾乎無不採用這本書的「材料」。也就是說，這本書的內容被作為所有揭批法輪功材料的基礎，進而衍生出各式各樣的材料對法輪功進行批判。長春宋炳臣、趙傑民、劉鳳才等人據查是因為頻頻違背法輪功的修煉原則，而多次受到李洪志的批評，最後被撤換下來的長春輔導站負責人，由於嫉恨誓與法輪功一鬥到底的幾個人。[18]

針對以上所謂的罪狀，做證據以外的理性思考和分析如下：

（1）改出生年月：李洪志是把原本弄錯的生日改過來，湊巧碰上了「佛誕日」，卻成為中共批判他的最大的「罪行」。而佛誕日並非就是這一天：在諸多佛教經典中，關於佛誕日的說法亦多有出

萬迷之謎 法輪功發展之研究 | 兼論氣功與信仰及科學的關係

A Study on Factors Contributing to Rapid | with Discussions on Qi Gong and Its
Develoment of Falun Gong: | Relations to Religion and Science

入。《長阿含經》卷四等經書定佛誕日為2月8日、而《修行本起經》卷上,記載佛誕日為4月7日或4月8日;宋代南方用4月8日,北方卻改為12月8日(臘八)等為「佛誕日」。「於中國而言,其曆法認為陰曆4月8日是最吉祥的日子,故一般把佛誕日定在這一天,但也有2月8日、12月8日等說法。朝鮮、日本的佛教可說源於中國,基本上沿用了4月8日的說法。其他的,如西藏等地,因藏傳佛教,把日期定在4月15日」[19]。再說,這一天出生的人何只千萬,也許還有許多壞人生於這一天呢。

(2)散佈說「地球爆炸」,什麼「推延30年」這種事,還有些「自信」或「基本常識」的人都會感到可笑。中國科學院院士、物理學家何祚麻反覆引用來批判「偽科學」的就是這個(說法)例子。可是在所有的法輪功資料裡都找不到類似的言論。

(3)關於「斂財」問題,從調查研究的資料來看,其結果也是與其揭批文章說的相反。法輪功辦班10天一期,新學員收費人民幣40元(折合5美元),老學員收費人民幣20元(折合2.5美元),這是全中國氣功辦班中收費最低的。因為與當時社會上其他氣功班收費標準形成很大反差,各氣功師都提意見。中國氣功科學研究會多次要求李老師提高學費,但李老師為了照顧學員的經濟能力,一直堅持不提高學費。

(4)那些沒有也不讓第三方獨立機構認證的一些極端例子,很難說是什麼罪證。眾所周知,煉法輪功強健體,這些不僅有許多醫學調查報告,而且每一個法輪功學員都是最真實的證據。

因此對於來自中國大陸官方、半官方、民間組織、宗教界、或者說通過被中共管制和被中共插足的新聞、出版發行機構的關於法輪功的堆積如山

的文章和資料很難有客觀真正的學術研究意義。不過這些會是很好的歷史階段的記錄材料。

在有些文章中，偶爾出現把法輪功作為社會現象來對待的，比較有代表性的是中國科學院研究生院的康曉光的《關於「法輪功問題」的思考》。他認為「『法輪功問題』是『現代化』向中國提出的問題，並將與中國的整個現代化歷史進程伴隨始終。『法輪功問題』也是中華人民共和國建國以來執政黨面臨的最嚴峻的挑戰，政府與法輪功之類組織的鬥爭將是一場漫長的持久戰。對於此類不可避免也無法迴避的問題，只能解決，無法繞過。……可以有把握地預見，『法輪功問題』無法在短期內解決，因為確立信仰、開放結社、建立社會保障體系、鞏固合法性都不是一朝一夕之功，所以中國政府對法輪功之類組織的戰爭必將是一場『持久戰』而且什麼時候這場戰爭結束了，什麼時候中國也就完成了現代化。可以說，這場戰爭也是一項社會建設工程，即建設現代社會的宏大工程。這一工程完工之日，就是『法輪功問題』解決之時」[20]。很顯然，康曉光有把法輪功問題政治化的傾向。同時建議政府如何徹底杜絕此類信仰的再度產生。從滿足人的精神追求出發，為官方出謀劃策，他給出了一些建議。我們可以看出在對法輪功的鎮壓中，中國共產黨政府採用了他的許多方面的建議。

美國資深記者丹尼‧謝特（Danny Schechter）的《法輪功給中國帶來的挑戰》是第一本以一個西方記者的觀察角度報導法輪功並且評析西方世界媒體對這一事件的報導和反映。這也是因為中國共產黨政府對法輪功的鎮壓才引起西方人的注意力。這本書的2004年中文版〈序〉中說：「令我驚訝的是，竟然幾乎沒有媒體同行會依循毛主席『沒有調查就沒有發言權』的明訓對這修煉運動進行調查。」[21]書中提到：「這一椿當代人權史上的嚴重惡行，竟無媒體報導公諸於世，不但中國媒體被禁止報導，西方媒體竟然也沒

有承擔報導真相的責任。法輪功衝突是『傳播界的悲劇』。」[22]「中國資訊封鎖，西方媒體『可恥地沉默』」[23]……丹尼·謝特在書中，引述各種來源分析中共打壓的原因和作法，記錄了中共勞教所、監獄與精神病院中的慘不忍睹的酷刑凌虐，並提出各種證據質疑所謂法輪功學員在天安門自焚事件的疑點。

《法輪功給中國帶來的挑戰》是一本「研究鎮壓法輪功」極好的來自獨立第三方的參考資料。

法輪功也正是因為中共的鎮壓，才被更多的人知道，所以在被鎮壓之前海外並沒有太多的人知道，就更不會有人去研究了。中共也許本來就打算在幾個月或很短的時間內消滅掉，這也就避免了引起國際社會的說三道四。誰知法輪功反倒在海外的聲勢越來越大，法輪功問題也不斷引起各國的重視，法輪功學員要求的基本人權問題不斷被正義的人士支持。

中共政府為什麼非要堅持這一毀壞國家名聲的迫害，不顧一般中國人的反對，而且在世界上帶來許多疑惑？為什麼？一位真正的新宗教運動專家，德國學者伯恩·漢姆（Bernt Hamm），點出了一些原因，丹尼·謝特在書中也探討了其中一部分：「從一個西方人的觀點來看，實在很難瞭解，中共領導層為何會在迫害法輪功並希望終能成功這件事情上投入如此多的面子（象徵性資本）賭注。外界（主要來自西方世界）要求停止這場迫害的壓力也在不斷地增加，但在投入如此多『面子』之後，要中國高層立刻住手幾乎不可能。因此問題在於：為什麼在這個時代的今天，還要一條胡同走到底？我有幾個可能的答案：

法輪功或許不是嚴密組織的運動，但是他們的確可以動員大批信眾（在中國境內截至1999年4月，在世界則持續至今），同時也可以長期激勵勇敢的抗爭行動……

法輪功也是一種新的社會現象，是中國領導高層（高齡又與世隔絕）無法（期望能夠）應付的。這種本來不具實體的運動，藉現代通訊工具之助，快速實體化了。這些工具包括手持工具（全球通訊系統、行動電話）及互聯網（全球網際網路、電子郵件、無線網路運用）……」[24]

大衛‧歐文比[25]教授在他的最新出版的《法輪功和中國的未來》（《FALUN GONG AND THE FUTURE OF CHINA》published by Oxford University Press. Inc.）比較系統的描述了氣功在中國的發展過程。特別是，氣功在中國的發展過程始終隨著中共在中國開展的政治運動而起伏。著重敍述了法輪功在中國的發展經歷和過程。他認為，氣功在中國的迅猛發展是因為當時的中國社會把「氣功」當成一個「全新的」、甚至於是「全能的」能使中國強大的有效途徑。他列舉了一部分例子[26]：比如氣功促進農業生產、氣功促進軍事技術、氣功使社會和諧和安定，更具體的表現形式是許多氣功練習者得到了身心健康。而法輪功是氣功高潮中出現的、影響力最大的氣功。也是中共當局嚴厲打擊的。他用了一定的篇幅述說了中共對法輪功的打壓。

著名中國自由派學者李慎之[27]在中共建國50週年的時候，發表《風雨蒼黃50年》的長文。他站在民主和法治的立場上指出：「……處理法輪功的手段用的完全是毛主義的老一套。我完全不信法輪功的那一套，但是我堅決反對對法輪功的鎮壓。我知道同我想法一樣的人是很多的。然而在各種各樣的輿論工具中都聽不到他們的聲音……」[28]李慎之的這段話反應了相當一部分大陸學者的真實思想。

流亡海外的中國學者胡平[29]的《從法輪功現象談起》一篇長文中也談到：「法輪功為什麼能迅速發展到龐大規模？」他從八九民運的角度出發談到法輪功的迅速發展的原因：「在八九後的短短幾年間，法輪功從零開始，

萬迷之謎 法輪功發展之研究 | 兼論氣功與信仰及科學的關係

A Study on Factors Contributing to Rapid
Develoment of Falun Gong: | with Discussions on Qi Gong and Its
Relations to Religion and Science

迅速發展到數千萬人的龐大規模。這當然應從八九後的中國社會去尋找解
釋。」然而對於法輪功為什麼能迅速發展到龐大規模的真正原因，他的認為
是：「法輪功能夠迅速流行，因為它滿足了現今人們的很多需要。例如交往
與歸屬的需要」。「……由於當局嚴禁自由結社，於是，那些無結社之名而
有集群之效的活動便大行其道。法輪功既有經常性的集體活動形式以至儀
式，又有一套理念以至信仰，按照一位練功者的描述，法輪功學員通過練
功，調劑了生活，交結了朋友，密切了鄰里，增添了溫情，除了在日常生活
中互相幫助外，更在精神上互相支持，互相勉勵。法輪功使這些在變化劇
烈、物慾橫流、道德失序、亂象頻生的社會裡感到挫折、感到失落、感到孤
立無助的人有了自己的認同，有了自己的歸屬。我不能確定這位練功者的描
述是否合乎事實，不過我認為這至少是可能的。宗教性活動的意義和功能就
在這裡，如果法輪功不是，也會有別的是。」[30]從表面上看好像是這麼回
事。但是，法輪功為什麼能迅速發展的真正原因可能遠遠不只如此。特別是
從法輪功學員的角度來看可能會有另外觀點。

關於法輪功問題的研究，實際上是由於中國共產黨的鎮壓才顯得極其
重要和突出。所以在研究法輪功發展迅速的問題時，不免觸及到關於這場對
法輪功的曠日持久的鎮壓，以及法輪功學員對這場鎮壓的與任何其他形式所
不同的和平、非暴力的反抗運動。在這方面學術界就更少有研究論文發表。
只是胡平在他的《法輪功抗暴3週年》從人權角度談到：「問題的關鍵，不
在於你對法輪功一類超自然的信仰持何種態度，而是你是否承認信仰自由，
言論自由。那些對中共野蠻踐踏法輪功成員基本人權的非法暴行不置一詞，
卻對法輪功的所謂迷信、愚昧嘲諷譏笑的人，無非是充當專制暴君的可恥幫
兇而已。」他對法輪功學員表現出的奇蹟般地毅力表示驚詫：「1999年7月
20日，江澤民政權下令鎮壓法輪功。3年來，一個世界上最強大、最暴虐的

專制政權，動用了一切它可能動用的手段，對一個大部分成員都是老婦病弱的群體，實行了極其殘暴凶狠、極其卑鄙下流的野蠻鎮壓。然而，讓一般人幾乎想像不到的是，法輪功居然打不垮，壓不倒，前仆後繼，不屈不撓，堅持抗爭，巍然屹立。令全世界為之驚歎不已。正如我早先指出的那樣，『像法輪功這樣一種良順柔弱者的群體，竟然不期然而然地扮演了抵抗世間最暴虐政權的吃重角色，這在歷史上無疑是非常罕見的』並進一步指出：「有識之士都意識到，當今中國，最嚴重的問題之一就是道德淪喪，信仰破產，理想主義沉淪，虛無主義和犬儒主義氾濫。在這種形勢下，宗教的正面作用更顯得不可缺少，而法輪功作為一種新興宗教，它的出現、發展，以及它在高壓下表現出的頑強生命力，已經顯示出它的存在意義。我們可以期待，法輪功在未來中國將會獲得極大的發展，成為未來中國社會中富有生機的一支精神力量，在未來中國道德重建中發揮強大的積極作用。」[31]他充分肯定了法輪功給社會帶來正面的作用。

中國共產黨對法輪功的非理性的鎮壓可以發現中共領導人的無能、無知以及不厭其煩的「折騰」和魚肉自己的百姓。胡平還在《對法輪功定性的不斷升級說明了什麼？》認為：「當江澤民政權宣佈，法輪功『已經』『墮落』成和西方反華勢力相勾結的『反動的』『政治組織』，墮落成『台獨勢力的工具』時，它實際上已經承認，本來法輪功並不反動，也不政治，更和西方反華勢力或台獨勢力毫無關係。不是別人，正是當局自己，生生地把一個和西方反華勢力和台獨勢力毫無關係，對政治毫無興趣的群體變成了所謂『勾結西方反華勢力的反動政治組織』，變成了所謂『台獨勢力的工具』；不是別人，正是當局自己，硬是給自己製造出一個龐大的『敵人』，而且還是一個越來越『敵對的』的『敵人』；不是別人，正是當局自己，為淵驅魚，為叢驅雀，努力地、不辭辛苦地幫助『敵對』勢力發展壯大力量。江澤

萬迷之謎 法輪功發展之研究 | 兼論氣功與信仰及科學的關係

A Study on Factors Contributing to Rapid | with Discussions on Qi Gong and Its
Develoment of Falun Gong: | Relations to Religion and Science

民沒有本事化敵為友，卻只會製造『敵人』，沒有本事化解矛盾，只有本事製造矛盾，擴大矛盾，激化矛盾。若說當今中國最大的製造社會不安定的因素，不是江澤民還能是誰呢？」[32]

　　大紀元專欄作家章天亮在《對法輪功事件的一點反思》一文中談到：「法輪功從1992年傳出，僅僅不到12年的時間，居然能夠吸引這麼多的人來進行修煉，可以說幾乎他是走過了過去宗教幾百年上千年走過的路，他的規模形成幾乎是一蹴而就的。我想就從這點來講的話，很多人就是說如果真正抱著對這個國家、民族，對人類負責的態度的話，來看一看法輪功，來看一看《轉法輪》這本書，看一看他到底為什麼能夠吸引這麼多的人，他到底是什麼樣的魅力吸引這麼多的人。」

　　「從另外一方面來講的話，法輪功還給中國提供一個前所未有的奇蹟吧！就是說他能夠吸引這麼多的人，如果說他們真正信仰法輪功的話，他們在『真、善、忍』這個原則下重建了道德體系。這個民族的道德體系建立起來非常難，幾千年的時間建起來的居然可能幾十年就被毀掉了。那法輪功在一片道德廢墟中重建這個道德體系，我覺得在這一點上來說，法輪功非常了不起。」[33]他的這段話提醒人們來關注當今社會最大的社會問題和社會現象。

　　一位美國貝勒大學醫學院免疫學研究所的教授封莉莉在《我回來，是因為我看到了這個國家的希望》一文中以自己親身的經歷談到了她是如何開始認識法輪功的。當她因上訪被中國公安人員問訊時：「……我告訴他們，我是4.25以後煉法輪功的（編按：1999年4月25日，上萬名法輪功學員到北京信訪辦上訪，表達學員遭地方政府的無理拘捕及不公正對待）。他們覺得很奇怪，問我為什麼。他們也很吃驚，煉法輪功的人怎麼了，這麼短的時間

就這麼不要命。我說，我是在本地報紙看到關於4月25日法輪功的人到中南海請願的一篇報導。他們安詳的舉止和平和的面容令我悸動不已。我驚訝，什麼人面對如此嚴厲的政府，竟能置身家性命不顧而斗膽死諫？我感嘆，什麼人竟能天真地對有殘暴名聲的政府呈上赤子之心？我覺得不可思議，是什麼理念竟然使這些普普通通的中國人顯得如此坦蕩？」

「我捫心自問，我做不到。世態的炎涼和生活的辛勞，早已把曾是一腔熱血的我整得精疲力竭，誰又不是呢？在得知這些人奉行的是『真善忍』的當天，我決定了修法輪大法。沒有什麼可猶豫的，能在短短的7年內使中國人變得如此不凡的法一定是超常的。我原是一個徹底的無神論者。但我更知道人性和民族性是改變不了的，這一定是神創的奇蹟！」[34]

四·結構

本論文共分四章。

第一章·主要論述氣功的歷史、發展和演變和關於人體特異功能的研究。給氣功的定義供學者們討論，認為「氣功是在中國特定環境下而產生的關於修煉內容的東西在人世間流傳的代名詞。」「氣功」決不是簡單和隨意的東西，即不是從幾本古典書籍中能找到，也不可能從實驗室得出結論。他是一種「活的」承傳，習練者必去領悟並使其境界得到昇華，身體得到健康的修煉方法。換句話說，真正的氣功就是修煉。而且對持無神論態度的人來說，「氣功」是在非修煉人中流傳的有益於身心健康的，屬於修煉範疇的東西。從有人類以來一直伴隨著人類的各種宗教的信仰、甚至於也伴隨著現代科學的信仰、伴隨著人類走到了今天。

當科學工作者，一些卓越的科學家（特別是物理學家和一批有卓越成

就的應用科學家）接觸到「特異功能」這一現象後，毫不猶豫的對此展開了
研究和探討。取得了大量的第一手材料。許多論文發表在大陸的一級或核心
的學術刊物。在一批著名的科學家的支持下，如錢學森，趙忠堯、貝時璋、
王淦昌、談家楨、楊龍生等等，「人體特異功能」的學術交流和研究機構
和學術刊物相繼問世。在《人體特異功能通訊》、《人體特異功能研究》、
《中國人體科學學會通訊》之後，又於1990年創刊了《中國人體科學》雜
誌。人們也在通過媒體的報導，有的通過氣功鍛鍊在瞭解和體會「特異功
能」。由於現代科學誕生在西方，它們較早的注意到了這一現象，並開始了
研究，但是一直處於斷斷續續之中。而在中國大陸，僅僅十多年的時間就取
得了可喜的成果，並大大地走在了世界的前列。

　　臺灣大學校長李嗣涔教授自1988年起，在國科會的支持下，經過十多
年氣功及人體特異功能的研究，人們發現人有身、心、靈三個層次，氣功是
在練「身」，以保養身體。練身之後會出現特異功能，展現「心」的巨大力
量。而練「心」到一個高深的層次，則開始可以收到「資訊場」的資訊，俗
稱所謂靈界的資訊。因此，我們不得不重新認識自從有人類社會以來，一直
伴隨著人類走到現在的宗教和信仰。它們絕不是現代宗教學所描繪的。更不
是所謂現代唯物主義者所認識的宗教和人類信仰的現象。

　　中共的理論界給「特異功能」扣了一頂「偽科學」的帽子；中共的國
家政權給「法輪功扣了一頂「反科學」的帽子。不過人們對法輪功在祛病建
身方面所展現出的奇特效果還是滿佩服的，只是把這頂「反科學」的大帽子
扣在了法輪功關於心性修煉的法理上。科學的未來如何，人類的未來如何，
本來就是一個應該引起現代人反思的問題。我們對科學進行一定的反思，
在科學成功的背後，我們必須注意到潛在的危險；人類通過大規模開發大自
然，雖然掌握了更高的技術和能量，有了一定的支配自然的能力，但也可能

動搖人類生存的根基。只有真正的科學的態度，才能使人類不會被誤入歧途。

　　第二章．是關於人類的信仰、宇宙觀、宗教、特異功能和氣功的綜合性研究。這一章給出了全新的關於「宇宙」的概念供大家討論。簡單的說：宇宙是按照宇宙的特性，由宇宙能量將宇宙的本源物質組合而成的。其能量不會消失只會轉換；宇宙的結構基本上是由粒子組成粒子；人類只是生活在「分子─星球」這兩層粒子構成的空間和時間之中。

　　許多對現代科學技術有所研究的神學家認為：宇宙是按照各種法則運行的，但這些法則是來自何方呢？這些法則都有其準確性和合理性。難道無思維的能量能從混沌中創造出如此準確而合理的法則嗎？無理性的能量不可能產生出有理性的規律。為什麼宇宙的各種法則能夠持續運行呢？為什麼這些法則都有規律性呢？這些神學家認為：宇宙的各種法則需要有一個充滿智慧的法則締造者、思維者。物理學法則顯示出這位超凡的物理學家。化學法則顯示出這位超凡的化學家。在聖經中這一偉大的法則締造者稱自己是神，他是天地萬物的創造者。

　　煉氣功為什麼可以治病，使人健康長壽？是因為人根據某一氣功法門，而這一法門一定是在一定程度上符合了宇宙的特性，然後在煉功中就可以吸收宇宙的能量，以達到現代科學和醫學都無法認識和理解的治病效果，也能使人健康長壽。恰恰就是因為「科學」不能證明「神」的存在，而使科學變得「無能」。這也就是現代科學的「死穴」，隨之而來的是徹底的，從根本上完全拔掉了人類不同民族各自「道德」的根基。用自己定的規章制度「法律」來規範人的行為。當然，藉助於「宗教」也可以作一些簡單和淺層的補給。

　　第三章．是關於法輪功的真實情況。這一章的題目之所以叫「法輪功

萬迷之謎　法輪功發展之研究 | 兼論氣功與信仰及科學的關係

A Study on Factors Contributing to Rapid Develoment of Falun Gong: | with Discussions on Qi Gong and Its Relations to Religion and Science

的真實情況」，是因為中共用政治運動和政治鬥爭的方式和手段，自1999年7月開始對法輪功進行鎮壓，一個有史以來世界上最大，最嚴屬的集權政府對一個信仰群體12年的殘酷鎮壓，人們已經接受了對「法輪功」的醜化宣傳。一直到現在，經過對全體中國人民和全世界華人12年的「洗腦」。法輪功的真實情況在社會上和學界也蕩然無存。應當還原到正常情況看待法輪功，才能使研究有客觀和正確結論的可能。

由於中國大陸對「法輪功」的鎮壓，關於「法輪功的真實情況」，如果沒有真正深入「研究」或深入法輪功修煉者之中是無法知曉的。因為發生在每一個法輪功修煉者身上的事，對於沒有進入「修煉」的人確實就像「神話」故事一般。如何面對事實的真相，也考驗著人的智慧。

這一章研究了法輪功對社會的影響和作用，具體在法輪功對人身心的影響；法輪功學員在工作單位的情況；法輪功學員與周圍人的相處情況等方面進行了探討。本章也研究了法輪功對國家和民族的影響，具體在法輪功修煉者不參與政治，法輪功的法理不容許法輪功修煉者參於政治；法輪功對不同社會制度的國家和不同民族都是有益的，同是華夏子孫的臺灣的情況，以及在世界各國的情況是很好的證明。

第四章・是針對法輪功迅速發展的原因進行研究。1992年5月13日至22日，首期法輪功學習班在吉林省長春市第五中學開辦。李洪志先生首次面向社會傳授法輪功，參加人數約180人，到最後一期是1994年12月21日至12月29日，廣州第5期法輪功學習班在廣州體育館舉辦，參加人數約6000人。法輪功發展十分迅速，從1992年5月至1999年7月，據公安內部調查煉法輪功的人數達到7000萬至1億人。每月有差不多120萬人加入到法輪功修煉中。

法輪功認為：自己是正法正道。以宇宙最高特性「真、善、忍」為標準修煉。在把真正修煉的人帶到高層次的同時，對穩定社會、提高人們的身

體素質和道德水準，也起到了不可估量的正面作用。廣大的法輪功修煉者，在他們各自的親身和親自寫的千千萬萬的心得體會中，無一不談到各自的身心受益。而這種不涉及任何利益，對親人，朋友，對每個人的身心健康都有益處；對社會有百利而無一害的功法，作為法輪功修煉者都是自覺自願的去廣而言之，口耳相傳。法輪功學員大部分都是各自學煉，沒有組織、沒有名冊，想煉就煉、想走就走，也不拉人來學法輪功，但神奇的去病效果使得法輪功迅速發展。因對法輪功的信念而獲救的親身事例千千萬萬零星的媒體報導，使得法輪功獲得如此迅速發展。

CHAPTER—1

第一章

氣功和
人體特異功能
研究

萬迷之謎 法輪功發展之研究 | 兼論氣功與信仰及科學的關係

A Study on Factors Contributing to Rapid | with Discussions on Qi Gong and Its
Develoment of Falun Gong: | Relations to Religion and Science

1 氣功和人體特異功能研究

一·什麼是氣功

「氣功」是在中國此一特定環境下而產生的關於修煉內容的東西在人世間流傳的代名詞。這一名詞的發明者，更準確的說，第一次不經意地使用這一名詞的人，是50年代初的劉貴珍。「氣功」這一名詞的本身並沒有什麼更深的內涵。然而，由於學者們進行學術研究的套路和習慣，加上真正願意參與研究的學者寥寥無幾。使之對氣功現象的研究在學術上表現出極其罕見的無力。儘管在中國出現過氣功高潮和特異功能研究的熱潮，但是對氣功現象的解釋顯得十分貧乏。那麼對於「氣功」這一名詞的定義就出現了許多不著邊際的，缺乏學術意味的混亂。下面略列舉數例「權威」之解。

人們普遍認為的「氣功」這一名詞的「發明者」劉貴珍[35]。在他的《氣功療法實踐》中這樣寫到：「依據古典理論，將這種培育正氣為主的自我鍛鍊方法命名為『氣功』。我們認為：『氣』，不僅包括呼吸之氣，也包括人體內的正氣。在氣功修煉中，可以使這種正氣增強而治癒疾病，正氣充沛後，體質得到全面加強，臟腑功能也隨之提高，從而又可達到保健延年的目的。氣功的『功』，是指練功的功夫。練氣功沒有功夫便不能取得好的效果。『氣功』這個詞概括了靜坐、吐納、導引、內功等修煉方法。因為氣功運用於防病、治病，故名『氣功療法』」[36]。也正是由於「氣功」這一名詞及其巧妙的避開了與當時共產黨和無神論的「馬克思列

寧主義」理論為指導思想的意識形態的對立，才在當時幸運存活下來。直到現在，許多所謂以維護科學自居的唯物主義者（反偽鬥士）們也不好公開反對「氣功」，甚至於有的也在煉著某種「氣功」。

劉貴珍的所謂「依據古典理論，將這種培育正氣為主的自我鍛鍊方法命名為『氣功』」根本就沒有任何的依據和論證。他的這種「命名」完全在不經意的情況下認為使他身體變好的這種鍛鍊方法與「氣」有關，加上這種方法與傳統文化中的「練功」有關，就起出了「氣功」這個名詞。

與劉貴珍同時代並一起參與中國氣功的張天戈[37]在他的《氣功名詞的由來與發展演變》一文中寫道：「當時，考慮到氣功一詞雖不見《詞典》、《辭源》、《辭海》裡，但在民間卻廣為流傳，是一個口頭傳用的大眾辭彙。另一個原因是，能治療疾病的方法主要以鍛鍊呼吸為主，兼而有調身、調心內容，而且不同的疾病有不同的呼吸方法，所以就套用氣功療法的名稱了。至於理論解釋是在以後的探索中，依據中醫理論而來。後來形成的氣功熱潮中，人們附會了一些氣功理論，或從不同角度推論了一些氣功理論，把氣功複雜化了。儘管如此，對氣功鍛鍊方法本身不會有何影響」[38]。而且他認為：「劉貴珍認為氣功的『氣』包含了元氣、經氣和自然之氣，也包含了呼吸之氣。氣功之『功』不僅包含了練功的功夫，也包含了通過練功所增強的各臟腑功能。1955年12月，經衛生部鑑定承認了氣功療法的療效並給予了獎勵，繼而在全國推廣。所以認為氣功療法的命名是政府行為，是經過專家研究、鑑定、審核後推向全國的。」[39]

中國中醫研究院氣功研究室主任張洪林[40]教授在《氣功定義的重大歷史失誤》一文中指出：「通過中醫最早的經典著作《黃帝內經》的記載，我們可以看到古人對氣功本質及其概念的認識原本是很清楚的——氣功的本質特徵是調神的，不是練氣的。氣功是通過調神促使體內氣機隨之變得協調，

萬迷之謎　法輪功發展之研究 | 兼論氣功與信仰及科學的關係

A Study on Factors Contributing to Rapid | with Discussions on Qi Gong and Its
Develoment of Falun Gong: | Relations to Religion and Science

達到防治疾病的目的。用今天的話講，氣功是通過自我心理調整促使全身各系統生理功能協調。然而，流傳了數千年的氣功概念在50年代被硬性地改換了內涵，從而導致氣功的定義發生重大的失誤。」[41]張洪林認為：「氣功是使用自我暗示的方法，使意識進入自我催眠（所謂入靜）狀態，通過良性的心理調整，使體內各系統生理功能趨向協調，甚至使病態的形態實質得以修復，從而達到防治疾病目的的一類自我身心鍛鍊方法。」張洪林的定義是從病理學和現代心理學的角度進行的，它顯然是對劉貴珍定義的重新詮釋。這種詮釋已加入了現代科學的理論。張洪林教授分析道：「劉貴珍之所以選擇『氣功』一詞命名而沒有選擇其他辭彙，是因為他所練的功法是以強調呼吸為特徵的。這個功法要求吸氣後停住，然後再慢慢地呼氣。如果用現在的眼光看，這個功法是要求練功人將注意力高度集中在自己的呼吸上，用呼吸這一個念頭取代其他雜念，使練功人的意識達到入靜狀態。換言之，呼吸方法僅僅是幫助入靜的手段，而不是本質。然而，極其遺憾的是，劉貴珍並沒有認識到這一點。他在自己的代表作中寫到：『為什麼稱它為氣功療法呢？『氣』這個字在這裡是代表呼吸的意思；『功』字就是不斷地調整呼吸和姿勢的練習，也是俗語說的要練得有『功夫』，將這種氣功療法，經用醫學觀點加以整理研究，並且用到治療疾病和保健上去，去掉以往的迷信糟粕，因此稱為氣功療法。』這是劉貴珍給氣功下的定義。通過這個定義，我們可以清楚地看到劉貴珍是將呼吸之氣當作氣功的本質特徵了。這個定義以其呼吸之氣的內涵，硬性地改換了古人調整心理的內涵，造成氣功定義出現第一次嚴重失誤。」[42]

　　而中國氣功的官方網站「中國氣功科學」以其官方的名義給氣功下的定義是：氣功是一種由古代流傳下來的導引法、內養法、吐納法、內功、深呼吸、靜坐呼吸養生演變而來的以防病治病為目的的鍛鍊方法。

　　李小青等人在《氣功概念淺議》中，綜合古今中外的說法給氣功進行了歸納性的表述，認為：「氣功是一種內煉（或者說自我身心鍛鍊）的方法，它具有鮮明的中國特色，中國傳統文化特別是儒、釋、道、醫、武（術）家對氣功的形成與發展起到了重要作用。其手段是調身、調息以及煉氣。目的是強身健體、防病治病。氣功是中華傳統養生方法的精華之一。」[43]

　　由於種種原因，學術界對「氣功」並沒有下過定義。也就是說，在現代科學技術高度發達的今天，人們心目中代表真理的化身或代名詞——「科學」並沒有對其進行過界定。然而，由於練習氣功後使習練者的身體健康明顯好轉的事實，使人們紛紛加入練習的行列。練習的人多了，問長問短必然很多。由於沒有確切的定義，各們各派的解釋就很多。期間確有不少人曾試圖為氣功下個定義，但終因無法得到氣功界眾多流派的認可，知難而退。儘管「氣功」的定義無法界定，但是在中國只要提到氣功，可說是無人不知、無人不曉。至於氣功的內涵自然是仁者見仁、智者見智，很少有人非要搞清楚什麼是氣功。大家心知肚明也就罷了。50年代初，劉貴珍老前輩不經意的將其統稱為「氣功」後，後人約定俗成，延用至今，且為後人留下了一個永遠無法統一的難題。「氣功」這個特定的專用名詞，對它的解釋也眾說紛紜。

　　出於研究的需要，什麼是氣功？是首先應當應當解答和界定的問題。

　　氣功所包含的內容實在是太廣了，它包涵了中國數千年來儒、釋、道、醫、武五大門派中數以萬計修煉法門和無數功法流派。這是中國五千年文化的積累、它既是一門哲學、又是一門實踐。

　　有把太極與氣功等同的、有把中醫推拿當成氣功的，有把中國的武術說成是氣功的，甚至於有把氣功應用於書法、繪畫、音樂、舞蹈之中而「發

明和創編」了書法氣功、音樂氣功、舞蹈氣功。這些理解儘管十分幼稚也很牽強侷限，但總歸還是把氣功和中國的傳統連在了一起。

而有些解釋與氣功的含義相差太遠了，如把氣功說成是一種純粹的放鬆運動；還有人乾脆把西方的催眠術與氣功劃上等號；更有不少美國人已經開辦氣功中心，定期招生傳授氣功，教授的內容只是讓人不斷放鬆，再配上一些媚媚動聽的自然音樂，便算是在教授中國氣功的「靜功」了；甚至於把有些民間術類，如燒紙、畫符、念咒、看風水、看相算命等等都納入氣功範疇。

還有一些動功的編排更是完全不懂氣功的人為了利益，從各種氣功書中挑些東西，憑據個人想像任意編湊幾個動作，有的肢解幾個武術動作，拼在一起便算一套動功；還有人聽說中國佛門「法無定法」，乾脆隨心所欲地硬湊一些肢體動作在一起，起個名字，就開始辦班傳授「氣功」。如此種種「氣功」被搞得面目皆非，鬧遍全國。究其原因，問題的根源之一自然是出於對中國氣功的概念不清。

儘管「氣功」這一專用名詞，是在50年代初劉貴珍創辦了中國第一所無藥康復的療養院時提出來的，他試圖將中國古代數千年來逐漸形成的「儒釋道醫武」5大門派中、各種修煉術中行之有效的方法，用於各種慢性疾病的康復中。並將療養院稱之為「氣功療養院」，「氣功」一詞便正式被引用。然而各個門派，功法繁雜、流派眾多又各具特色，僅道家就有3600個修煉法門、佛家更有8萬4千種修煉法門。且各門各派其修煉的目的又大相逕庭，故中國氣功界對「氣功」本身的稱謂，頗多爭議。而各門派，是門派先人經過相當久遠年代親身修煉、證悟和實踐的積累。其中有經驗、有教訓，經過久遠年代的不斷完善而形成的各種獨特的修煉術，供門派內部傳承。因此有的門規森嚴，極其保密。有些門派先師雖也著書立說，但書中關鍵的修

煉方法及功境往往用詞隱晦，似是而非。門外人單憑看書實在是無法領會其真實含義的。故中國功夫界歷來有「真傳一句話，假傳萬卷書」之說。有些門派甚至嚴禁著書立說，為防止所傳非人，師傅傳授時採取獨脈單傳，所謂「道不輕傳」便是此意。

中國修煉界自古到今歷來有「修道者多如牛毛、得道者鳳毛麟角」之說。可見今人所說的氣功並非簡單的放鬆運動和肢體鍛鍊可以代表的。

同時氣功修煉強調人與自然的和諧，修成「天人合一」的境界，用各種特定的修煉法門，達到鬆中求靜、靜中生定、定中生慧、慧中生靈，靈中出神。從而領悟自然生命、宇宙人生以及萬事萬物的演化規律，因此氣功是一種使人「覺悟」的修煉過程。

氣功修煉中的各種令現代科學無法解釋的氣功及人體特異現象，將促使科學家們對現行的科學理論、定律引起反思；使人類對自身的思維、意識重新認識並開發利用，由此將引發現代科學的重大突破。因此，氣功又是一門引導人類進入全新領域的「新興科學」。

至於「氣功」究竟是什麼？能否用現代科學技術或理論體系給以定性的說明？當「科學」成為「真理」，「正確」和「正義」的現代文明的代名詞時，許多氣功師們和煉功後受益者體驗到「氣功」的真實性，為了讓更多人瞭解和受益就說：「氣功是科學。」然而「氣功」與「科學」走的是完全不同的「道路」。如果把「氣功」搬進現代科學的「實驗室」，「氣功」就會變質變味，科學的研究方法就顯得力不從心。除了測驗到某些現象外，其實是一無所獲。

因此，研究者和氣功傳授者們在解釋氣功時總是把它與修煉、中國傳統文化、宗教信仰等等緊密連繫起來。

綜上所述，「氣功」決不是簡單和隨意的東西，即不是從幾本古典書

萬迷之謎　法輪功發展之研究 ｜ 兼論氣功與信仰及科學的關係

A Study on Factors Contributing to Rapid　with Discussions on Qi Gong and Its
Develoment of Falun Gong:　　　　　　Relations to Religion and Science

籍中能找到，也不可能從實驗室得出結論。他是一種「活的」承傳，習練者必去領悟並使其境界得到昇華，身體得到健康的修煉方法。真正的氣功就是修煉。換句話說，或者對持無神論態度的人來說：氣功是在中國特定環境下而產生的關於修煉內容的東西在人世間流傳的代名詞。

二·氣功的起源和歷史

氣功是現代人起出的一個讓現代中國人可以接受的一個名詞，所以，就氣功這一名詞的本身並沒有什麼意義。在人類歷史上沒有源頭的東西就很難有強的說服力使人們信服。在本來就寥寥無幾的「氣功」研究者的研究中也必然要沿用研究的套路去談「氣功的起源和歷史」，其實人們認為在20世紀50年代才生產出來的名詞在歷史上早就存在。既然氣功是在中國特定環境下而產生的關於修煉內容的東西在人世間流傳的代名詞，那麼，對於「氣功的起源和歷史」的研究，也就落入到對在人世間流傳的有關修煉和宗教修煉問題的研究。

也就是說，要研究氣功的起源和歷史就必然要追溯到修煉、信仰、宗教以至於人類的起源。關於人類的起源，並不是本書研究的內容，但不同的認識將決定著不同的人類社會的道德觀念和價值取向，換句話說，這種不同的認識將極大地影響或決定著未來人類社會的發展和走向。比如說，信仰「神是人的創造者」的人們將是相信神的；而信仰「進化是人類的創造者」的人將是相信自然界以及由此而產生的奇蹟。由於信仰的不同，人們的行為準則，生存觀念和生活態度將會有很大的不同，以至於社會狀況，人於人之間的關係也會不同。

然而從氣功的角度對在人世間流傳的有關修煉和宗教修煉問題的研究，與學術界對於宗教和修煉的研究又有著根本和先天的不同。

　　由於氣功奇蹟般地治病效果，加上其起治病作用時與已被列入中醫的「針灸」、「點穴」有著千絲萬縷的連繫，中國的學者們自然而然的把氣功與中醫掛勾。中國中醫研究院氣功研究室主任張洪林教授就從中醫的角度發表了一些具有權威性的文章，他在《氣功的起源、發展及其在中醫學的地位》一文中指出：「據《呂氏春秋》記載，早在4千多年前，我們的祖先就已將氣功療法用於健身治病。《老子》中則較早提到『或嘘或吹』、『綿綿呵其若存』的吐納功法。《莊子》也有『吹嘘呼吸，吐故呐新，熊經鳥伸，為壽而已矣。此導引之士，養形之人，彭祖壽考者之所好也』的記載。春秋戰國初期的出土文物『行氣玉珮銘』（約西元前380年）上有吐納行氣方法的銘文。湖南長沙馬王堆漢墓出土的文物中有帛書《卻穀食氣篇》和彩色帛畫《導引圖》。《卻穀食氣篇》是介紹呼吸吐呐方法為主的著作。《導引圖》堪稱最早的氣功圖譜，其中繪有44幅模仿一些動物運動的圖像，是古代人們用氣功防治疾病的真實寫照。」

　　張洪林教授認為，氣功一直伴隨中國的傳統文化「數千年來，氣功一直在民間流傳，並且沒有一個統一的名稱。這類鍛鍊方法或因其強調姿勢、呼吸、意念的不同，或因其來源於醫、儒、道、佛、武之差異，有很多稱呼。例如導引、吐呐、行氣、服氣、坐忘、守神、煉丹、坐禪等等。發展到40年代末期，河北省的劉貴珍先生在傳播他所學練的一種養生鍛鍊方法的過程中，受到了河北省衛生廳的重視和支持，他們在一起商定，將劉貴珍的鍛鍊方法和前述多種稱呼的鍛鍊方法統一叫做氣功。後來，他們委派劉貴珍前往北京，向國家衛生部彙報了氣功。1955年12月19日，在中國中醫研究院成立典禮的大會上，國家衛生部對劉貴珍總結傳播氣功的事蹟給予表彰，同時給他頒發了獎狀和獎金。多家新聞機構對此事進行了報導，氣功和劉貴珍的名字一下子傳遍全國，致使劉貴珍成為氣功領域最權威的人物，同時掀起全

萬迷之謎　法輪功發展之研究 | 兼論氣功與信仰及科學的關係

A Study on Factors Contributing to Rapid | with Discussions on Qi Gong and Its
Develoment of Falun Gong: | Relations to Religion and Science

國性的第一次學練氣功的高潮。」[44]

　　被譽為雲南中醫界泰斗的雲南中醫學院教授呂光榮的論文《氣功的起源與發展》詳細論述了他認為的氣功發展的歷史。他認為：「氣功究竟起源於何時，至今未見直接的文獻資料，目前是根據幾個間接文獻的互相佐證推測的。據中國最早的史書《尚書》記載：在四千多年前的唐堯時期，中國中原地區曾洪水氾濫成災。《呂氏春秋‧古樂篇》就用有「宣導」作用的「舞」來治療「筋骨瑟縮不達」之疾的記載。《黃帝內經》也有用導引、按蹺來治療骨關節病的記載，到春秋戰國時期已發展成為『導引按蹺』」[45]。這裡他只是涉及到某些動作對於某些疾病的治療作用。「1975年在青海樂都地區柳灣三坪台出土的馬家窯時期的文物——浮雕彩陶罐上，是一個練氣功站樁的人形，說明中華氣功至今至少有5000年的歷史。」[46]

　　呂光榮教授出身於中醫世家，他是當代研究氣功起源的權威學者。在寥寥無幾的氣功研究學者中，呂光榮有著頗深的學術研究。他在一篇記者對他的採訪中談到：「為了研究氣功學術，我通閱了7000多冊《道藏》和9000多冊《大藏》，書籍可以堆滿兩個房間。在這些古文獻研究的基礎上，結合臨床實際，我先後編著了《氣功學基礎》、《中國氣功辭典》、《氣功大辭典》等全國首創的文獻書籍。」[47]他對氣功的歷史和發展做了權威性論述，在此簡要概括如下：

殷周時期的氣功萌芽

　　殷商時期，我們的祖先創時曆，應用干支紀日法，製造石器、骨器，進而是青銅器。農業生產較前發展，生活和文化較前進步，人們對自然的認識也漸增進。雖然天體運動與神話相伴，周天之說已見端倪，對身體各部分結構已有觀察，對疾病的危害也已有所認識，並具有了一定的醫藥知識。這

都為氣功養生法的產生奠定了基礎。

先秦諸子與氣功

　　春秋戰國時期，是我國科學技術發展的第一個高峰時期，道家、儒家、仙家、兵家、法家、雜家、陰陽家相繼出現，形成了歷史上「百家爭鳴」的時代。隨著人們對社會和自然的認識逐步加深，開始積極探索生命的生長壯老規律以及與之相應的衛生保健方法，導引、食氣（服氣）、吐納、行氣之術逐漸為人們所採用，為氣功理論的發展提供了豐富的資料。

秦漢時期的氣功學

　　西元前221年，秦統一中國。雖然秦朝持續時間不長，但在經濟文化方面做了許多統一的工作，為漢代經濟文化的發展、農業生產水準的提高，奠定了一定的基礎。秦漢在醫學方面有較大發展，氣功學也因此受到良好的影響。尤其是漢初，統治階級曾一度提倡「黃老」之術，「清靜無為」之風盛行一時。政府休養生息，人民安居樂業，客觀上對氣功的發展是一個促進。即使以後董仲舒提出「尊崇儒術，罷黜百家」，但氣功並未因儒家經學的興盛受到影響，反而在理論認識上有顯著提高。東漢時期，佛教傳入中國，佛家的一些修持方法，也被人們用來作為攝生養性的手段。至此，中國氣功明顯形成了儒、道、釋三家。

兩晉南北朝時期的氣功

　　晉初（又謂漢末）女氣功學家魏華存的氣功學專著《黃庭內景經》、《黃庭外景經》問世。就基本理論和實踐方法而論，主要應用人天觀、臟象學說研究氣功養生法，說明腦神經及心、肝、脾、肺、腎等五臟。提高了氣

萬迷之謎　法輪功發展之研究 | 兼論氣功與信仰及科學的關係

A Study on Factors Contributing to Rapid | with Discussions on Qi Gong and Its
Development of Falun Gong: | Relations to Religion and Science

功對人體結構及臟腑間連繫的認識，對後世廣有影響。

隋唐時期氣功的應用

　　隋朝時期的氣功繼承了兩晉南北朝的氣功成就，氣功被廣泛應用於醫療實踐。《諸病源候論》所載導引法260餘式，用於健身，治內、外、婦科等疾病。在《周易參同契》的基礎上，繼承許遜之說，當時，多稱氣功養生法為「內丹術」，習練氣功叫「修丹」或「煉丹」。隋以後至唐，內丹之術曾興盛一時。也有外丹與內丹混用的情況，致使服食外丹而斃命（外丹多為鉛汞等有毒成分做成）者亦不少見。

宋元時期氣功的發展

　　宋元時期氣功的發展，儒道釋醫各家都有一定貢獻。理論上集三家（道、儒、釋）之長融為一體。實踐方面用以治療各種神形失調性疾病，尤以健身、防治老年病見長。

　　基本理論方面，周敦頤的《太極圖說》應用太極、八卦知識，說明整體與局部、動與靜之間的辯證關係，對氣功認識動靜之間的變化是一大促進。以後，朱熹繼承其說，興理學的研究，有「主靜」、「德性」、「存心」諸說，客觀上促進了氣功基本理論的發展，並應用理論指導實踐。

明清時期氣功的發展

　　明清時期，氣功健身強體應用較盛，儒、釋、道各家都有專論。著述有蘭茂所著的《性天風月通玄記》，提倡人與自然相應。李時珍著《奇經八脈考》，說明經絡是習練氣功時氣血運行的通道。其他醫家的論著裡，多有闡發氣功養生的專篇。如徐春圃在《古今醫統》裡說：「攝生之要，莫大乎

存想。」他還介紹了多種動功功法，防治疾病。龔廷賢也在《壽世保元》中
介紹了氣功養生的具體做法：「每子午卯酉時，於靜室中，厚褥鋪於榻上，
盤腳趺坐，瞑目不視，以棉塞耳，心絕念慮，以意隨呼，一往一來，上下於
心腎之間，勿急勿徐，任其自然。坐一柱香，覺得口鼻之氣不粗，漸漸和
柔。又一柱香後，覺得口鼻之氣，似無出入，然後緩緩伸足開目，去耳塞，
下榻數步，偃臥榻上，少睡片刻起來，啜粥半碗，不可作勞惱怒，以損靜
功」。《普濟方》沿《聖濟總錄》之道，也引錄氣功養生法作為健身強體、
防治疾病的方法。李士材著《刪補頤生微論》並附修攝法25條，可以說是25
個氣功功法。《醫門法律》有「和暢性情」之論，實際是應用氣功調節精
神。李梴提宣導引健身，有開關法、起脾法、開鬱法，用以調理血脈，疏通
關節，強壯身體，祛邪治病。更為突出的是龔居中應用氣功，治療「咳嗽齁
喘，肺病勞瘵」。清陳士鐸有先春養陽法，先夏養陰法，先秋養陰法，先冬
養陽法，與自然一一相應，調節身體各部之陰陽。沈金鰲在《雜病源流犀
燭》中錄有「運功規法」，並在內科雜病證治（藥）之後附氣功療法。還有
醫家用以治五官疾病，用之廣泛，不勝枚舉。[48]

近現代氣功的發展

氣功在近代的200年，「幾乎處於停滯不前的狀態，潛心氣功研究的
人、專論氣功的書均較前減少。」

「醫家兼官吏潘霨輯刻的《韡（音wei）園醫學六種》流傳較廣。他以
徐文弼的《壽世傳真》為底本，加以增刪，於1858年編成氣功專著《衛生要
術》一書，認為對疾病要「防」重於「治」，而預防的方法即氣功鍛鍊，若
氣功「能日行一二次，無不身輕體健，百病皆除」。《衛生要術》又經王祖
源在1881年重摹，改稱《內功圖說》，此書重視動功鍛鍊，內容有《十二段

萬迷之謎 法輪功發展之研究 ｜ 兼論氣功與信仰及科學的關係

A Study on Factors Contributing to Rapid ｜ with Discussions on Qi Gong and Its
Develoment of Falun Gong: ｜ Relations to Religion and Science

錦》、《易筋經》、《卻病延年法》、《分行外功訣》等，並配插圖。此書
經郁慕俠在1935年重印時曾改稱《康健之路》。這一時期內的一些著名醫家
氣功的發展也做了一定的努力。如以外治見長的吳尚先、中西醫匯通派張錫
純等。

從民國初年開始，在知識份子階層中，靜坐法較為風行。中西匯通派
代表張錫純在其著作《醫學衷中參西錄》中，力主「醫士當用靜坐之功以悟
哲學」。此間一些養生家的專著，如蔣維喬《因是子靜坐法》、丁福保《靜
坐法精義》、王賓賢《意氣功詳解》、陳乾明《靜的修養法》、董浩《肺癆
病特殊療養法》、方公溥《氣功治驗錄》等，也紛紛出版。上海蔣維喬的
《因是子靜坐法》是當時靜坐法的代表作。之後，他又專心學佛，改習止觀
法，寫成《因是子靜坐法續編》。1957年蔣維喬被聘為上海市氣功療養所顧
問及上海中醫文獻館特約館員。這一時期的內丹術，主要是述前人之說，出
現了一些如《性命要旨》、《丹經指南》、《大成捷要》等著作。與此同
時，還出現了一些內氣周流迴圈示意圖，如「內經圖」、「丹成九轉圖」、
「修真圖」、「煉性修真全圖」等。這些圖示比較形象地表明內丹術的氣行
情況，有一定的參考價值。」[49]

人類身體和精神的健康源於人與自然的和諧、合一。雲南中醫學院教
授呂光榮主要是從中醫的角度來進行有關氣功起源和發展的論述。其實，氣
功治病，包括中醫、針灸治病的根本原理也就是把人體與自然界的「不和
諧、不合一」的狀態調整到「和諧、合一」的正常狀態。也就是說，你身體
有病，一定是什麼原因使你的身體與宇宙或大自然在「扭勁」了。當你達到
了一定狀態或層次，你身體的狀況就隨之而變。

三·現代氣功的發展

（一）氣功悄悄進入無神論的禁區

現代氣功的發展是指在中共建立政權後，全體中華民族的思想和靈魂都被強制灌注「馬克思列寧主義和毛澤東思想」的無神論。除了極少數幾個宗教外，幾乎無一例外。即使是被保留的寥寥無幾的宗教團體也被改造思想，必需接受無神論的共產黨的絕對領導。宗教界的領袖人物也是由黨組織確定。

然而，就是在這樣的絕對的情況下。「有神論」還是偶爾露「崢嶸」，各種「氣功」和一些「特異功能」現象頻頻出現。然而，「馬列主義」的無神論者們也會得病，而且並非什麼病都能被醫生治好。因此，氣功的祛病健身，特別是對一些疑難疾病的神奇治療效果，使無神論們無法理解。

創造這一奇妙效果、無法解釋現象的先驅者是劉貴珍、陳濤等人。

劉貴珍（1920~1983年）因病於1948年開始學習內養功，1949年起在休養所推廣該功法，1954年著手籌建唐山市氣功療養所，並在有關部門的參與下確立了「氣功療法」這一醫療措施的通用名稱。1955年以劉貴珍為首的唐山氣功療法小組受到衛生部的嘉獎。1956年3月劉貴珍在北戴河創建了氣功療養院並任院長。1957年劉貴珍的《氣功療法實踐》出版，1959年唐山市氣功療養院的《內養功療法》問世。兩書對氣功的推廣普及，起到了很大的作用。

北方推廣氣功療法的消息傳到上海，上海也開始了這項工作。1955年和1956年上海市衛生局邀請蔣維喬[50]在滬舉辦了兩期氣功講座，1957年7月1

萬迷之謎　法輪功發展之研究　｜　兼論氣功與信仰及科學的關係

A Study on Factors Contributing to Rapid　｜　with Discussions on Qi Gong and Its
Develoment of Falun Gong:　｜　Relations to Religion and Science

日上海市氣功療養所成立，由陳濤[51]任所長，蔣維喬任顧問。

　　在這一階段，氣功療法得到了相當的普及。在功法方面，以北方的「內養功」、南方的「放鬆功」為代表，一批療效確切的氣功功法被發掘整理，並得到推廣，同時對氣功療法的療效進行了研究並取得一定進展。

　　至此、氣功便悄悄地進入無神論這個意識形態的禁區，並在中國大陸安安穩穩地存活了下來。

（二）氣功登上科學舞臺

　　氣功到底科學不科學？中醫學講的氣的本質是什麼？多年來一直未能用現代科學方法予以說明。因為氣功並沒有完整的概念和理論被「科學」這位「全能的審判者」審判過，總是「心裡沒底」。但人們從練氣功實踐中感覺到練氣功時體內有氣在走動，而且從手上勞宮穴和手指中有東西出來之感。

　　原上海中醫學院基礎醫學部主任、上海中醫研究所所長林海[52]教授在他的《氣功與科學的20年》的文章中談到了氣功被中央領導和科學家們引起重視，並給予支持的一些過程。

　　1977年他們在上海中醫研究所成立了氣功門診部，有一次，一位氣功師對一位馬尾神經損傷引起下肢麻痹、行走不便患者的腰陽關發功時，患者頓時雙腿左右擺動，全身發熱，治療幾次即可丟掉雙枴杖自由行走，這對他們啟發很大。另一次，他們到嘉定上海光學機械研究所介紹氣功，會後參觀其實驗室，偶然中用手指對著一台紅外儀器探頭一晃動，突然看到其示波器上出現低頻漲落調制信號，引起其科技人員重視（而這些人是不會出現此信號的），以後商定與上海原子核研究所顧涵森等科技人員合作，成立協作組，共同探測氣功物質基礎，用現代科學儀器予以證明。 十分明顯，當時

的練習者和研究者想從表面物質的表現形式來研究和認識氣功。他們做了大量的科學實驗，文章列舉了一些實驗，比如下列四個方面的實驗：[53]

1‧對紅外低溫測溫儀發功（測溫儀儀器的探測視窗波長為8－14um），由林厚省氣功師對該儀器發功，結果探測出受低頻漲落調制的紅外電磁波。以後又在紅外熱象儀上做實驗，其勞宮穴上有一光圈，溫度升高2.8℃，另一位氣功師關阿水也有此效應。接著，北京中醫研究所氣功師趙光也出現有此效應。

2‧靜電探測裝置實驗，由程志久、劉錦榮氣功師的印堂穴、百會穴，對著儀器發功時，測得靜電資訊物理效應。

3‧磁敏二極體探測裝置實驗，上述二位氣功師均測出較強的磁資訊‧

4‧微粒流——壓電陶瓷探測裝置實驗，氣功師趙偉測試出手指發功時有微粒流物理效應。根據現代高能物理學理論，除太陽發出高頻微粒流以外，人能發出低頻微粒流是現代物理學難以解釋的。由於我們的測試儀器還不夠現代化，為了進一步反覆試驗，經中科院力學研究所研究員郝敬堯和林仲鵬介紹，到中科院力學研究所——國家權威科研機構（經嚴格「考試」才批准進去的）反覆試驗，實驗是在嚴格的條件下進行的，又經過壓力熱效應、紋影儀攝影等實驗證實。（隨後有關科研單位還測試出氣功師發出可見光、微波、聲波等資訊。）

中國是一個「人治」和「集權統治」的社會，任何時候都是領導說了算數。「氣功」要想進入科學的殿堂，領導者的肯定，加上有名望的科學家的推薦是必不可少的前提。而氣功硬是陰差陽錯地滿足了這些條件。林海教授在他的文章中談到：「著名科學家錢三強，上海同濟大學聲學教授魏墨翰均看了我們的科學試驗後予以肯定。1978年秋我帶領上海氣功科研協作組向上海市科委領導彙報後，於1979年春又帶領協作組向國家科委、科協、衛生

萬迷之謎 法輪功發展之研究 兼論氣功與信仰及科學的關係

A Study on Factors Contributing to Rapid   with Discussions on Qi Gong and Its
Develoment of Falun Gong: Relations to Religion and Science

部、體委做正式彙報與實驗表演獲得成功。後經原衛生部錢信忠部長向國務院主管科研的方毅副總理彙報後，於1979年7月14日、7月19日兩次向國務院、全國人大領導方毅、耿飆、陳慕華、譚震林做氣功物質基礎科學實驗彙報與現場實驗表演，彙報會上還有全國著名硬氣功大師侯樹英等做硬氣功表演和海軍政治部文化部部長高文彬患肺癌轉移通過練氣功得到康復痊癒的經過報告。兩次報告會均獲得成功，與會者有在京的部局長和專家教授等500餘人，其中力學專家談鎬森等發言均予以充分肯定讚揚，方毅副總理、譚震林副委員長先後發言予以讚揚，並指出氣功是一門值得研究的科學，應予普及推廣宣傳。彙報會還由中央電視臺於1980年元月向全國做了報導。我國著名科學家錢學森在彙報會後不久在報上發表談話，指出「氣功是發掘人體潛力的一門科學」，是「打開人體生命科學大門的一把鑰匙」。從此，氣功在我國正式登上了科學舞臺，並向全國普及推廣。」[54]

在中國的科學界，被譽為「科學泰斗」的錢學森，在80年代創立了中國人體科學，並熱情支持和參與了研究。許多人認為中國人體科學，必將在21世紀對整個科學的發展起到不可估量的推動作用。

錢學森從實證科學的角度出發，十分重視人體科學的發展。作為一個在科學上有傑出貢獻的愛國的著名科學家，為了抵禦思想領域和以于光遠為代表人物的「反對偽科學」派源源不斷的否定和批判。1982年5月5日，錢學森曾經給中宣部副部長郁文寫信，「以黨性保證人體特異功能是真的，不是假的」。[55]

1986年2月23日，錢學森在中國氣功科學研究會召開的座談會上發言指出：當前氣功科學研究的一項任務是建立唯象氣功學。他說：「什麼叫唯象科學？就是只知其然，不知其所以然。」「我國有十億人口，如果每一百個當中就有一個練功，就是一千萬，每百個練功的人就有一個人去教，就需要

十萬個氣功師，把這十萬個氣功師提高提高，就是一件大事。……還有一個尖銳問題，就是實踐表明，氣功可以練出特異功能來。……到那時，我們這些炎黃子孫也就無愧於自己的祖先，應聞名於世了。」[56]

20世紀70年代末，中國科技工作者關於氣功效應的實驗研究，為群眾性氣功活動的發展開闢了道路，20世紀80年代形成氣功高潮。這次氣功高潮的出現與持續，對推動氣功療法的普及及氣功研究的深入和對外交流的開展，起到了積極作用。

其中氣功高潮中影響力較大具有代表性的還有：

嚴新是一位影響力較大的氣功師。1987年，他採用「帶功報告」的方式，所到之地，轟動異常。人們從此對氣功有了新的認識，數以千萬的中國人懷著崇敬的心情開始跟隨他。紀實報告文學《嚴新氣功報告》使嚴新和其氣功特異功能產生了轟動效應。嚴新的出現將中國氣功引向了一個高潮。當時他似乎被公認為中國第一氣功大師，國家許多媒體的追蹤報導，多次出訪海外，曾經出訪香港，拜訪了武俠小說大王金庸。後又出訪美國，並受到布希總統的接見。據《氣功與科學》雜誌報導，布希稱嚴新為中國當代的「聖人」。

張宏堡於1988年，創立了「中華養生益智功」，並以北京為基地，興建了許多氣功學習班，收費頗高，其功法特異功能的效果很明顯，學習者易受鼓舞，所以傳播很快。採用典型的傳統門派制，對張宏堡的個人崇拜很為盛行。吸引了一大批人追隨，人們稱他為「宗師」。作家紀一為其寫下了《大氣功師出山》，出版後使張宏堡的名聲大振。他的弟子甚多，對其功法頗為自負，對其他派的氣功師很不以為然，但對嚴新卻頗為推崇。（張宏堡其大部分「弟子」後來轉入修煉「法輪功」）

更令人關注的是，這期間出現了一位專門寫氣功書籍的作家——柯雲

路，備受氣功界尤其知識份子練功者的尊敬和仰慕，也成為一些著名氣功師的好朋友。後來成為一位宣導氣功的作家，第一部有轟動效應的氣功代表作是《大氣功師》，後來又陸續出版了《新世紀》、《人類神祕現象破譯》等引起較大反響的著作，一躍成為氣功界的代表人物。1993~1994年，柯雲路組織了一次大規模的中國特異功能、人體特異功能的考察，並拍下了一部24集，每集45分鐘的電視系列片《生命科學探索》。

　　另外，在此期間，「特異功能大師」張寶勝也對氣功宗教的發展起到了推動作用，並受到許多氣功人士的廣泛認可和尊敬。他沒有練氣功就具備許多非凡的特異功能，在70年代後期中國關於發現人體特異功能的報導引起了一陣轟動。氣功的出現使張寶勝的特異功能得到了承認和重視，而他本人更被媒體炒得充滿神祕和傳奇色彩。他成為一些氣功人士的好友，做過很多次特異功能公開表演。

　　還有一個是海燈法師。他從前是少林寺的和尚，精通武功。曾經專門有一部電視連續劇《海燈法師》，介紹了海燈法師傳奇的經歷。海燈法師在80年初的武術熱潮期間經由《武林》雜誌介紹而聞名全國。

　　以上這幾位成為中國氣功界公認的名流，他們的活躍作為備受矚目，影響了整個中國社會，在時代文化上打下了深深的烙印。他們從理論，實踐，宣傳等方面將氣功的發展推向了高潮。

　　在這幾年中，全國發行了大量的氣功雜誌，書刊和音像資料，練功的人們大量購買氣功資料。很多書店甚至設立了氣功專櫃，書攤上的氣功雜誌隨處可見。雜誌封面經常登出各路氣功師的照片。

　　越來越多的人迷上了氣功。機關團體，學校工廠，到處都有氣功學習班和集體練功的人們。國家已經認可了氣功是一門新興科學——人體科學。著名科學家錢學森也有關於人體科學的講話。嚴新在清華大學等著名高等學

府的氣功實驗使一些科學工作者對氣功神奇的表現給予承認，雖然科學家不理解這些現象，但事實使他們驚奇不已。

還有許多氣功師和特異功能者頻頻出現，他們在當地有較大的影響力，和出名的大氣功師一樣，在全國範圍內共同帶動了氣功的發展，使氣功成為人們新的宗教信仰和文化形態。

此次高潮的主要特點是：

（1）功法大量湧現。呈現出傳統功法、新編功法百花齊放的局面；

（2）群眾踴躍參與。廣大群眾積極參加氣功鍛鍊，使氣功真正成為廣大群眾參與的體育運動項目；

（3）氣功科研受到重視。由於多學科科研工作者的共同努力，氣功科研發展較快，並已被列入體育科研單位的科研計畫之內；

（4）對外交流十分活躍。使中國氣功走向世界，為全人類服務。

就這樣，「氣功」作為修煉的代名詞，而且是在非修煉人中流傳的有益於身心健康的，屬於修煉範疇的東西。從有人類以來一直伴隨著人類的各種宗教的信仰、甚至於也伴隨著現代科學的信仰、伴隨著人類走到了今天。

（三）法輪功的傳出

正當中國大陸氣功高潮之際，1992年5月13日在中國長春，李洪志先生第一次把法輪功介紹給社會。同年，中國氣功科學研究會的領導在仔細考察後，充分肯定了法輪功的功理功法和功效，並將其接納為直屬功派，並大力支持法輪功的普及傳授。

從1992年5月13日至1994年12月21日，李洪志先生應各地官方氣功科學研究會邀請先後在中國各地共辦班講法傳功56次，每期約10天，數萬人次親自參加傳授班，所到之處，均受到學功者的熱烈歡迎和大力支持。

萬迷之謎　法輪功發展之研究　｜　兼論氣功與信仰及科學的關係

A Study on Factors Contributing to Rapid　　with Discussions on Qi Gong and Its
Develoment of Falun Gong:　　　　　　　　Relations to Religion and Science

　　學過法輪功的人表示，法輪功起點很高，給予很多，有很多至傳真寶都無私的奉獻給學功者，是其他任何功派都不能做到的。

　　同時由於法輪功傳出時就以去病效果顯著、無私、給予、修煉的安全等等，很快就吸引了許許多多的氣功愛好者。致使原來練習過各種不同氣功的愛好者紛紛走進法輪功的修煉。

　　從此，中國氣功由於法輪功的出現達到了最高潮，也使氣功歷史進入到了最後階段。

四·什麼是特異功能

　　現代人認為：特異功能簡稱超能力，是人類早期潛力的本能能力之一。它是一種大腦精神狀態高度集中於意志、信念、腦電波等無意識的產物。它的能力類似於人類的預感。

　　「特異功能」是中國的叫法，西方國家最初稱之為「靈學」、「心靈學」，現在又逐漸為「超心理學」一詞所取代。它的研究主要可歸為兩類：一類是認識上的超常現象，即「超感官知覺」；一類是意念直接作用於外界事物，稱作「心靈致動」。具體內容龐雜，例如透視、遙視、思維傳感、預知、意念移物、意念治療、靈魂出竅、附體重生、幻影續存等等。

　　現在公認的第一個特異功能研究團體是1882年英國成立的「靈學研究會」。本世紀初中國一些人士受西方國家影響也創建過靈學研究會，出版了不少書籍資料。從1979年報導四川唐雨「耳朵認字」開始並持續到今天的特異功能熱潮，實際上是靈學和超心理學研究在中國的反應和繼續。中國人體科學研究會（籌）還曾於1982年派代表出席了在英國召開的國際慶祝靈學研究會成立100週年大會，並作了專題發言。中國人體科學學會成立於1987年，學會確定特異功能研究是人體科學研究的核心內容。[57]

錢學森把特異功能歸屬與人體科學，他是中國人體科學的宣導者。

錢學森提出用「人體功能態」理論來描述人體這一開放的複雜巨系統，研究系統的結構、功能和行為。他認為氣功、特異功能是一種功能態，這樣就把氣功、特異功能、中醫系統理論的研究置於先進的科學框架之內，對氣功、特異功能的研究起了重大作用。在錢學森指導下，北京航天醫學工程研究所的研究人員於1984年開始對人體功能態進行研究，他們利用多維資料分析的方法，把對人體所測得的多項生理指標變數，綜合成可以代表人體整個系統的變化點，以及它在各變數組成的多維相空間中的位置，運動到相對穩定，即目標點、目標環的位置。他們發現了人體的醒覺、睡眠、警覺和氣功等功能態有不同的目標點和目標環。這樣，就把系統科學的理論在人體系統上體現出來了，開始使人體科學研究有了客觀指標和科學理論。[58]

美國杜克大學的萊因[59]博士，在1930~1940年代之間，曾進行過多次的超感官知覺ESP（Extra-sensory perception）確認實驗。實驗的內容之一是將實驗者的眼睛蒙上好幾層，接著讓實驗者的身心獲得鬆弛。一會兒，就會在腦中出現黑而寬的螢幕般影像。在表示要透視的標的物後，就會在螢幕上出現標的物的文字、影像或色彩。但若是在疲勞或身體狀況不佳的情況下，標的物就會模糊不清。這個研究方法在1940年代得到確立，也得到了統計學的承認，最後，甚至在美國還普遍的認可超心理學是現代科學的一個領域。目前臺灣許多學術機構也有從事ESP的實驗，並且也獲得具體的證明及結果，如台大就曾在電視媒體上公開其實驗過程及成果。[60]

超能力的種類：

ESP（超感官知覺）：

· 透視（Clairvoyance）、俗稱「天眼通」

萬迷之謎 法輪功發展之研究 | 兼論氣功與信仰及科學的關係

A Study on Factors Contributing to Rapid | with Discussions on Qi Gong and Its
Develoment of Falun Gong: | Relations to Religion and Science

- · 遠隔聽覺（Clairaudience）、俗稱「天耳通」
- · 心靈感應（Telepathy）、俗稱「他心通」
- · 接觸感應（psychometry）
- · 催眠（hypnosis）
- · 具現化、俗稱「幻想具現術」
- · 預知（Precognition）
- · 後瞻（回知過去）（Retrocognition、Postcognition）

念動力：

- · 念力（Psychokinesis）
- · 瞬間移動（Teleportation）

五·特異功能熱

（一）大陸媒體的報導

1979年3月15日《四川日報》刊登消息「大足縣發現了一個能用耳朵辨認字的兒童」。消息說，省委某負責人到了當地，接見了這個名叫唐雨的兒童及其親屬，瞭解了情況。省有關科研部門對此進行了科學研究。此後，此類現象在各地廣泛出現。各地媒體也不斷進行了一些報導。

與此同時，不少媒體也就此「引進」外國各種各樣「特異功能」新聞，作為中國「特異功能」的佐證。研究人體特異功能的學科，在國外稱為「心靈學」或「超心理學」。中國「人體特異功能」的研究者覺得，「心靈學」這樣的名詞，在中國大陸的意識形態上過於敏感，以錢學森為代表的一批有卓越成就的應用科學家把它稱為「人體科學」。《自然雜誌》

1979~1982年間發表了3篇「人體特異功能」的文章,也包括中國的科學泰斗錢學森的文章等。他1980年6月表示支援人體特異功能研究,並首次提出「人體科學」概念。這以後,中國出現了「人體科學」熱潮,媒體也大量報導「人體科學研究」。

1979年夏,兩家電影製片單位合拍了一部紀錄片《四川奇趣錄》。1964年,蘇聯媒體開始報導,家庭主婦尼娜·庫拉金娜能意念移動物品、能意念使掛鐘停擺、能蒙眼識色等等,從而引起不少科學家研究她的「生理場」。20世紀60年代末70年代初,又出現了以色列所謂的「通靈人」尤里·蓋勒。他在歐洲和美國到處表演,用「意念」將釘子、叉子、鑰匙等彎曲,使湯匙折斷,使手錶走快或變慢;不用眼睛識出顏色;猜出哪個盒子中藏有物品,甚至能夠遠距離搬運物品等等。

1970年初,美國中央情報局決定支援一個專案,目的是要判別一種稱為「遙視」的「特異功能」或「超感官知覺」是否有助於情報收集。後來該專案轉由國防部情報局研究,取名為「星門」。

2005年4月中國一家電視臺科教頻道作為「科學前沿」,報導第六感、神祕智慧、類似超自然感覺的直覺、心靈感應實驗等。節目中還特別說明美國軍事情報局研究「遙視」取得的成就,並表示1995年美國政府結束對「遙視」研究的支持,是因為冷戰結束,而不是因為研究失敗。

毫無疑問,媒體的這類報導給社會上正在流行的氣功,氣功健身,氣功治病的神奇效果等等,注入了強大而神祕的能量。

(二)研究成果和眼見為實

當科學工作者,一些卓越的科學家(特別是物理學家和一批有卓越成就的應用科學家)接觸到「特異功能」這一現象後,毫不猶豫的對此展開了

研究和探討，取得了大量的第一手材料。許多論文發表在大陸的一級或核心學術刊物上。在一批著名科學家，如錢學森、趙忠堯[61]、貝時璋[62]、王淦昌[63]、談家幀[64]、楊龍生等等的支持下，「人體特異功能」的學術交流、研究機構和學術刊物相繼問世。在《人體特異功能通訊》、《人體特異功能研究》、《中國人體科學學會通訊》之後，又於1990年創刊了《中國人體科學》雜誌。人們也通過媒體報導、氣功鍛鍊在瞭解和體會「特異功能」。

1959年創刊，由中國原子能科學研究院主辦，國內外公開發行，主要收登核科學技術方面具有創造性的科技成果，原子能類核心期刊《原子能科學技術》於1990年第1期發表了題為「用微觀實驗手段研究人體特異功能使物體穿體器壁的現象」。從論文的題目來看，這項研究必定是在「人體特異功能使物體穿體器壁的現象」確實存在的前提下才有可能進行。換句話說，「人體特異功能使物體穿體器壁的現象」是確有其事。

由於人體特異功能使物體穿體器壁的現象已經超出了現代科學認識事物的範圍，「違背」了現在科學的基本原理和理論體系；也「違背」了我們認識事物的某些觀念。也就是說，在我們已經形成的觀念中，可能同樣也難以置信的事情。所以，下面儘量沿用一些科學家進行這一相關科學實驗的原始介紹。

（A）實驗介紹：[65]

北京近年來氣功和人體特異功能的許多異常現象對現代物理學的成果提出了挑戰……

運用現代物理學的先進技術和儀器設備，包括利用原子核子物理的實驗技術，配合人體科學的研究是有一定意義的……

實驗目的：

1．試圖觀測經人體特異功能作用，從密閉玻璃瓶和塑膠瓶移出的物體

其微觀結構及性能是否有變化；2‧利用核徑跡探測器觀察人體特異功能使物體穿過器壁的機制是否將物體分解為原子核量級的微觀粒子並以亞光速穿過障礙物，該實驗是與中國航太醫學工程研究所張寶勝合作完成的。

實驗日期：1988年7月10日。

實驗地點：中國原子能科學研究院。

一，實驗過程

1‧隔信封認字及向信封內移物和移字跡：

實驗前準備了二片滌綸薄膜。一片是透明的，厚2mm，用紅色記號筆寫上了「中華神功」4個字，上面蓋上了另一片紅色半透明固體徑跡探測器，約厚0.5mm。二片探測器的4個角用白色膠帶紙粘在一起。選樣紅色字跡經紅色膜覆蓋後就很難辨認了。事先密封在牛皮紙信封內。上述工作由實驗組一人（李慶利）單獨完成，其他實驗人員均不知道寫在裡面是什麼字。實驗前該實驗人員也不可能與張寶勝有任何接觸。當張寶勝來到實驗場地，隔著信封描述了裡面裝的物品的形狀說：「4個角用橡皮膏（膠帶）粘住了。4個紅字上面又有紅片擋著看不清。」張寶勝先後在紙上寫了「中華」，「人體神祕」等字樣，然後又塗掉了。從當時情況看，隔著信封，張可以看到裡面所裝物品的形狀及顏色，但對沒有信封時普通人難於識別的字跡，張也很難識別。隨後張將一枚一分錢的硬幣放在信封外面，並折一個信封角蓋住，讓實驗人員陳永壽拿在手裡，當張說：「好了」之後，實驗人員鬆開手觀看時，硬幣已進入信封。張又在此信封上用圓珠筆寫了「您好」，「謝謝」，「你」的字樣。與通常情況不同的是信封裡有信紙，而圓珠筆在徑跡探測片上是寫不上字的。張告訴大家，字已轉移到4個角上了。當眾打開信封觀看時，一分錢硬幣被倒出，同時看到「您好」，「謝謝」，

「你」已分別移入3個角的膠帶紙上。其字跡筆體與信封上的一樣，但明顯被縮小了。

實驗表明：

用圓珠筆寫不上字的物品，做字跡轉移實驗時也移不上去。但移進的字跡大小可以與信封外的不同比率。實驗說明，在轉移字跡時有縮小的功能。

2 · 意念損壞正在計時的手錶：

張寶勝將李慶利的一隻正常運轉的北京牌手錶讓李緊握在手裡，張用拇指和食指在該實驗人員的拇指和食指中間的皮層上一捏，拿出了手錶的分針，接著又在該處拿出手錶的秒針。接著又在中指和無名指之間的皮層上一捏拿出了時針。此時張說：「錶蒙（手錶玻璃）已壞。」當李伸開手掌看時，在表蒙中間有類似高溫燒燬的斷裂縫隙，但表蒙仍扣在表上，當傾斜時大半個表蒙才脫落。儘管手錶的表面損傷很大，但機殼內機械仍在正常運轉。在取錶針的過程中，李慶利未感到有任何疼痛，而且在場的不少觀察人員清楚地看到錶針由短到長被垂直取出的過程。

3 · 穿過空間障礙實驗（本實驗準備了兩個瓶子）：

（1）生理食鹽水透明玻璃瓶，高約40cm，半徑約11cm，帶有緊配合的橡皮翻邊瓶塞，在瓶內放了樣品源1個，穆斯堡爾吸收體1塊，帶有橋結的高溫超導片2個，固體徑述探測器4片，金屬樣品1塊，普通螺母連著棉線掛在瓶口，直徑1cm高3cm的塑膠小瓶其中封裝白酒樣品，此外還放了黃色牙周寧藥10粒，維生素白色藥片1粒。

（2）透明塑膠瓶，高8cm，半徑2.5cm，帶有塑膠螺口蓋。在瓶內放入了密封的由固體徑跡探測器薄膜製成的小袋，小袋內封入金屬鎢樣品1塊，

黃色牙周寧藥10粒，維生素白色藥片6粒。這樣當瓶內物體被移出瓶外時，首先要穿過徑跡探測器薄膜，如果有一定動能的重粒子穿過固體徑述探測器，則經處理後將在探測器上留下可觀測的徑違。在實驗過程中，由一實驗人員（杜學仁）雙手握住透明玻璃瓶，張寶勝的雙手握住該實驗人員的手，首先一粒維生素藥片從瓶底掉出瓶外，接著黃色藥片也出來2粒。然後將超導片與包超導片的塑膠小袋（由數層固體徑跡探測器薄膜製成）一起移出瓶外，密封的塑膠袋未發現有破的跡象。一個有趣的現象是在場所有觀察者觀察到連接螺母的線好像變硬了，從瓶口橡皮塞邊緣向外自動擠出來一段，約3~4cm長，隨後徑跡探測器也被擠出一塊，用同樣的方式，後來（在餐桌上）張又將其他3塊徑跡探測器、另一超導片、金屬樣品及穆斯堡爾吸收體移出瓶外。經查看玻璃瓶沒有任何破損，移出的物品用肉眼觀察沒有破損。而樣品源、白酒樣品及帶線螺母始終沒有被移出瓶外。對另一透明塑膠瓶，張寶勝讓實驗人員（杜學仁）托在手掌上，張握著瓶的上半部上下搖動，此時大部分藥片從瓶底移出瓶外，其中金屬鎢塊也移出來。經當場查看。不僅塑膠瓶壁沒有任何破裂的跡象，連密封的徑跡探測器薄膜封袋也完好無缺。

4．徒手燃燒衣物：

在實驗過程中，張寶勝還演示了徒手燒衣服。實驗人員（杜學仁）當場脫下白色的確良襯衣，張將襯衣團成一堆放在桌上，將手伸到衣服下面，這時有煙從衣服上冒出，實驗人員發現衣服上有一，二處已被燒焦。然後張在沒有被燒的部分用兩拇指使勁一按，此處當即被燒焦了二塊。

二．實驗結果分析

1．對超導結性能的測試：該實驗所用的是釔鋇銅氧環狀超導結（橋結），一般遇400度以上高溫，或機械破壞或結構改變都將影響其超導性

萬迷之謎 法輪功發展之研究 | 兼論氣功與信仰及科學的關係

A Study on Factors Contributing to Rapid | with Discussions on Qi Gong and Its
Develoment of Falun Gong: | Relations to Religion and Science

能。當該超導結從包層（數層徑跡探測器薄膜）及瓶壁穿出後經測試，結
的磁敏特性即對交流直流磁場的響應與從前的性能比較，在誤差範圍內保
持不變。

2．對源的性能測試：該實驗所用的是241Am-a火警源，直徑約2cm，
強度約1uCi，在實驗前10天，用金矽面壘型半導體探測器測得能譜。在同
樣測量條件下，在經特異功能影響後約28小時再測其能譜實驗結果表明，
經特異功能影響後的。a源的強度和能量在實驗誤差範圍內沒有變化。

3．穆斯堡爾譜的測試：該實驗所用的穆斯堡爾a-Fe吸收體25um厚，
直徑10mm，兩塊完壘相同的a-Fe吸收體，一塊經特異功能移出後48小時測
其穆斯堡爾譜。另一塊作為對照標準。

（B）幾個較有名的例子[66]：

雲南大學人體科學研究室在1980年發現，經過適當的訓練，可以在一
年內，將數10名小孩，由一個普通人訓練成特異功能的高手，具有手指識
字，意念撥鐘，特異轉運，移物等功能，並發現這些功能出現時，手掌會量
到信號。

北京航太醫學工程研究所對特異功能人士張寶勝做了50次有關突破空
間障礙的實驗，所有封裝進入透明玻璃瓶的藥片或玻璃試片均做上獨特的記
號，然後將瓶口燒結。結果張寶勝有25次可以成功的將部分試樣從瓶內移出
到瓶外，而瓶子沒有破。用每秒400張速度的高速攝影機拍攝，可以拍到藥
片突破器壁之連續過程。證實物體可以互相交錯而過，這可能與物體形成宏
觀的量子波有關。

中國地質大學人體科學研究所對特異功能人士孫儲琳做了9年的研究，
發現她具有近60種不同的功能，包括念力致動、撥鐘、彎曲硬幣、折斷縫衣
針、心靈聚能爆玉米花、燒衣物及硬幣；也能在指定硬幣和其他物體上打

孔；以意念指揮碗豆，小麥種子在幾分鐘到幾小時內發芽數公分等等，顯示出意念的強大威力。

上海復旦大學電子工程系及生命科學院發現，在特異功能發生作用時，功能人腦中都會出現「螢幕效應」，也就是出現像是電視螢幕一樣的場景，用意念所要操縱物體影像就會出現在螢幕上。深入理解這個「螢幕效應」是破解特異功能中致動功能的關鍵因素。

這些特異能力每一項都是向現代科學提出嚴峻的挑戰，大陸的研究證實了特異功能的存在性，也提出了諸多的理論來解釋，但至今沒有任何一個理論可以引導我們，摒除人的參與，而以儀器來重複這些能力。

《自然雜誌》編輯部有兩位年富力強、對新生事物十分敏感的編輯兼記者。他們是朱潤龍和朱恰恰。他們是特異功能研究領域的拓荒者。1979年7月，「二朱」出差來到北京，在《人民日報》對耳朵認字進行了嚴厲批判之後，聽到了關於王斌、王強能耳朵認字的介紹。帶著複雜好奇的心情，「二朱」來到王斌家看王氏姐妹作了腋下認字的表演。「二朱」受報刊批判影響，不敢輕易相信，又請王氏姐妹到招待所作實驗，試樣在室外寫好，為防止偷看，試樣放在手套裡，科研人員替她們戴上手套，用繩在手腕處紮緊，然後她們手拿試樣伸進衣服裡的腋下，很快就正確辨認出來試樣上的圖形和顏色。這一不可思議的現象引起他們極大的興趣。他們十分重視科研人員對特異認字現象的驗證和研究。此後，《自然雜誌》發表了北大生物學教授陳守良、空軍某醫學研究所科研人員羅冬蘇等人一系列關於特異認字的測試報告。鑑於耳朵認字遭到嚴厲批判，便用了替代術語，如：非眼視覺、人體感知、特殊感應功能等。

1980年2月，由《自然雜誌》編輯部主持，在上海召開了第一屆人體特異功能討論會。特異功能指現代科學解釋不了的人體功能，從此特異功能這

個詞被廣泛使用。參加這次討論會的有來自8個省市的80多名代表，其中有13名特異功能兒童1名特異功能成年人，包括唐雨、姜燕、王斌、王強、胡聯、黃紅武、于瑞華等人。討論會除宣讀一些測試報告外，還進行特異認字的表演或測試。這次測試為防止作弊，注重改進實驗方法，如：用紙套、暗盒、信封等密封試樣。《自然雜誌》認為，這次會澄清了去年對耳朵認字真偽的爭論，以這次會議為標誌，我國對人體特異功能的研究進入了一個新的階段。

1980年10月，由《自然雜誌》編輯部創辦了小報《人體特異功能通訊》（大約每月一期），作為這個領域研究動態的交流資料。

科學界的泰斗錢學森密切關注著特異功能現象的發現和研究進展。1981年初，他在《自然雜誌》上提出了人體科學的概念。對於多數人來說，人體科學是特異功能的代名詞。

1981年5月，在四川重慶召開了第二屆人體特異功能討論會，四川省委書記楊超主持了開幕式，中國科協書記聶春榮出席會議。著名科學家錢學森、貝時潭、王淦昌、趙忠堯等去信或去電祝賀。在這次會議上成立了中國人體科學研究會籌委會。

1982年4月中國人體科學研究會向全大陸幾所大學和研究所發出邀請，組織了一次聯合測試來驗證人體特異功能的真實性。結果共有20多個單位、40多位研究人員參加了這項工作。實驗的條件非常嚴格，所得的結果具有可重複性。結果表明，人體特異視覺、特異運轉、特異書寫、突破空間障礙等人體特異致動功能，都是客觀存在的。

（三）臺灣的特異功能研究

臺灣大學校長李嗣涔[67]教授自1988年起，在國科會的支持下，開始了

氣功的研究，由練氣功時腦波的測量發現了氣功「入定態」及「共振態」兩種不同的生理變化，併發現了利用刺激法進入「共振態」的方法。從1992年4月起，開始了人體特異功能的研究，並於1993年2月正式在台大電機系開了一門「人體潛能專題」的課程，希望從一班學生中找出具有潛能的人士，測量他們的生理參數如腦 α 波[68]，再與練功到高段的師父互相比較，以找出他們生理上的共通性。再由此共同的生理參數來尋求突破口，以徹底瞭解特異功能產生的可能原因。

李嗣涔教授經過8年的研究，他們對「手指識字」、「念力彎物」、「意識微雕」及「意識生物工程」做了深入的研究，並獲得了一些成果。在「手指識字」方面，發現了2位十多歲的小女孩天生具有強大的手指識字能力。另外，李嗣涔教授從1996年起利用暑假開手指識字訓練班，每次訓練4天，每天2小時，結果3年來訓練了60位6到14歲的小朋友，其中有6位小朋友出現了「手指識字」的功能，約佔10%。這些小朋友可以用手指觸摸折疊的紙團，在幾十秒到幾分鐘內「看」到紙上用彩色筆所寫的字或所畫的圖案。大部分的小朋友在大腦中會出現「螢幕」，像電視螢幕一樣，叫螢幕效應，字或圖案就一筆一劃的在螢幕上出現。其中一位天生有手指識字功能的小妹妹，經生理的測試發現螢幕效應的產生會伴隨著手掌放電，以及大腦血流速度之下降，因此特異功能是用儀器可以客觀測量之現象。另外螢幕與正常視覺交互作用非常密切，螢幕之明亮程度是由正常視覺所看到之亮光所照明，因此戴上眼罩或在暗室，正常視覺看不到光線，特異視覺之螢幕也是一片漆黑。在充滿紅光的密閉房間，正常眼睛看到的都是紅光，特異視覺的螢幕也是紅的。他們綜合幾位小朋友之實驗結果發現，挖洞之紙條單獨折疊可在螢幕上看見黑洞，而後面墊一張白紙一同折疊則黑洞消失，他們推測受試者經手指可能送出來未知信號，投射到折疊紙張表面，然後將反射之信號接收送

萬迷之謎 法輪功發展之研究 | 兼論氣功與信仰及科學的關係

A Study on Factors Contributing to Rapid | with Discussions on Qi Gong and Its
Develoment of Falun Gong: | Relations to Religion and Science

回到特異感知部位攤開折疊之紙條而成像。這種未知信號應該與觸覺無關，因為兩位小妹妹均可以把紙條放入黑色不透光之底片盒中仍然看得到，甚至把紙條用鋁箔包紮再放入膠捲盒後仍然看得見。也就是手指不再直接碰觸到紙條仍然能夠穿透多層障礙而把資訊取回大腦成像。最令人難解的是盒內可見光強度小於$10\text{-}7\text{W/cm}2$，為一般室外光線的百萬分之一，一般正常視覺之錐狀細胞已不能對顏色產生反應，但是特異視覺仍能相當正確的辨認出顏色。由於這種特異視覺所看到的色彩與雙眼一致，看的方式也與雙眼類似。李嗣涔教授認為大腦有一超感官知覺部位，可以稱之為「第三眼」[69]在發揮特異視覺之作用。

　　由於「手指識字」是大腦第三眼由身體外向大腦內擷取資訊的過程，根據從事特異功能研究學者的經驗，這是開發人體特異現象的第一步。當「手指識字」功能純熟穩定之後，就可以將「由外向內」之管道反向，而開發出「由內向外」之念力，由大腦意識發出指令將外界之物體移動或彎曲。李嗣涔教授於1998年2月訓練王小妹妹開發念力，將粗2mm長5cm之鐵絲封入膠捲盒以念力將其折彎，結果經過3天的訓練，終於將其折彎約15度。隨後經不斷的練習，能力愈來愈強，除了可以以大角度折彎鐵絲，到4月中時還能將牙籤折斷。到5月中，甚至用念力嘗試把鐵絲折兩折形成三角形，約經過1個小時打開封住之膠捲盒時，鐵絲的確折了兩折，但不在同一平面上，因此並沒有形成封閉之三角形，但是的確可以看出念力之威力。由此李嗣涔教授證實，念力可以伴隨著手指識字之功能經由訓練而開發出來。不過根據王小妹妹之陳述，她並沒有在大腦形成螢幕，只是用意念要鐵絲彎曲，當她感覺到有一股力量向鐵絲中間推去，兩邊有力量往回拉，她就確定鐵絲是彎掉了，結果打開一看果然是彎了。這種不形成螢幕之念力李嗣涔教授猜想可能是初級的念力，只能做一些較簡單的工作，如致動及彎物，而無法精

確的定位。

李嗣涔教授與北京中國地質大學人體科學研究所的沈今川教授與助理研究員孫儲琳女士合作，進行了「念力發芽」、「意識微雕」等工作，發現念力到了極為高等的層次，功能人孫女士先把花生或半導體上的小金箔先調入大腦螢幕中，再做螢幕的思維操作，以發芽或打洞等高階指令發出命令，外界之花生就開始發芽，小金箔上就打出1.3微米之洞來，顯現出念力不可思議之作用。

資訊場實驗：

李嗣涔教授在研究中非常驚奇的發現高功能的人士以及手指識字能力強的小妹妹，在第三眼打開出現螢幕時，均會時有人型影像（師父）在螢幕出現[70]，可以對話可以求教。師父充滿了智慧，可以教給功能人各種訣竅，讓其短時間內即具有強大的功能出現。這些螢幕中的現象均是功能人的陳述，它到底是功能人大腦所產生之幻覺？還是宇宙之間存在一種「資訊場」，功能人在腦中打開螢幕時可以與之聯繫？這在過去是不可想像無法客觀測量的現象。就像莫札特譜出一首傳世的樂章，到底是他大腦靈感自行運作之結果，還是捕捉到外界高智慧的資訊，外人是無法得知的。

以下是李嗣涔教授在研究中所做的實驗：[71]

我們於1999年8月26日，由3位小朋友的手指識字實驗中間接的證實了「資訊場」的存在，並找到了溝通物質世界與資訊場的鑰匙。當我們偶然的以「佛」、「菩薩」、「卍」等與佛教有關的字彙給小朋友測試時，出現了異象，過去超過800次的實驗，字均是一筆一劃在螢幕上出現，但是一碰到隨機給的「佛」等字彙，3位小朋友均看到了影像或聽到了聲音，現描述3個

萬迷之謎　法輪功發展之研究 ｜ 兼論氣功與信仰及科學的關係

A Study on Factors Contributing to Rapid ｜ with Discussions on Qi Gong and Its
Development of Falun Gong: ｜ Relations to Religion and Science

小朋友的反應：

（一）小朋友A

（1）第一個「佛」字（1999年8月26日下午4點29分）「一個東西閃過去」，「有一個人在螢幕上，發光」，「有一個人有亮亮的，對我笑」；

（2）第二個「佛」字（1999年8月27日上午10點40分）「很亮」，「很亮」，「很亮，有聲音」，「很亮，有聲音」，「有宏亮的笑聲，很開心的樣子」，「亮著，聲音消失」；

（3）第三個「佛」字（1999年8月27日下午4點28分）「很亮」，「有一個人出現，手攀在曾教授肩上」，「很亮」，「這個人站在陳建德及李嗣涔中間看機器畫圖，在笑」，「很亮，人消失」；

（4）「佛光」二字只看到「光」字文字方塊；

（5）「比佛利山莊」五字只看到「比利山莊」；

（6）「菩薩」二字（1999年8月28日上午）「粉紅色花」，「花好像浮著」，「像蓮花比較大」，「有人站在蓮花上，很亮」，「有點像女生，穿白衣」，「消失了，只有亮光」；

（7）「卍」字（1999年8月28日上午）「白白亮亮的」，「卍（黑色）」，「仍然是卍字，背景很亮」，「全都消失了」。

（二）小朋友B

（1）第一個「佛」字（1999年8月26日下午5點3分）「遠遠的有一間寺廟，大門口站著一個人，閃一下，閃一下，閃出一間寺廟」（沒看到字）；

（2）第二個「佛」字（1999年8月27日下午4點49分）「有個人叫我要加油，但是看不清楚，操台語口音，影像模糊，但覺得好像看過他」，「人

不見了，沒有字」；

（3）「唵嘛呢叭咪吽」（1998年8月28日下午3點27分）「很像人家在唸經的感覺，很像在寺廟中聽到，回音很大」，「什麼都沒有了」；

（三）小朋友C

（1）「佛」字（1999年8月26日下午5點5分）「黑色」，「有個聲音說7劃」，「有個光頭的人手上拿著一串珠子」，「有個人部」，「看到一個光頭穿著一件黑夾克裡面白衣服上面寫著佛」，寫下佛字。

文字方塊：這些反應與平常文字圖案一筆一劃出現在螢幕的狀況截然不同，我們認為當第三眼與紙張產生「心物合一」時，都是從外界把資訊抓入螢幕中成像，因此碰到了像「佛」、「菩薩」等這種關鍵字時，所看到的異像也是從外界抓入了資訊。這表示在這宇宙之中除了四度時空以及4種力場之外，還有一種「資訊場」存在，這種「資訊場」之物理本質尚不清楚，但是功能人在做手指識字辨識關鍵字時，就會與「資訊場」產生了聯繫，而引入一些資訊呈現在特異視覺的螢幕上。如果這個解釋是可接受的，表示我們第一次由實驗客觀的證實了物質世界之外還有「資訊場」之存在，也替佛教的世界觀開始建立科學的基礎。這個資訊場與物質世界構成了深層的真實世界，它不但挑戰了現有4度時空之宇宙架構，也開始讓人理解2000多年來東西方宗教所建構之靈異世界。」

經過10多年氣功及人體特異功能的研究，人們發現人有身、心、靈三個層次，氣功是在練「身」，以保養身體。練身之後會出現特異功能，展現「心」的巨大力量。而練「心」到一個高深的層次，則開始可以收到「資訊場」的資訊，俗稱所謂靈界的資訊。這真是宇宙深層的真實世界嗎？我們相信人體特異功能的研究必然會在21世紀中替這個問題提出解答。

萬迷之謎　法輪功發展之研究　兼論氣功與信仰及科學的關係

A Study on Factors Contributing to Rapid　with Discussions on Qi Gong and Its
Develoment of Falun Gong:　Relations to Religion and Science

　　與此同時，我們不得不重新認識自從有人類社會以來，一直伴隨著人類走到現在的宗教和信仰。它們絕不是現代宗教學所描繪的。更不是所謂現代唯物主義者所認識的宗教和人類信仰的現象。它們蘊涵著人類的終極智慧，對於沒有「覺悟」的人來說也許永遠是不可認知的迷。

六‧對特異功能的批判及其爭論

　　特異功能現象目前還沒有得到科技界的普遍承認，儘管有一些科學家在不斷地對此進行考察、研究，原因是多方面的，其中主要原因是：哲學思維的僵化是研究中的首要問題；加上特異功能現象不穩定，難以任意重複；特異功能現象超出了現代自然科學、哲學（包括形上性的科學模式）的知識範圍，無法解釋；違背和直接衝擊了唯物主義者的意識形態，結果被冠以「偽科學」大張旗鼓的批判，並在全中國範圍內肅清唯心論「流毒」以加強全民的「科普教育」。

（一）現代哲學思維的僵化和侷限

　　對於特異功能和氣功研究中出現的問題，有些既依賴現代科學、又相信特異功能和氣功的哲學家和社會學家認為：應該把這些研究歸於形上性的科學模式，也即形上性的生命科學現象。這在現代哲學思維中要比馬列主義的唯物論來得客觀和更接近實際。但是，特異功能和氣功現象遠比形上性的科學模式的認識來得複雜和深奧。這只不過是現代科學哲學對於未知事物的解釋和迴避。特異功能和氣功現象出現的用意絕非只是讓現代人通過「科學」去認識它們，從而更進一步證明現代「科學」的最正確和萬能。然而，這一現象也許是這「全能的宇宙」有更為重大的意義讓人類去認識和理解。

　　把特異功能和氣功歸於形上性的科學模式總比「馬列主義的唯物論」

要科學和可行，因為後者對於客觀存在，在許許多多人中反映和出現的特異功能和氣功現象，因沒有符合它們的哲學理論體系，而全然不顧事實、也不相信任何人地一概予以否認，貼上標籤，丟入垃圾箱。鞠曦[72]先生的《生命科學研究及其哲學問題》的論文，具有代表性的反映了一些哲學家和社會學家們的觀點。鞠曦的文章中認為：「當代的生命科學研究始於『特異功能』、『氣功』等現象的出現，研究方向是基於人的內在性的自我操作所產生的人體效應以對生命的重要作用作出科學的闡釋。但是，這一闡釋的形式雖然借鑑於西方科學，由於生命科學的物件及實驗的主體是修煉者自我的感覺經驗，表現出科學的形上性；而西方科學是物理性的實在形式，表現為形下性，使之形下性科學的物理形式與經驗感覺的形上性不具有完備同一的對應性成為科學模式上的困難。因此，對人體的完備的物理測量，尤其是『氣功』作用下的人體效應，是形下性的科學模式和技術水準所無法達到的。從哲學角度而言，由於研究對象的操作形式產生於自在的哲學思維方式（道學、儒學、醫學），不同於西方科學的哲學思維，所以，中國生命科學的研究實質上是超越西方科學形式的研究方法。之所以借鑑科學，僅僅是尋求以西方自然科學已然成功的物理形式作為認識論的參照系。但是，對人體自在的內在性、對生命的可操作性（我命在我而不在天）之效應（例如大、小周天）的形上性的普遍原理的認識，由於西方自然科學並不具有本體論的自在性，所以將對形上性的生命科學的推定顯得無能為力。因此，只有在明確區分形上性和形下性科學的不同從而推定正確的研究方法，以此進行生命科學研究並最終建立形上性的科學模式，才是正確的研究方向。」[73]

　　鞠曦的認識無疑比只想用現代科學的實驗去證明特異功能的認識要前進了一大步。因為「形上性或形下性」的哲學思維還是在現有的科學認識的範圍內認識問題，只不過它把中國古老的哲學思想也拉入到現代科學之

萬迷之謎 法輪功發展之研究　兼論氣功與信仰及科學的關係

A Study on Factors Contributing to Rapid　with Discussions on Qi Gong and Its
Develoment of Falun Gong:　Relations to Religion and Science

中。這也許是一個順序的錯誤，因為中國古老的哲學是從「天、地、人」為起（基）點而認識事物的，現代科學本應只是屬於其中的一部分。

由於鞠曦的這一進步，所以認識到不能以西方哲學和形下性科學的方法對中國的生命科學形式進行簡單的推定。「……事實表明，以西方哲學和科學模式對生命科學的研究方法，已在生命科學的本體論承諾中發生了認識論問題，因為把人的存在作為純物質性存在因而用物質實驗的方法以證明例如外氣、內氣等效應性問題的研究，實質上是用科學形式對人體科學研究在形式上的限定。應當認為，在相關的物質能量轉換的層次上利用科學形式鑑別人體的物理效應，在形式上是有效的。但是，對產生這些物理能量效應的本體上的操作方式和其本質性的研究，尤其是自在於存在者之中的意識自為所產生的形上性的生命科學作用，當代自然科學以物理性和實在性形式所進行的研究，由於其被時空的參照系所限定，將是相當困難的，甚至是無能為力的。生命科學研究將表明，當代的生命科學研究不具有與歷史上其他部類的科學研究相同形式的研究，其應當是哲學和科學的整合——以新的科學模式並在其中進行的研究和推定。……當代生命科學研究所發現的哲學問題表明，不能在生命科學的研究中把西方科學和哲學方法論作為完備的坐標系。對科學的認識應消解這樣的一個誤區，即：科學是認識世界的工具，工具本身不能成為世界的代表，科學是認識真理的工具，而工具本身並不能代表或取代真理。」[74]

這是至今為止最為接近真正認識氣功和特異功能的思想和方法論。在此我想提出的是：對特異功能的研究，實際上是一種思想觀念的轉變，換句話來說，你必須轉變你的觀念，才有可能真正認識人體特異功能。而陷於現有科學的框架去研究人體特異功能是看不到真面目的。

（二）特異功能現象不穩定

特異功能現象不穩定，難以任意重複，尤其在對特異功能進行嚴格的考察和實驗時，考察、實驗條件越嚴格，特異功能可重複性越低，演示成功的可能性越小。造成這種狀況的原因主要是特異功能是在特異狀態下實現的。這種狀態可稱為特異態或功能態，特異態與正常態的顯著區別在於，特異態時可能邏輯思維中斷，或發功者要進入鬆靜狀態或以一念代萬念。

特異態受功能者當時的情緒、周圍的環境影響很大。尤其在進行嚴格實驗時，受試者心理緊張、情緒波動等因素會影響受試者進入特異態，或根本進不了特異態，因而影響演示的可重複性。

也許科學實驗的本身就是在破壞這種特異態或功能態。

（三）特異功能現象超出了現代自然科學的認識範圍，無法解釋

很多科學家曾經針對一些特異功能現象提出過一些假說。但這些假說往往只能牽強地解釋這些現象，而不能解釋其他現象，或者就這些現象稍作調整便不能自圓其說。

如有的學者認為人體特異功能與電磁輻射有關。很多功能者在發功時能對檢測電磁波的儀器產生影響，使其指標擺動或有所顯示，由此看來似乎電磁輻射理論能夠成立。但是進一步的實驗又否定了這個理論，在進行實驗時若把檢測電磁波的探頭或其他接受部件去掉，檢測儀器的指標仍然擺動或有所顯示。

又如用意念使物體穿越實物屏障，特異功能者可用意念使封在玻璃瓶中的藥片從瓶底掉下來，用高速攝影機記錄這一過程，從高速攝影的照片上可以看到完整的藥片一點一點的穿越玻璃瓶。面對這一現象科學家們提出了

萬迷之謎 法輪功發展之研究 | 兼論氣功與信仰及科學的關係

A Study on Factors Contributing to Rapid | with Discussions on Qi Gong and Its
Develoment of Falun Gong: | Relations to Religion and Science

物質異態說。認為藥片在穿越瓶子時是處在異態之中，這時藥片中的分子鍵力減弱了或者不存在了，藥片便可從瓶底掉出。但這卻是用未知解釋未知，因為人們既不知道這種異態為何物，也不知道它的分子鍵力為什麼消失了，以及照片上的藥片為什麼在這時仍然還是一個完整的形象。

另一些現象更使得現代自然科學一籌莫展，例如特異功能者怎麼能從外面進入完全封閉的房間裡？如何能控制他人的思維及行動？何以神不知鬼不覺地將物體由一處移至另一處？等等。所以，蘭州大學物理系的王水在《物理學面臨的危機》一文中說：「如今不管你是否願意相信，物理學畢竟又出現了危機：在中國傳統文化之一的氣功和由來已久的人體特異功能面前，已有的物理學手段和規律都顯得無能為力」。「物理學的危機早已開始，革命迫在眉睫」。「對於從事物理學研究的人，『氣功與特異』是一個方向，但願能有更多的人從事這一探索。」[75]

這是一個負責任的物理學家對科學發出的「現有科學」應該成為「真正科學」的警報。然而，在現代科學技術的成果層出不窮的時代，科學家們沉浸在享受各自的成果和榮耀時，又有誰還能聽到這警報聲呢？

（四）所謂馬列主義的意識形態

1·中共的理論家與「偽科學」的鬥爭

由何祚庥主編，中國社會科學出版社1999年出版的《偽科學再曝光》中，比較詳細地記述了這一捍衛馬列主義的意識形態鬥爭的過程，也重現了一番馬克思列寧主義戰士，徹底的唯物主義者「戰勝」了以研究「人體特異功能」為名的「偽科學」。在此書末的「中國科學與偽科學鬥爭大事記」[76]中也記載了中共的理論家于光遠[77]的一些「事蹟」。這是現代歷史上一個擁有絕對話語權的中共的理論家如何把「偽科學」的帽子，給一批追求真理

的科學家強迫戴上的……

1979年5月5日和18日，《人民日報》發表了兩篇批評文章：《從「以鼻嗅文」到「用耳認字」》（祖甲）和《關於耳朵認字的新聞報導》（葉聖陶）。文章認為，所謂「耳朵認字」荒誕無稽，違背了科學常識，完全是反科學的；在搞「四化」的今天出了這樣的事，簡直是丟中國人的臉。之後，一些報刊轉載了這兩篇批評文章。

11月8日，胡耀邦就特異功能問題給中宣部領導作了這樣的批示：「這類事情（指特異功能）科學工作者（指相信特異功能的某些科學家）要怎麼辦，可以由他們去辦，但不能公開宣傳。宣傳這類事情對『四化』沒有一點用處、好處。中國還是個落後的國家，宣傳這類事只能增加人們迷信和思想混亂。這一點請你們務必把關。」

1980年10月6日到15日，中國社會科學院哲學研究所召開辯證唯物主義學術討論會。于光遠在會上作了一次演講，認為一些哲學工作者在所謂「人體特異功能」問題上表現出離開馬克思主義的思想狀況。

1981年7月，中共著名學者、理論家于光遠在中國人民大學舉辦的暑期高校哲學教師講習班上發表演講。他認為所謂「耳朵認字」完全是不可能的，這樣的研究在科學上毫無價值，並從馬列哲學上批判了一些人「眼見為實」的經驗主義錯誤。這次演講的動因是，在教育部組織編寫的哲學專業教材《辯證唯物主義原理》一書出版前加了一段肯定「人體特異功能」的文字。而所謂「特異功能」就是西方靈學的變種，它與馬克思主義辯證唯物主義是完全對立的，恩格斯早在100多年前就批判過華萊士等大科學家做了靈學的俘虜。

11月，《知識就是力量》第11期開始連載于光遠的長文：《評兩年多來「耳朵認字」的宣傳》。這篇重要論文主要內容有：（1）回顧了歷史上

萬迷之謎　法輪功發展之研究｜兼論氣功與信仰及科學的關係

A Study on Factors Contributing to Rapid Develoment of Falun Gong:｜with Discussions on Qi Gong and Its Relations to Religion and Science

所謂的特異功能，指出這種現象在古今中外都有過，它們根本不是事實，而是利用魔術手法的弄虛作假。（2）指出特異功能完全不符合科學，也經不起科學的嚴格檢驗。（3）指出這種宣傳的認識論基礎是主觀經驗主義，作為其表現形式的「眼見為實」在科學上是站不住腳的。（4）由於「耳朵認字」造成許多不良後果。引起人們思想上的混亂，因此應該停止這種反科學的宣傳。

11月4日，于光遠在中國自然辯證法研究會成立大會暨首屆年會上講話《要靈學，還是要自然辯證法？》。12月，他又在《哲學研究》上發表文章：《重讀恩格斯〈神靈世界中的自然科學外〉》，指出「人體特異功能的研究就是靈學的一個變種；靈學是一門偽科學；靈學是同唯物主義根本對立的，是恩格斯在《自然辯證法》中嚴肅批判過的，它同自然辯證法是不能並存的」。

1982年年初，《百科知識》和《中國社會科學》分別發表了于光遠的《唯靈論、心靈研究、超心理學、人體特異功能研究》和《PSI和他的變種——人體特異功能》。這兩篇文章論述了中國的所謂人體特異功能就是PSI（超心理現象）的變種，PSI根本不是事實，Parapsychology是一門偽科學（偽科學的定義見下節）。

2月24日，中國科學院舉行科學報告會。會上于光遠作了題為《對所謂人體特異功能的歷史的、科學的分析》的報告，再次旗幟鮮明的批評了兩年多來對「特異功能」的研究和宣傳。中國科學院黨組書記李昌說，他不反對對人體作嚴肅的科學研究，但是他不相信所謂人體特異功能。2月25，《人民日報》刊登了這次報告會的新聞並加了編者按，說，「我們不相信什麼『耳朵認字』」，但是對「特異功能」是科學還是偽科學問題的爭論不是由《人民日報》來裁定，可以按嚴格科學程式和方法組織對特異

功能進行測試。

2 · 揭批「偽科學」的政治運動

　　偽科學（Pseudoscience）又稱疑似科學，在維基百科的解釋是指任何經宣稱為科學，或描述方式看起來像科學，但實際上並不符合科學方法基本要求的知識、方法論、信仰或是實務經驗[78]。偽科學一詞最早的使用紀錄出現於1843年，使用者是法國哲學家弗朗索瓦·馬讓迪（François Magendie）[79]。此用詞帶有貶義，將某一物件指為偽科學，會將其貼上不正確或偽裝成科學的標籤[80]。

　　1980年代以前，在一些社會主義國家，例如蘇聯和中國，一度把馬克思主義思想體系看作是一種「萬能的科學」，西方資本主義世界的科學則是為資本主義、帝國主義服務的，是偽科學，應予以取締。在政治運動中，西方的相對論、控制論、遺傳學等科學被稱為「資產階級偽科學」、「唯心主義偽科學」[81]，來自蘇聯的真正偽科學理論，如「李森科理論」[82]，卻被作為「先進科學」大肆宣傳。

　　在這些國家，一些從事科學研究的政治投機分子常常以「偽科學」作為政治武器來打擊異己。例如1940年代末至1950年代，蘇聯農業科學院院長李森科宣佈摩根·孟德爾的遺傳理論為偽科學[83]。1951年，蘇聯科學院發動了對控制論以及共振論的批判，並將其宣佈為「偽科學」[84]。

　　1948年，蘇聯反導彈系統創始人、蘇聯科學院通訊院士葛列格里·瓦西里耶維奇·基蘇尼科的著作因「……書的正文中到處都是外國姓氏：麥克斯韋爾、赫茲、亥姆霍茲……」（蘇聯科學院學術委員會評語）而被取消評選史達林獎金的資格。1951年，蘇聯高等教育部長卡夫塔諾夫向部長會議副主席伏羅希洛夫作的報告中曾經宣稱「與馬克思列寧主義為敵的學派正在通過物理學傳播到高等院校。教科書中反映俄羅斯和蘇聯學者在發展物理學方

萬迷之謎　法輪功發展之研究 | 兼論氣功與信仰及科學的關係

A Study on Factors Contributing to Rapid
Develoment of Falun Gong: | with Discussions on Qi Gong and Its
Relations to Religion and Science

面的作用非常不充分，書籍中充滿外國科學家的名字……」[85]。

　　回顧一下在「變異的」馬克思列寧主義、唯物主義理論指導下的中國共產黨所控制的中國大陸，其對「偽科學」的批判和鬥爭運動只能是有過之而無不及。儘管前蘇聯和中國大陸的各自的「導彈之父」命運大不相同。

　　「人體特異功能」現象已經不符合現代科學和理論了。作為客觀「真理」代名詞的「科學」就一定要給出一個解釋。然而，追求真理的科學家便毫不猶豫的投入進行研究。由於科學誕生在西方，它們較早的注意到了這一現象，並開始了研究，但是一直處於斷斷續續之中。而在中國大陸，僅僅十多年的時間就取得了可喜的成果，並大大地走在了世界的前列。

　　因為「人體特異功能」現象的出現，作為建立在100年前的現代科學基礎上的「馬克思列寧主義理論體系（唯物論）」自然要動搖，並有被否定的可能。那麼，以「馬克思列寧主義理論體系」和馬列主義的意識形態建立起來的中共政權就可想而知。所以捍衛馬列主義的意識形態，就是捍衛中共政權。如果當科學的真理與政權的維護有衝突時。選擇對政權的維護，作為當權者可能是理所當然的吧。

　　對於「人體特異功能」要進行否定就一定要有充分的理由。因為「人體特異功能」是「科學的實驗室」肯定的，那麼馬列主義者要否定它，選用「偽科學」就是最佳的名詞了，否則「封建迷信」、「牛鬼蛇神」、「低級趣味」等等就夠了。

　　于光遠在1990年第6期的《自然辯證法通訊》上發表了題為《論科學與偽科學》的文章。給所有的人體特異功能定為「偽科學」，把剛剛建立起來的人體特異功能研究機構和學術團體一棍子打死。「……人體特異功能的宣傳有不打著科學旗號的，但也有打著科學旗號的。打著科學旗號的關於人體特異功能的宣傳就屬於偽科學。人體特異功能這種偽科學所『根據』的確鑿

無疑的事實就是那些自稱有『特異功能』的、能夠『發功』的人的表演。而
這些事實，其實只是魔術表演。魔術師在作了那些聲稱有人體特異功能的人
所作的那些表演之後，告訴觀眾他們並沒有什麼特異功能，並不發什麼功，
只是依據技巧和魔術道具就可以取得這種效果……。但是關於人體特異功能
的偽科學卻硬把『這些不過是魔術而已』的東西，說成是真實的事實。這種
在欺騙與受騙基礎上形成的看法怎能視做是真知識呢？把這樣的偽知識系統
化怎能成為科學呢？」[86]

　　從于光遠的語調就可以知道，他站在「真理」和「道德」的至高點，
以橫掃一切牛鬼蛇神之勢。他就是一個連任何的「特異功能」的測驗和演
示都不屑一顧，也從來不去看一眼就堅決予以否定的，從這一點上說明，
他是一位堅定的馬列主義宗教的忠實信徒。所以他才會，也才敢於不做任
何核實的斷言，這成百上千的科學家們竟然都是被這些「十來歲的小魔術
師」和「沒有文化的假特異功能者的魔術」所騙。他的認識就是：「偽科
學本質上也是騙術，但是打著科學的旗幟，披著科學的外衣來行騙。本來
是沒有事實根據的，偽科學硬說有道理；本來是烏七八糟、雜亂無章的東
西，偽科學把它們拼湊在一起，使它們變成似乎是有系統的東西；本來是
某些與近代科學成果毫不相干的東西，偽科學硬把它那些胡說八道的東西
同近代科學原理拉扯在一起，去唬那些聽說過那些科學成果然而不可能真
懂的人。偽科學在把那些反科學的東西打扮了一番之後，還拚命往科學隊
伍裡擠，甚至成立專門的偽科學「研究機構」，成立「科學團體」，企圖
擠進真正科學團體的行列[87]。

　　積極主張並參於著這場揭批「偽科學」運動的是何祚麻[88]。為貫徹執
行中宣部、國家科委、中國科協3家聯合發出的1996年8號檔，由何祚麻主編
的《偽科學曝光》一書由中國社會科學出版社於1996年10月1日正式出版。

萬迷之謎　法輪功發展之研究　兼論氣功與信仰及科學的關係

A Study on Factors Contributing to Rapid　with Discussions on Qi Gong and Its
Develoment of Falun Gong:　Relations to Religion and Science

據悉此書編輯工作歷時一年之久，先後有近10家出版社準備出版。1996年6月12日下發的8號檔指出：「在科學與迷信、真理與謬誤這類重大問題上，新聞宣傳要勇於捍衛科學與真理，不能模稜兩可，對於違反科學事實、科學原則和科學精神的荒誕學說，對反科學、偽科學的奇聞怪事，對求神弄鬼的封建迷信活動，對違反科學規律的弄虛作假行為，一定要旗幟鮮明地予以揭露、批評和反對。」[89]

　　緊接著1999年9月中國社會科學出版社正式出版《偽科學再曝光》，2003年天津古籍出版社又出版了《偽科學三曝光》，每本都以超過400多頁的篇幅集古今中外名人，學者之大全由何祚庥編輯整理。

　　中共的大陸媒體，沿用以往政治運動的宣傳方式在中國大陸開展了一場「反偽科學」的運動。中共說是不再搞「政治運動」，然而，帽子加棍子從上自下一路下來，在這種環境下，有過「政治運動」經歷的任何一個中國人都想到了結果，即便再偉大的人物也不會是「政治運動」的對手……

七·現代科學無法迴避

（一）研究人員的困惑

　　任何一次成功的科學實驗都是在一特定的實驗條件下完成的。如要重複這一「成功的科學實驗」必定是在同樣的實驗條件下。而特異功能的實驗對像是測定一個「活生生的人」，一個人不可能在不同的時間，地點，周圍的環境和人物面前都處於「同一狀態」。這就好比「體育競賽」，任何一個運動員都不可能在不同的環境下保持同一個「竟技狀態」，甚至於在身體狀態很壞的情況下會發生「退出比賽」的現象。

　　其實人最難以突破的是人類本身已形成的觀念。這個「觀念」在某種

意義上就像電腦的「程式」一樣。只不過不同人經過不同的教育和不同的生活經驗形成不同的「觀念」。

於1996年興起的一陣批判「偽氣功」及「特異功能」的風潮，是由大陸何祚麻於6月2日發表在北京日報第一版的一篇批判性的文章，矛頭指向中國大陸的特異功能人士——張寶勝。文中列舉在1988年間，何祚麻率領幾個魔術師親自測試了張寶勝的「藥片穿瓶」及「透視信封內文字」的能力，結果，不但兩個小時內藥片穿瓶的實驗沒有成功；而且「透視力」實驗則當場拆穿張寶勝作弊。因此文章下了一個結論：張寶勝所有特異功能都是假的。

這篇文章在大陸、臺灣及海外造成了廣泛的影響，本來對人體特異功能深信不疑的人，這一下子所有信心都開始動搖，而本來就是半信半疑或完全不信的人，更是振振有詞：早就告訴你是假的。

似乎在一夕之間，15年間超過50個研究機構，上百位科學家所做成功的成百的實驗都是假的。事實真是這樣嗎？當然不是。一次實驗不成功，並不能否定現象不存在。

就是火箭的正試發射，既是在所有實驗都成功完成了，直到最後還有失敗的可能。好比一個人「睡覺」，這是每個人都會的，如果當你沒有任何睡意把你拿到許多陌生人面前，在眾目睽睽之下讓你表演睡覺，而且要在一定時間內馬上入睡，你容易做到嗎？如果由於有一次不能成功入睡，就判斷你不會睡覺，或者下個結論說人類根本沒有睡覺這樣的功能？這顯然讓人無法接受，也不合邏輯。

但是這些特異功能人士為什麼偶爾要作弊呢？又怎麼保證他所做成功的實驗不是作弊的呢？這和功能人的心態有關。功能人大部分知識水準不高，比如張寶勝小學都沒有畢業，他能享有大名被奉為國寶級人物就是靠他這項特殊能力，因此他心態上總認為每次實驗都要成功，才能保持他國寶的

萬迷之謎　法輪功發展之研究｜兼論氣功與信仰及科學的關係

A Study on Factors Contributing to Rapid　｜with Discussions on Qi Gong and Its
Develoment of Falun Gong:　　　　　　　｜Relations to Religion and Science

聲譽，而不能理解科學上只要成功一次就是了不起的大事，而作弊一次則將令名譽掃地。事實上受個人生理及心理的影響，特異功能實驗無法每次都成功，因此張寶勝偶然會嘗試作弊。

人的情感、生理和心理狀態很多時候會受環境因素影響，在一群友好、和善的人群中人的感覺、生理和心理因素，與在一群對你不信任、有對立情緒、本來就是來挑刺和來否定你的人群中是截然不同的。就像奧林匹克競賽一樣，儘管這種十分成熟的競賽活動，其運動員的競技狀態也很受運動會的舉辦國的影響。而舉辦國的運動員的競技狀態就受益匪淺。

人是活生生的。要拿人的意念做實驗，與一般的物理化學或科學實驗是截然不同的。這應該是科學實驗的基本知識。

在「百度知道」關於「特異功能簡介」寫道：「中共國務院內有一個11人的人體科學工作小組，專門督導此方面的研究，每年撥款約100萬人民幣，分給全大陸各人體科學研究所。這個小組成員包括有國家體委主任、科委常務副主任、衛生部部長、安全部部長、中宣部副部長、財政部副部長、公安部副部長、軍委總政聯絡部部長、武警部隊副司令員等正副部長級人物，每年舉行一次彙報，瞭解及掌握人體科學研究之進展，表示中共當局對此領域之重視」。[90]

對於科學研究中的認識論問題，愛因斯坦曾指出：「即使是有勇敢精神和敏銳本能的學者，也可以因為哲學上的偏見而妨礙他們對事實作出正確解釋。這種偏見——至今還沒有滅絕——就在於相信毋須有自由的概念構造，事實本身就能夠而且應該為我們提供科學知識。這種誤解之所以可能，只是因為人們不容易認識到，經過驗證和長期使用而顯得似乎同經驗材料直接相聯繫的那些概念，其實都是自由選擇出來的」[91]。愛因斯坦指出的問題，有普遍性的意義，在氣功和人體特異功能的科學研究中顯得更為重要。

　　回顧20年來中國國內特異功能發展的歷史，可以看到兩個事實：一是特異功能研究受到了有關方面和人士的重視，一些特異功能研究者發表了數量可觀的證實特異功能的文章，並在社會上造成了很大影響；然而，另一方面也存在著這樣一個令人奇怪的客觀事實，即特異功能現象至今也未得到科學界多數的認同。不僅如此，科學界內還有相當一部分學者從哲學或自然科學角度對特異功能現象持懷疑或徹底否定的態度。從1979年于光遠率先批判特異功能到今天，圍繞特異功能的爭論始終未停止過。

（二）真正的科學態度

　　關於特異功能研究的初衷是因為新的發現而引起了激動和興奮，期望新的科學領域的出現，以使人類更好的認識世界。無論如何，這些研究人員並不反科學——他有什麼必要要反科學？搞什麼偽科學呢？他們並不認為科學不好，而是希望科學能更好、更人性。幾千年的人類對於「神」的信仰一定有他的「科學」性，否則，也不可能一直跟隨人類走到了今天。至於來自各方面的批評，如果作為科學的理論爭鳴，當然也不無益處。儘管有些爭論其實不是學術問題，而是政治、哲學、心理或情緒問題。

　　人們受教育情況、生長環境、背景知識和世界觀的侷限會影響對事物認識的客觀性，很難站在理性和客觀的立場上認識事物。這就像吳國盛教授在他的《科學的歷程》的緒論中寫到的：「在教科書中紛至沓來的新概念、新術語、新公式、新定律面前，學生逐漸形成了這樣的觀念：這就是真理，學習它、記住它。久而久之，歷史性的、進化著的科學理論被神聖化、教條化，人們不知道這個理論從何而來，為什麼會是這樣。但我們還要相信『它是真的，因為它是科學』。這種教條的態度明顯地與科學精神格格不入，但在科學教育中產生這樣的態度又是相當普遍的。因為學生不知道一個理論源

萬迷之謎　法輪功發展之研究 ｜ 兼論氣功與信仰及科學的關係

A Study on Factors Contributing to Rapid　with Discussions on Qi Gong and Its
Develoment of Falun Gong:　Relations to Religion and Science

於哪些問題，有多少種解決問題的方案，以及為什麼人們選擇了其中一種並稱之為科學理論。學生也不知道這種理論可能是錯的，並非萬古不變的教條，也許學生自己經過思考就能對偉大科學家解決問題的方案提出異議。所有這一切，在以灌輸知識為目的的教學中肯定是得不到應有反映的，它不自覺剝奪了學生的懷疑和批判精神，而懷疑和批判精神對於科學發展恰恰是不可或缺的。我們毫不奇怪地看到，大多數人離科學理論太遠，懷著一種崇敬心情，這種心情無論對於理解該理論的真正價值，還是理解該理論的條件性和侷限性都沒有益處。」[92]

哲學是建立在自然科學成果之上的，所以人們也認為哲學是智慧學，是認識世界的方法。然而當「唯物論」出現後使不少人走向了極端。實際上使很多人變成教條主義者，或者更愚昧、心胸狹窄。眾所周知的例子就是以馬列主義作為理論指導的國際共產主義運動的徹底失敗，這一巨大的實踐運動難道是證明這一理論依然是放之四海而皆準的？甚至於有人可以不作任何瞭解就可以用背得滾瓜爛熟的馬列主義的基本理論去否定它，這是認識事物的科學態度嗎？

中共的理論界給「特異功能」扣了一頂「偽科學」的帽子；如同中共的國家政權給法輪功扣了一頂「反科學」的帽子。不過人們對法輪功在祛病健身方面所展現出的奇特效果還是滿佩服的，只是把這頂「反科學」的大帽子扣在了法輪功關於心性修煉的法理上。

什麼是真正的科學態度？我們對科學進行一定的反思，在科學成功的背後，我們必須注意到潛在的危險；人類通過大規模開發大自然，雖然掌握了更高的技術和能量，有了一定的支配自然的能力，但也可能動搖人類生存的根基。只有真正的科學的態度，才能使人類不誤入歧途。這不就是在拯救人嗎。

（三）必需改變觀念才能看到真相

如果「科學」要成為真理的化身或稱「真正的科學」，它就必需改變他們所遵循的教條，同時客觀的去認識「活的世界」，而不是把這個「活的世界」的一切具有「靈性的靈魂」去掉後或弄死後才去認識，特別是在這種情況下所取得的理論和知識作為教條而形成的定理和定律去指導（在認識超出科學的理解範圍的現象時是限制）進一步的研究和探索。當遇到一個特別現象，尤其是這一現象超出科學的理解範圍時，不如把科學的「心胸」放開闊一些，先放下那些所取得的理論和知識作為教條而形成的定理和定律，去真誠的面對這一具有「靈性的靈魂」的「活的世界」，也許「真理」就會展現。

在這方面大科學家錢學森似乎感到並意識到了。在他的大量的演講中充分反映了這位卓越科學家過人的膽識。他在《自然辯證法、思維科學和人的潛力》中，談到他對氣功的認識：「一件要研究的事是我國從幾百年來就流傳不斷的氣功。氣功有硬氣功與軟氣功兩個分支。硬氣功講的是徒手斷石板，赤身抗刀斧，軟氣功講的是袪病保健。硬氣功與體育有關，大家在電視節目中看到許多驚人的表演，歎為觀止。但我看這是一種精心設計的演出，也包括了一部分本來大家知道的力學原理，用得很巧妙罷了，這是可以用現代科學技術已知的理論加以解釋的。把這一部分從硬氣功中分出去，那麼硬氣功和軟氣功就可以結合成一件事：人能通過有規律的、有意識的鍛鍊，用神經系統去影響人身的機能即「練功」，逐漸發展一般沒鍛鍊的人所不具有的身體機能，能「運氣發功」。這個現象近來已得到許多科學技術工作者的注意，並作了初步的定量測試[93]；它也得到我國心理學們的肯定，認為這能為人的心理能動性反映在調整人體內部活動方

萬迷之謎 法輪功發展之研究 兼論氣功與信仰及科學的關係

A Study on Factors Contributing to Rapid　with Discussions on Qi Gong and Its
Develoment of Falun Gong:　　　　　　Relations to Religion and Science

面提供新的認識。所以氣功說明人還有一般所不認識，也因而未加利用的能力，這也是人的潛力。」[94]

　　為什麼許多人對人體特異功能連看都不看，也想都不想就不相信，進而反對以至於不把你徹底打倒誓不甘休。這不能說是對待事物的科學態度。也註定這些人看不到事物的真相。他們被馬列主義的唯物論和現代科學的觀念所障礙。支持這項研究的錢學森進而他又針對人體特異功能現象談到：「近兩年還不斷在報刊上載有關於10歲左右孩子能以耳認字、辨色，能腋下認字。對此有爭論，有人不信，說是弄虛作假，有人信，說作了比較嚴格的測驗，是什麼因為人體有第七感受器。我認為值得注意的一點是：具有這種功能的都是十歲左右的孩子，再小也不行，再大也不行。那這是不是因為太小了神經系統還沒有發育到有這種可能：而歲數大了，又因這種功能久久不用而退化、消失了呢？有爭論不怕，應該深入下去，測試工作做得更嚴密、更全面些，一定要刨根問底。」[95]

　　錢學森《這孕育著新的科學革命嗎？》的演講中談到：「科魯克[96]提出：到了現在這個階段，人有沒有可能有意識地能動地來鍛鍊自己的大腦，以便使得自己的智慧、洞察事物的能力有所提高？要想做到這一點，又可以採取什麼措施呢？就是氣功。他引經據典，引的都是東方的東西：道家的、儒家的、佛家的。……指的是入靜，使得人腦進入一種新的功能態。我國古代道家、儒家、佛家講的修身養性，也就是指這個。通過這種鍛鍊，有可能使人的智慧，也就是認識客觀世界的能力，可以有所提高。究竟人是不是可以通過「入靜」進入特種功能態，從而使大腦得到鍛鍊來提高人的智慧？這恐怕是可以研究的一個問題。科魯克就提出了這個問題。後來我又查了其他的書，其他人也提到了人現在要更高地提高自己的智慧，更上一層樓的演化，就是要用氣功。外國人對氣功，對禪宗入靜等研究得非常熱鬧。相形之

下，我們這裡黃帝子孫倒顯得不如了。對於人突意識進一步演化的問題，我們要有充分的認識，是不是我們正在敲人類更高智慧的大門？而敲門磚就是氣功、特異功能究竟是不是，大家可以研究」[97]。這是一個科學家對待事物的真正的科學態度。

註釋

[1] 張洪林：《氣功定義的重大歷史失誤》《家庭中醫藥》2003 年第 03 期 http://www.oursci.org/ency/pseudo/qigong/03.htm

[2] 冀壽康：《中國氣功史料初輯（一）》http://www.chinaqigong.net/qgb/wrbz/history1.htm

[3] 明慧網：《法輪大法究竟是什麼？》2002 年 7 月 5 日 http://www.minghui.cc/mh/articles/2002/7/5/32819.html

[4] 明慧資料中心：《李洪志師父傳法傳功階段的一些重要史實》2009 年 5 月更新 http://package.minghui.org/mh/center/index.htm

[5] 法輪大法之友電臺網站：《法輪功傳遍世界 正信勇氣感天撼地》（2007 年 2 月 28 日）http://www.falundafaradio.org/show_article.asp?id=8518

[6] 明慧網：《迫害致死案例》《明慧資料館》http://library.minghui.org/category/32,,,1.htm

[7]《BLOODY HARVEST：Revised Report into Allegations of Organ Harvesting of Falun Gong Practitioners in China》http://organharvestinvestigation.net/

[8] 維基百科：《1998 年體總對法輪功的調研》http://falungongtruthpedia.com/

[9] 明慧網：《錄影：98 年國家氣功評審調研組在長春座談會上的發言》2000 年 2 月 21 日 http://www.minghui.org/mh/articles/2000/2/21/8913.html

[10] 明慧網：《長春 1998：三組珍貴的歷史照片》2003 年 4 月 27 日，http://www.

萬迷之謎 法輪功發展之研究 | 兼論氣功與信仰及科學的關係

A Study on Factors Contributing to Rapid
Develoment of Falun Gong: | with Discussions on Qi Gong and Its
Relations to Religion and Science

minghui.org/mh/articles/2003/4/27/49057.html

[11] 錢學森（1911.12.11~2009.10.31）中國著名物理學家，世界著名火箭專家。浙江杭州人，生於上海，漢族，博士學位，被譽為「中國導彈之父」。錢學森為中國火箭和導彈技術的發展提出了極為重要的實施方案。1958 年 4 月起，他長期擔任火箭導彈和航天器研製的技術領導職務，對中國火箭導彈和航太事業的發展作出了重大貢獻。錢學森曾是全國政協副主席、中國科學院數理化學部委員、中國宇航學會名譽理事長、中國科技協會主席。1991 年 10 月，國務院、中央軍委授予錢學森「國家傑出貢獻科學家」榮譽稱號和一級英雄模範獎章。

[12] 錢學森：《人體科學與現代科技發展縱橫談》人民出版社，1996，第 119~120 頁

[13] 錢學森等：《論人體科學》人民軍醫出版社，1988 年，第 21~25 頁

[14] 錢學森等：《論人體科學》人民軍醫出版社，1988 年，第 207~211 頁

[15] 季石：《欺世害人的李洪志及其「法輪功」》新星出版社，1999 年 9 月

[16] 明慧網《揭露長春極少數人的陰謀（修訂版）》1999 年 7 月 7 日

[17] 何祚庥：《有神論與偽科學是一對「雙生子」》《科學與無神論》雜誌 1999 年 7 月試刊號

[18] 明慧網：《揭露長春極少數人的陰謀（修訂版）》1999 年 7 月 7 日

[19] 維基百科：《佛誕》http://zh.wikipedia.org/w/index.php?title=%E4%BD%9B%E8%AA%95&variant=zh-hans

[20] 康曉光：《關於「法輪功問題」的思考》天益網天益思想庫－學術，1999 年 12 月 7 日

[21] 丹尼・謝特（Danny Schechter）:《序》《法輪功給中國帶來的挑戰》博大出版社，2004 年中文版

[22] 丹尼・謝特：《法輪功給中國帶來的挑戰》博大出版社，2004 年 4 月，第 157 頁；《Falun Gong's Challenge to China: Spiritual Practice or "Evil Cult"?》by Danny Schechter, 9-2001; Chapter 7

[23] 丹尼・謝特：《法輪功給中國帶來的挑戰》博大出版社，2004 年 4 月，第 157 頁；《Falun Gong's Challenge to China: Spiritual Practice or "Evil Cult"?》by Danny

Schechter, 9-2001; Chapter 9

[24] 丹尼‧謝特:《法輪功給中國帶來的挑戰》博大出版社,2004 年 4 月,第 157 頁;
《Falun Gong's Challenge to China: Spiritual Practice or "Evil Cult"?》by Danny
Schechter, 9-2001

[25] 大衛‧歐文比:加拿大 Montreal 大學歷史學教授、東亞太地區研究中心主任

[26] 大衛‧歐文比:《法輪功和中國的未來》(《FALUN GONG AND THE FUTURE
OF CHINA》published by Oxford University Press. Inc.)英 文 版 第 10、12 至
13、123 頁:It is important to ask why qigong "boomed" when it did, and why the
Chinese state embraced qigong when so many practices associated with it appear so
clearly –in hindsight – to be religious, superstitious, or magical. Answers to these
questions may be found in the particular history of post-Mao China and its ongoing
search for political and cultural identity.

At the outset, qigong was a popular search for meaning which was sanctioned by
China's leadership because it seemed to accord with the leaders' own search for a
renewed legitimacy. In addition to its therapeutic virtues, qigong was nationalistic
in its celebration of China's rich heritage of cultivation practices and was at the
same time scientific and modern, the material existence of qi having been proven
and defended by some of China's best scientists. Qigong was seen as the key to
the development of a new "Chinese science" which would enable China to achieve
its innate capacity in a wide variety of fields (qi-enhanced seeds were to increase
agricultural productivity, qi-enhanced soldiers China's military might), thus returning
China to its rightful place as the most powerful and respected of nations. What better
proof of the competence of China's leaders in the fields of economic and diplomatic
management than to facilitate the development of qigong? Furthermore, qigong
preached a thoroughly conventional morality as the basis for successful cultivation.
This seemed to promise that qigong practitioners would be respectful of hierarchy as
well as honest and kind in their daily lives; an improvement in China's moral climate,
China's leaders surely said to themselves, could only benefit social and even political
stability. Qigong also promised to improve the global health and well-being of the
Chinese people, contributing yet again to productivity, to social stability, and to the
image of competence the leadership hoped to nourish (among other things because a
healthier population would mean less funds tied up in health care and more available
for mega-projects, or poverty relief, or both). The happy moments of the qigong
movement were almost utopian in their ebullient optimism, allowing leadership,
intelligentsia, and masses to embrace a common cause which rapidly became a mass

萬迷之謎　法輪功發展之研究 ｜ 兼論氣功與信仰及科學的關係

A Study on Factors Contributing to Rapid　｜　with Discussions on Qi Gong and Its
Develoment of Falun Gong:　Relations to Religion and Science

movement. In some sense, qigong was what China wanted to be: ancient and cutting edge; elitist and popular/populist; happy, healthy, and whole.

[27] 李慎之（1923—2003），資深新聞人，著名的國際問題專家，20 世紀下半葉中國自由主義思想的代表人物。

[28] 李慎之：《風雨蒼黃 50 年——國慶夜獨語》1999 年 10 月 9 日完稿《李慎之全集》明報出版社

[29] 胡平（1947 年～），生於中國北京，現居美國紐約，《北京之春》雜誌主編，中國持不同政見者。

[30] 胡平：《從法輪功現象談起》2001 年 3 月 23 日，《胡平作品選編》獨立中文作家筆會 http://www.boxun.com/hero/huping/2107_1.shtml

[31] 胡平：《法輪功抗暴 3 週年》2002 年 7 月 24 日，《胡平作品選編》獨立中文作家筆會 http://www.boxun.com/hero/huping/210_1.shtml

[32] 胡平：《對法輪功定性的不斷升級說明了什麼？》2001 年 6 月 12 日，《胡平作品選編》獨立中文作家筆會 http://www.boxun.com/hero/huping/121_1.shtml

[33] 章天亮：《對法輪功事件的一點反思》[大紀元]，2004 年 3 月 24 日 http://epochtimes.com/b5/4/3/24/n491442.htm

[34] 封莉莉：《我回來，因為我看到了這個國家的希望》2003 年 5 月 22 日 http://news.epochtimes.com.tw/112/3347.htm

[35] 劉貴珍，男，1920 年生於中國河北省威縣大寺莊，1945 年參加工作，1956 年開始擔任北戴河氣功療養院院長，1984 年 12 月 27 日病逝。

[36] 《劉貴珍：氣功療法實踐》序言，河北人民出版社（82 年出版）

[37] 張天戈，1956 年河北省衛生廳在北戴河創辦了第一家氣功療養院，在這一年他被調到該院氣功教研室工作。現任河北省北戴河氣功康復醫院氣功研究室主任，《中國氣功》雜誌編委會編委，副主編，中國氣功科學研究會及中華中醫學會氣功研究會名譽理事，《醫百，氣功卷》編委。

[38] 張天戈：《氣功名詞的由來與發展演變》中國健身氣功協會網，2008-08-06

[39] 張天戈：《氣功名詞的由來與發展演變》中國健身氣功協會網，2008-08-06

[40] 張洪林，中國中醫研究院氣功研究室主任，曾任世界衛生組織（WHO）的氣

功顧問，被派往國外指導工作。

[41] 張洪林：《氣功定義的重大歷史失誤》《家庭中醫藥》2003 年第 03 期

[42] 張洪林：《氣功定義的重大歷史失誤》《家庭中醫藥》2003 年第 03 期

[43] 李小青、朱慧勤、許峰：《氣功概念淺議》《現代養生》Health Care Today 2004 年 02 期

[44] 張洪林：《氣功的起源、發展及其在中醫學的地位》《家庭中醫藥》2003 年第 01 期

[45] 呂 光 榮：《 氣 功 的 起 源 與 發 展 》，http://www.huaxiaculture.com/html/jianshenqigong

[46] 呂光榮：《氣功的起源與發展》http://www.huaxiaculture.com/html/jianshenqigong

[47] 李海求：《揭祕呂光榮「數理醫學論」》《雲南日報》，2007 年 12 月 28 日 http://www.sina.com.cn

[48] 呂光榮：《氣功的起源與發展》醫學教育網 http://med66.com/web/zy_bj_qg/

[49] 呂光榮：《氣功的起源與發展》http://www.huaxiaculture.com/html/jianshenqigong

[50] 蔣維喬（1873 年 ~1958 年），字竹莊，江蘇常州武進人，中國近代哲學家、教育家和佛學家。著作有《因是子靜坐法正續編》、《中國近 300 年哲學史》、《呂氏春秋匯校》、《佛學概論》、《佛學綱要》等，在日本學者境野哲的《支那佛教史綱》基礎上翻譯補著《中國佛教史》，與楊大膺合著《中國哲學史綱要》、《宋明理學綱要》。

[51] 陳濤（1922~1968），上海醫學氣功的開拓者。

[52] 林海，1923年9月生，廣東省海豐人，教授。曾任上海中醫學院基礎醫學部主任、上海中醫研究所所長。1986年離休後即應聘於深圳大學任氣功研究中心主任、教授。以及日本中國氣功研究院研究員、美國中國國際醫科大學氣功研究院院長。從事中醫氣功研究40餘年。

[53] 林海：《氣功與科學的 20 年》《氣功與科學》1999 年第 11 期

[54] 林海：《氣功與科學的 20 年》《氣功與科學》1999 年第 11 期

[55] 沈今川：《著名科學家錢學森、貝時璋談人體特異功能研究——實踐是檢驗真

理唯一標準》2007-05-06《意識－能量和資訊的重要載體》http://hi.baidu.com/yi_shi

[56] 沈今川：《著名科學家錢學森、貝時璋談人體特異功能研究——實踐是檢驗真理唯一標準》2007-05-06《意識－能量和資訊的重要載體》http://hi.baidu.com/yi_shi

[57] 張洪林：《對「特異功能」問題的反思》家庭中醫藥，2004 年 11 卷 5 期第35-38 頁

[58] 百度百科：《錢學森》http://baike.baidu.com/view/4213.htm

[59] 萊因是《超感官知覺》1934 年 3 月由波士頓心靈研究會出版的作者，同年，萊因在杜克大學建立美國第一個超心理學實驗室。1937 年，《超心理學雜誌》在杜克大學出版社支持下創刊，由萊因和麥獨孤共同主編。斯圖爾特和普拉特（杜克大學心理系成員）合編的《超感官知覺測試手冊》出版。這是第一部關於超心理學測試方法的手冊。1940 年，普拉特‧萊因與其他 3 人合寫的《60年後的超感官知覺》出版。此書出版被靈學家視為「爭論時期結束」。1957 年，第一本超心理學教科書《心靈學——心靈的前沿科學》（萊因等著）出版。6月 19 日，在萊因的推動下，超心理學協會成立，該團體的目標是使心靈學成為一門科學，《心靈學雜誌》為其會刊。6 月 22 日，R‧杜克超心理學實驗室設立麥獨孤獎金 1000 美元，頒給心靈學中的傑出工作者。1979 年萊因當選心靈研究會會長。1980 年 2 月 20 日，心靈學之父、84 歲的萊因去世。

[60] 百度百科：《超能力》http://baike.baidu.com/view/38395.htm

[61] 趙忠堯（1902 年 6 月 27 日~1998 年 5 月 28 日），浙江紹興諸暨人，物理學家、教育家。為中國核子物理宗師，被稱為「中國原子能之父」。桃李滿天下，學生中許多為有關領域有所成就的專家學者，如王淦昌、錢三強、錢偉長、王大珩、楊振寧、李政道、朱光亞、鄧稼先、趙仁愷、馮端、朱清時等人。其早期對 γ 射線散射中反常吸收和特殊輻射的實驗發現，在正電子、反物質的科學發現史上有重要意義。為中國核子物理、中子物理、加速器和宇宙線研究的先驅和啟蒙者。

[62] 貝時璋（1903年10月10日~），浙江省鎮海縣（今寧波市鎮海區）人，生物學家，教育家。他是中國細胞學、胚胎學的創始人之一，中國生物物理學的奠基人。1949年，貝時璋曾參與協助籌建中國科學院。1978年~1984年，擔任中國動物學會理事長。1980年~1983年，擔任中國生物物理學會理事長。1983年~1986年，任中國生物物理學會名譽理事長。1958年~1983年，先後擔任有《中國科學》的編委和副主編。1980年，出任《中國大百科全書》生物卷編寫

委員會主任。1984年，出任《中國大百科全書》總編委會副主任。

[63] 王淦昌（1907年5月28日~1998年12月10日），出生於江蘇省常熟縣支塘
鎮楓塘灣，逝於北京。核子物理學家，中國慣性約束核聚變研究的奠基者，參
與中國核武器研製的主要科學技術領導人之一，被中國政府授予兩彈一星（對
核彈、導彈和人造衛星的簡稱）功勛獎章。

[64] 談家楨（1909年9月15日~2008年11月1日），浙江寧波人，遺傳學家。中
國現代遺傳學的主要奠基人之一，有「中國遺傳學泰斗」之稱。

[65] 李慶利、杜學仁：《用微觀實驗手段研究人體特異功能使物體穿過器壁的現象》
《原子能科學技術》1990年第一期

[66] 乾龍：《大陸的超能力研究》《靜逸堂》2005年7月13日 http://www.leisures.cn/

[67] 李嗣涔，電機工程學學者，主要研究半導體領域，為臺灣早期研究非晶矽的學
者，並成為國際電機電子工程學會會士（IEEE Fellow），在該領域有一定聲
望。後來應臺灣地區「國家科學委員會主委」陳履安等人的邀請轉入氣功、特
異功能方面的研究，而使其學術地位充滿爭議性。李嗣涔為臺灣大學電機系、
電子所固態組、電機所雷工組教授，並曾擔任台大星艦學院、台大特異功能社
等幾個社團的指導教授。在台大校務行政方面，其於1996年到2002年間擔任臺
灣大學教務長，2005年通過臺灣教育部遴選，擔任臺灣大學校長。

[68] 阿爾法腦波（α波）是4種基本腦波之一。這4種腦波是：（α波、β波、θ波
和δ波）。這4種腦波構成腦電圖（EEG）。腦電圖是腦內電波的顯示，但腦
內電波的電壓很小，只有百萬分之幾伏特。α腦波的振盪平均為10次/秒。在
腦波中α腦波是第一個被發現的。1908年奧地利醫學家漢斯‧伯格博士第一個
提出發現，並稱之為α波（ALPHA），因為在希臘字母的排序中α排在第一
個，與英文字母A相同。

[69] 李嗣涔：《手指識字（第三眼）之機制與相關生理檢測》〈中國人體科學〉
1996；6卷3期，105-113頁。

[70] 李嗣涔：《手指識字（第三眼）之機制與相關生理檢測》〈中國人體科學〉
1996；6卷3期，105-113頁。以及中國地質大學人體科學研究所沈今川教授
及孫儲琳女士告知。

[71] 李嗣涔：《人體特異功能－走向深層的真實世界》臺灣大學電機系，http://sclee.
ee.ntu.edu.tw/english/mind/humandoc/The%20Extraordinary%20Human%20Ability.
pdf

[72] 鞠曦:字白山，號時空散人。男，1952 年生，1964 年讀初中；1968 年上山下鄉，1970 年招工。從初中開始自學無線電學，上山下鄉開始自學電工學、中醫學和中西哲學。80 年代中期始隱居於長白山，專事學術。現為中國民間中醫醫藥研究開發協會會員、中華臨床醫學會理事、吉林省周易學會理事、中國王屋山古文化學會顧問、中國安陽貞元集團高級顧問。

[73] 鞠曦:《生命科學研究及其哲學問題》《中華傳統文化交流暨天津市人體科學（第四屆）學術研討會論文集》1998 年 8 月

[74] 鞠曦:《生命科學研究及其哲學問題》《中華傳統文化交流暨天津市人體科學（第四屆）學術研討會論文集》1998 年 8 月

[75] 王水:《物理學面臨的危機》蘭州大學物理系《神奇的氣功與特異功能》東西南北雜誌社編 吉林人民出版社出版第 156 頁

[76] 何祚庥:《中國科學與偽科學鬥爭大事記（1979~1999）》《偽科學再曝光》中國社會科學出版社 1999 年

[77] 于光遠:（1915 年~），中國改革年代的著名經濟學家，1915 年生於上海。1937 年加入中國共產黨。曾任職不同的部門，例如中宣部科學處、國家科委副主任、中國社會科學院副院長兼馬列所所長等職務。

[78] "Pseudoscientific - pretending to be scientific, falsely represented as being scientific", from the Oxford American Dictionary, published by the Oxford English Dictionary. "A pretended or spurious science; a collection of related beliefs about the world mistakenly regarded as being based on scientific method or as having the status that scientific truths now have.", from the Oxford English Dictionary Second Edition 1989. For example, Hewitt et al. Conceptual Physical Science Addison Wesley; 3 edition (July 18, 2003) ISBN 0-321-05173-4, Bennett et al. The Cosmic Perspective 3e Addison Wesley; 3 edition (July 25, 2003) ISBN 0-8053-8738-2. See also, e.g., Gauch HG Jr. Scientific Method in Practice (2003)

[79] Magendie, F (1843) An Elementary Treatise on Human Physiology. 5th Ed. Tr. John Revere. New York：Harper, p 150. Magendie refers to phrenology as "a pseudo-science of the present day" (note the hyphen).

[80] However, from the "them vs. us" polarization that its usage engenders, the term may also have a positive function because "[the] derogatory labeling of others often includes an unstated self-definition " (p.266) ; and, from this, the application of the term also implies "a unity of science, a privileged tree of knowledge or

space from which the pseudoscience is excluded, and the user's right to belong is asserted "（p.286）-- Still A & Dryden W（2004）"The Social Psychology of "Pseudoscience"：A Brief History", J Theory Social Behav 34：265-290

[81] 範岱年：《唯科學主義在中國歷史的回顧與批判》《科學文化評論》2005 2（6）

[82] 孫慕天：《「李森科事件」的啟示》《民主與科學》2007 年第三期

[83] 1948 年 7 月 31 日至 8 月 7 日，李森科在全蘇列寧農業科學院舉行《關於生物科學狀況》的報告中，宣佈「我們不想跟摩爾根主義者討論。我們將繼續揭露他們這些本質上有害的、思想上異己的偽科學傾向的代表人物。」

[84] 中國科學院院刊：《科學通報》1952 年卷：「……1951 年間舉行的關於有機化學中化學構造理論的全蘇聯討論會是蘇聯化學中的最重要的事件。蘇聯化學家、物理學家和哲學家尖銳地批評了資產階級學者底唯心的『共振論』，揭露了它的偽科學本質，並且斥責了有些蘇聯化學家對這個錯誤理論所進行的宣傳……」

[85] 維基百科：《偽科學與意識形態》《偽科學》

[86] 于光遠：《論科學與偽科學》《自然辯證法通訊》1990 年第 6 期

[87] 于光遠：《論科學與偽科學》《自然辯證法通訊》1990 年第 6 期

[88] 何祚庥：1927 年出生於上海。1945 年考入上海交通大學化學系，後來轉入清華大學，1951 年畢業。1951~1956 年就職於中共中央宣傳部理論教育處。1956~1958 年在中國核工業部的原子能研究所工作。1958~1960 年去蘇聯莫斯科核子研究所進行學習和研究。1960 年回國參與氫彈的輕核理論組研究，並兼任共產黨總支部委員。1980 年當選中國科學院數學物理學部委員。

[89] 中共中央宣傳部、國家科委、中國科協：《關於加強科普宣傳工作的通知》在 1996 年 6 月份，聯合發出

[90] 百度知道：《特異功能簡介》《中國大陸的研究》http://zhidao.baidu.com/question/41404238.html?fr=qrl&fr2=query

[91] 愛因斯坦著（美）、許良英、範岱年等編譯：《愛因斯坦文集》第 1 卷，商務印書館 1979 年版第 22 頁

[92] 吳國盛：《科學的歷程》[緒論] 湖南科學技術出版社出版發行，1995 年 12 月

[93] 顧涵森‧趙偉：《氣功『外氣』物質基礎的研究》《自然雜誌》1979 年第 5、6 期

[94] 錢學森：《自然辯證法、思維科學和人的潛力》《論人體科學》人民軍醫出版社，
1988 年

[95] 錢學森：《自然辯證法、思維科學和人的潛力》《論人體科學》人民軍醫出版社，
1988 年

[96] 科魯克（Jokn H.Crook，英國 Bristol 大學心理學副教授）寫了一本書：《人類
意識的演化》（The Evolution of Human Consciousness，Oxford University Press，
1980 年出版）。

[97] 錢學森：《這孕育著新的科學革命嗎？》《錢學森網》http://www.hd-qxs.com.cn/
index.php

CHAPTER—2

第二章

信仰、宗教、
神學和科學

萬迷之謎 法輪功發展之研究 | 兼論氣功與信仰及科學的關係

A Study on Factors Contributing to Rapid | with Discussions on Qi Gong and Its
Develoment of Falun Gong: | Relations to Religion and Science

2 信仰、宗教、神學和科學

一‧人類的信仰

（一）對「信仰」的認識

1‧信仰

　　信仰，又作仰信。信心瞻仰之意。信，信奉。仰，仰慕。梵語sraddha
譯作信心、信解、信仰。《法苑珠林》卷九四：「生無信仰心、恆被他笑
具。」（謂對佛、法、僧三寶的崇信欽仰。佛教強調修行之初，須立堅固
的信心，令不動搖。「信、解、行、證」，「信、願、行」等。）

　　一般說來：信仰，是指對聖賢的主張、主義、或對神的信服和尊崇、
對鬼、妖、魔或天然氣象的恐懼，並把它奉為自己的行為準則。信仰與崇
拜經常聯繫在一起，但是與崇拜還有不同。信仰主要針對「觀念」，而崇
拜主要針對某個「個體」，例如上帝、耶穌、太陽、獅子等。信仰與「認
知（相信）」不同，一般說認知（相信）一種理論，而不是說信仰一種理
論。信仰帶有情感體驗色彩，特別是體現在宗教信仰上。

　　信仰是人對人生觀、價值觀和世界觀等的選擇和持有。信仰體現著人
生價值、人生意義的可靠落實。信仰與所信仰的物件是否客觀存在沒有必
然聯繫。宗教並非信仰物件，而是信仰的表現形式，表現形式不可作為信
仰物件。

　　信仰往往是由外在因素形成、受到父母、社會、宗教和傳統所影響。

如果一個伊斯蘭教家庭從一個基督教家庭收養一個剛出生的小孩，那小孩長大就會變成一個伊斯蘭教徒；反之也是如此。但信仰亦可以是內在的，透過個人的經歷和對靈性的追尋，而選擇一種適合自己的宗教信仰。信仰可以獲得，可以被塑造，也可以被拋棄。雖然有不少宗教對信徒的離開有嚴格限制，但根據聯合國的《人權公約》，人是有選擇宗教、或選擇不信仰宗教的自由的。

然而，沒有經過理性體悟的或只是順從其他人的信仰而形成的信仰，或是通過學習和被教育而形成的信仰只反應此信仰之人在他理解的層次上的信仰或還只是相信。這就是為什麼有的人對有些信仰十分堅定，有的就不那麼堅定。在修煉界也反應出對修煉「法理」和「佛法」的理解程度等等。

信仰有可能成為人們進一步認識真理的障礙。當愛因斯坦的相對論剛剛出來的時間，由於不符合物理學家們的邏輯而不被接受。然而，當通過實驗證明了以後，科學界也就開始無奈的接受。但許多人還是理解不了，由於受邏輯智慧的極限所致。

當然對於現實，實證現象的認識，邏輯無疑是一個理性的標誌。邏輯智慧也應該能應付實證的人類生活的主要部分。

信仰、宗教（佛的）觀點出來後，對於單純的人是很容易接受，因為他們沒有複雜邏輯概念的障礙，而到現代，由於科學的邏輯「豐富（填滿）」了人類的概念、觀念。人們在邏輯論證下的結論所創造出的智慧工具和產品而得到的快樂、享受和興奮中，把人的信仰早已拋到腦後，除了西方有些人在前輩的影響下，對現實不易接受而進入教堂者之外，其餘就是沉浸在享受科學成果的產品帶來的安逸、興奮中，當然還有其他的人權、政治生活等訴求。

自從人類來到地球，就無時無刻不在面對死亡的問題。由於生老病死

萬迷之謎　法輪功發展之研究 ┃兼論氣功與信仰及科學的關係

A Study on Factors Contributing to Rapid ┃ with Discussions on Qi Gong and Its
Develoment of Falun Gong: ┃ Relations to Religion and Science

一直使得人類在一種痛苦和恐懼的迷茫中掙扎。

　　不同民族，區域的宗教中的神給與各自民族，區域中的人以神聖的慰藉，引導著人怎樣走出這苦難，以得永生。

　　不同時期的人，不同民族和不同區域的情況，在人類的民族之間，東西方之間還沒有往來的時候，各自的神在做著同樣的事情。這就是為什麼人類對神的信仰是那麼的相通、那麼的相似。然而各自民族，區域的人的生活環境，語言，文化的差異也許本身就是各自的神所決定的。

2 · 宗教信仰

　　休謨[98]認為宗教起源於野蠻的「一種焦慮性的恐懼」[99]。

　　原始時期的人類是沒有什麼文化「道德修養」，所以被稱為「原始的野蠻人」。休謨所稱的「恐懼」自然界是可想而知的。這只能說明他們比現在文明人，由於對自然界的「恐懼」更容易去尋求保護。當然會有對偶然「幸運」結果事件的各種「徵兆」的留意，記憶以至於相傳。但這還只是「經驗」的積累。也談不上產生了宗教。如果是這樣的話，那麼宗教的產生就會是經驗的積累到一定程度的昇華。顯然沒有這樣定義過。

　　對於一個宗教信徒而言，自然界不是「偶然的」，它都充盈著一定的價值。宇宙的存在體現了秩序、和諧、永恆和富饒。宇宙是一個有機體，顯現出生命存在的模式和神聖性的模式。在宇宙中，神的存在和萬事萬物達到統一。天空、水、地球、植被、月亮無不是神聖的象徵。現代人沒有了對自然的崇拜，自然已經「去聖」化了，山就是山，水就是水，自然界是可以任意索取的物件。

3 · 法輪功信仰

　　法輪功信仰的是「真、善、忍」。

　　法輪功的「真、善、忍」深藏道家、佛家、儒家真傳。法輪功的心法

趨於要求修煉者在修煉過程中逐漸達到很高的思想境界。即：淡泊名利、不計個人得失、與世無爭、遇到矛盾時寬容忍讓、以德報怨……。這一切高尚的表現除非是發自內心的願望，否則根本無法以一種平常的心境貫穿於一個人的日常生活中。

其實人為什麼有「智慧」的原因是使人類能夠達到更遠更大「智慧」的境界，這才應該是真正的智慧，即佛家講的「覺悟的人」，具有大智慧，成為覺者，或道家講的「真人」。能跳出這一障礙而認識更多的宇宙法理，而這法理的根本就是：真，善，忍。如同前面所提出的他是宇宙的特性。

他能使一切生命、能量、宇宙物質得以永存，也就是宇宙的良性規律的存在形式。試推斷一下，如果宇宙中的一切能量、生命、物質的形式，都在這一良性規律的運動下，會出大錯嗎？當然，生命因為有基本個體的存在形式（差異）才得以構成「繁榮」、「完備」的宇宙和宇宙中各個層面生命的生存環境和形式，這種「繁榮」和「完備」是不應以為私為出發點的。

（二）人生的真諦

宗教對人類社會的認識和修煉的真諦：

佛教認為，人本來是高層的生命，由於變得不好了就掉入「三界」內；三界是一個特殊的「迷」的、看不見宇宙真相的空間。人類社會是屬於三界之內，三界內的生命都要進入「六道輪迴」。輪迴的根據是生命在三界生活時所造下的業力而定的。業力分善業和惡業。人們所說的善有善報，惡有惡報就是這樣來的。

比如說：如果一個人一生做很多好事，甚至大好事，他這一生死後，會因為他的業力小而德大，那下一生會去三界內的天道當天人。因那兒業力小，福份大。所以相對來說，痛苦和苦難會小。相反，如一個人，他一生幹

萬迷之謎　法輪功發展之研究　兼論氣功與信仰及科學的關係

A Study on Factors Contributing to Rapid　with Discussions on Qi Gong and Its
Develoment of Falun Gong:　Relations to Religion and Science

的壞事很多，傷害的人很多，他會欠下很多的債，那業力很大，德會耗盡。這樣，當下一生轉生時，就要去地獄一般的世界裡受苦，以還在人間欠下的業和債。

　　這種輪迴業報構成三界內特定的生命運行規律，只是這種輪迴業報是人或三界內的生命本身並不能直接知道的。這就是三界內的生命是在迷中。這個迷又給了三界內生命的人一個極好的機會。如果這個生命在一切都是迷的情況下，還能夠向善，而且以實際的行為向善，這樣就會提升這個人的境界，返回到他自己原來的天上，三界外的位置和世界。

　　人的生存環境是「迷」的環境，而這迷的環境中只有「神、佛」的點化和牽引可以使人回到自己真正的來源之地——傳說中無比美好的神仙的生存環境，想什麼就有什麼的「大自在」。也正是因為這個環境的「迷」，人是由於「原罪」而降低了層次的生命（還未被淘汰），宇宙中給予挽救的機會，就造就了一個「迷」的空間。在這「迷」中，如有回去的願望，再給人最後一次往回返的機會——稱之為神對人（生命）的慈悲。這樣就永遠脫離了三界（三界是一個不僅僅迷，而且是苦的空間），進入真正美好的世界並享受無盡的福份。這就是真正的救度。

　　為確保生命真正的提升（返回），只有在這迷的環境中還能夠變好（不受誘惑、干擾）。遵從「神佛」的指引，變成真正的「好人」。而「神佛」的指引又不能「破迷」的讓人真正、完全看到真相。因為一旦看到「神佛」大顯神通的時候，這時即使原本並沒有變好的人也會遵從。而這些沒有變好的生命並不能在那個境界之中，一旦他們遇到誘惑，可能還是不行。只有當人心真正變好了，人從各自的心地（底）裡發出的都是好的念頭，這才能說是這個人的本性（質）。所以「佛」只看人心。

　　所有「神佛」只用人「心」來衡量、看待人，只有人的「心」變好

了，才能說這個人是好人。光做一些好事並不能說你就是一個好人了。當然，由於人對「神佛」認識不是說認識就能認識的，那麼，人在做好事的同時，會使這個人處於比較好的思想狀態中。他們就會比較容易認識和理解「神佛」讓人做好人的理，會真正觸發（動）這個真想做好人的「心」，通常叫人的「善念、善心」，也是人的「佛性」。使之人心向善，真正提升這個人的人心，不斷的提高，以達到高層生命的「標準（境界）」，最終返回到美好的世界。

三界也是宇宙中高級生命為在宇宙生命中一些變得不好或壞的生命的一個能返回去的一個特定環境。這個環境給這些生命提供了一個能返回的機會。這個機會又要是在不破掉人間這層迷的前提下，由宇宙中高級生命派下來救度人的「神、佛、道」等高級生命所傳的道和福音等，以確保這個生命真能達到返回到他先前往下掉的那層空間或「天國」的標準，這就是宗教中說的真正的在救度這個生命。

其實，人類社會的一切，也足以讓人（讓真正想返回，變好的人）認識到「真理」。（在神佛的點化之下）無論是我們能感知的物質世界、時空，還是所謂理性的「邏輯」推理，甚至於現代的科學，都有讓人認識「真理」的機會。只是社會發展和社會環境的機遇不同，讓不同的人（不同根基和悟性的人）形成各自不同的認識世界的邏輯，不同的人生觀。

三界內的人的許多觀念和看待事物的道理與真正天上的高於三界的宇宙中高層生命生存的空間的觀念和道理是相反的。也就是說我們生活在一個反法理的環境中，在這個環境中，許多人們看來是好的，可能恰好在宇宙的理是壞的或不好的。

大陸的一些研究者（非神學的、不相信神的研究者）都是在認為神不存在的前提下來探討宗教的起源。這是方向性的錯誤（也是方法的錯誤）。

萬迷之謎 法輪功發展之研究 兼論氣功與信仰及科學的關係

A Study on Factors Contributing to Rapid　with Discussions on Qi Gong and Its
Develoment of Falun Gong:　Relations to Religion and Science

一開始就進入到誤區中，進行長篇大論的尋根問底，其結果可想而知。互相之間都認為對方幼稚可笑。現代科學的研究方法無疑是站在實證科學的基點上，對可見可感觸到的物質進行研究，這無疑是「盲人摸象」。

人以自己的智慧所創造的各種感知和探測儀器對宇宙來進行感知和探測永遠是有限的，不可能把物質世界認識清楚。

業力輪報，是否是一種三界內宇宙的能量的轉換？宇宙不滅，能量不滅。如果把生命「活」的形式看成一種「能量的形式」，那麼，是否可以把「業力輪迴」看成維持著宇宙三界內生命形式的能量轉換。

就好像科學中所定義的能量守恆。當機械能、電能、熱能、電磁等能量相互轉換時，總能量是守恆的。那業力輪報也是類似的。它和六道輪迴一起構成宇宙中三界內的生命輪迴，轉換的一個守恆規律。只是這種規律使三界內的所有生命處於苦難、痛苦的輪迴轉換之中，不知宇宙真相，永無出頭之日。

二·「人類」與「宇宙」

（一）人類的「為什麼」和「無法知道的為什麼」

人類作為宇宙中一種「特殊的生命」，始終被一種能各自感知或承傳的「高層生命」或超過人類本身的某種「力量」所管理，控制，主宰。人類的行為和現在信仰的「科學」不可能超出這種管理，控制，主宰。

然而這種「特殊的生命」總是在探索或尋問著各種關於「我為什麼來到這兒？」「人類是什麼，為什麼會有人類，人又為什麼會有智慧，什麼是智慧，為什麼會有地球，為什麼會有太陽、月亮、宇宙⋯⋯為什麼？」「我是從哪裡來的？」「人為什麼會有生和死？」「人死後會不會去什麼地

方？」人們想像不出動物會問這種為什麼，正因為這種尋問著的各種「為什麼？」，也許正說明了人類的「靈魂」在尋覓著什麼，是不是與宗教中講的有什麼關係？也許真的在尋找各自的來源之地？

任何一個民族或人種都有一個、多個他們各自信仰的「神」、「聖人」或「祖輩的先人」，一些對於各自神的信仰在各民族或人種的歷史文化進程的發展和變化過程中有的形成了宗教，有的代代相傳。也有的由於科學的發展而失去了其原本的信仰。

而人類對許多基本的名詞和概念也是不知其所以然的。

時間，到底是什麼？它的「度」、「量」有多大？人只能站在自己的基點上去認識。是什麼？人並沒有真正的概念。站在有限的位置上去認識時間，就如同人無法認識宇宙的「宏大」一樣的缺乏「想像力」。我們知道了不同速度可以把我們帶入不同的時間場，然而我們認識的速度相對於不同範圍的宇宙又是什麼概念？

溫度，到底是什麼？它的「度」、「量」到底有多大？人也只是站在自己的位置上，以有限的範圍在認識構成人這一層物質空間的環境下去認識溫度。當超過這一範圍時，又會是什麼？如低於絕對溫度[100]零度，或高於我們能接受的溫度值，這一切物質空間的構成又會是什麼樣？其實超出人類肉身生存的時間，空間範圍的一切「度」、「量」，都是人的智慧所不及的。因此人一定無法與超越人能力的更高的生命比較。

那麼更高層的生命在哪？人們在科學與信仰（宗教）的不同之間相互爭來爭去，正是因為對這許許多多的「為什麼」不知道，或找不到答案。

（二）人類認識的宇宙

從古至今，人類對於宇宙的認識都是十分有限的。儘管人類已進入外

太空，或將來會有更為重要的發現。可以肯定，人類將無法完全認識宇宙和時空，就像人不可能認識神一樣。因為人類的智慧或大腦的容量有限，除非進入修煉狀態或有相當道行的修行者，要麼就是像門捷列夫那樣，「有一天，門捷列夫坐在椅子上睡著了，突然他被驚醒，因為他夢見了一張清晰的元素週期表，他急忙把夢裡的那張表畫了下來，後來發現這個週期表只有一處需要修正。」[101]下面關於宇宙的認識和研究就是充分的證明。

1 · 宇宙的時空大小

一般說來，對宇宙的認識是指對大尺度的時間和空間中物質存在形式的認識。人們自然要問：宇宙是什麼呢？宇宙有多大？宇宙存在有多久了？宇宙中的物質是從哪裡來的？宇宙有沒有起源和演化？

在中國古代，一種神祕、莊嚴、威嚴，以致人人相信它的有效性的，是古代深入人心的天學思想——天人合一。這裡的「天」是被用來指整個自然界，它在古代中國人心目中，並非像近代科學的「客觀性假定」中那樣是無意志、無情感、可認識的客體，而是一個有意志、有感情、無法徹底認識、只能順應其道、與之和睦共處的龐大而神祕的活物。它表現為兩個不同的層次：天地相通和天地對應。

在中國古代，關於宇宙的結構主要有三派學說，即蓋天說、渾天說和宣夜說[102]。

渾天說到底是何時由何人首次提出，現在已不得而知。但作為一種宇宙學說，它的產生和發展卻與一種實用的測天儀器——渾天儀有著密切的關係，史籍所載明確的渾天說直到東漢張衡造渾天儀並作《渾天儀注》時才提出來。張衡的宇宙學說被後世天學家多次引用和發展，並成為中國古代絕大多數天學家公認和遵用的宇宙學說。中國古代天學家就是以《渾天儀注》中所描述宇宙模型，進行天文觀測和曆法推算的。以後歷代曆法推算方法上常

有改進，但基本模型仍是少有變化。

　　而蓋天說是比渾天說出現更早的一種宇宙說，可將其起源、發展的過程分成兩個階段。第一個階段為原始的形象化比喻的「天圓地方說」，沒有進一步關於天地結構的定量描述；第二階段以《周比算經》為基本綱領性文獻，提出了自成體系的定量化天地結構，基本假定是天地平行，其間相距八萬里。蓋天說家以此解釋天地結構和天體運行，並進行定量描述和計算。

　　宣夜說認為天是無限而空虛的，星辰就懸浮在空虛之中，自由自在地運行著。史籍中關於宣夜說的記載現在只找到兩條，其中一條還是斥責它「絕無師法」的。這種說法與現代宇宙論頗有相似之處，所以往往被作適當發揮之後，成為中國古代最先進的宇宙學說。然而，宣夜說認為日月星辰自由自在地運行，所以對它們的運行規律也就無從談起。這種對天體自由運行的誇大，使得宣夜說無隻字片言談到對天地結構的定量化描述，所以嚴格地講，宣夜說還不能稱作為一種宇宙學說。

　　二十世紀以來，天文學家們建立起多種宇宙模型。概括起來主要有兩大派別：

　　一類叫穩恆態宇宙模型[103]，它認為宇宙在大尺度上的物質分佈和物理性質是不隨時間變化的，穩恆不變。不僅在空間上是均勻的，各向同性的，而且在時間上也是穩定的。這是1948年英國天文學家邦迪（Hermann Bondi）等人提出的；

　　另一類叫演化態模型，它認為宇宙在大尺度上的物質分佈和物理性質是隨時間在變化的。這是1922年，蘇聯數學家弗裡德曼（Friedmann）在解愛因斯坦引力場方程時得到的。

　　在眾多的宇宙模型中，目前影響較大的是熱大爆炸宇宙學說[104]。熱大爆炸宇宙學說認為，大約在150億年前，在一個緻密熾熱的奇點發生了驚人

萬迷之謎 法輪功發展之研究 兼論氣功與信仰及科學的關係

A Study on Factors Contributing to Rapid　with Discussions on Qi Gong and Its
Develoment of Falun Gong:　Relations to Religion and Science

的熱大爆炸。這場爆炸後，形成迅速的膨脹，逐漸形成了我們今日可見的宇宙。這就告訴我們，不僅宇宙間的萬物在演化，大尺度的宇宙本身也是演化的主體。那麼，現在有沒有觀測到的事實來支持這個觀點呢？然而有關星系的紅移現象[105]和哈勃定律[106]等，都支持了宇宙還在膨脹之中的論點。

「換句話說，由於多普勒紅移現象的存在，從這個意義上來講，宇宙不是無限的，而是有界的，即天體紅移的速度等於光速的地帶就是宇宙的邊緣和界限了，超過了這個界限，也就超過了光速，光線也就因此永遠無法達到我們的視界，那就不是我們這個世界了，到底是怎樣只有上帝才知道」[107]。由於現代科學只能認識可見光及其光速，這種結論是可想而知的。

現在，根據科學測定，宇宙的年齡大約是150億年，這個既是它的年齡（時間），其實也是它的空間長度，即150億光年是我們觀察太空理論上能達到的最遠距離了，我們現在看到的距離地球150億光年的地方恰恰就是宇宙誕生時的鏡像。150億年前，在大爆炸的奇點，時間和空間獲得的最完美的統一，那一點（或那一刻）即是我們整個宇宙的開端[108]。

另外，20世紀60年代天文學中的四大發現之一的微波背景輻射[109]認為，星空背景普遍存在著2.7K微波背景輻射，這種輻射在天空中是各向同性的。這同由理論預言的熱大爆炸遺留下的餘熱相符，有利地支持了大爆炸宇宙學的觀點。但是，熱大爆炸宇宙學也有些根本性問題沒解決。如大爆炸前的宇宙是什麼樣，大爆炸是怎麼引起的、宇宙的膨脹未來是什麼結局？

其實，這些對宇宙的認識是一種極其有限的、假定加推測的假設。

2‧宇宙的物質

（1）生命論──泛靈論

泛靈論，亦稱物活論、萬物有靈論。泛靈論相信所有自然現象，不僅

動物和植物，而且一直到無生物為止，都是有生命和靈魂的。在未開化的人和精神發育未成熟的幼兒身上，即具有一般所認為的心性。

泛靈論是發源並盛行於17世紀的哲學思想，後來則引用為宗教信仰種類之一。泛靈論認為天下萬物皆有靈魂或自然精神，並在控制間影響其他自然現象。宣導此理論者，認為該自然現象與精神也深深影響人類社會行為。簡言之，泛靈論支持者認為「一棵樹和一塊石頭都跟人類一樣，具有同樣的價值與權利」。基於此理論，後來也被廣泛擴充解釋為泛神論。泛靈論又稱「萬物有生論」。一種主張一切物體都具有生命、感覺和思維能力的哲學學說。

瑞士兒童心理學家、日內瓦學派的創始人皮亞傑（J.Jean Piaget）[110]在研究兒童思維過程中發現，兒童在心理發展的某些階段也存在著泛靈論的特徵。兒童把無生命物體看作是有生命、有意向的東西的認識傾向，主要表現在認識物件和解釋因果關係兩方面。隨著年齡增長，泛靈觀念的範圍逐漸縮小。4~6歲兒童把一切事物都看成和人一樣是有生命、有意識、活的東西，常把玩具當作活的夥伴，與它們遊戲、交談；6~8歲兒童把有生命的範圍限制在能活動的事物；8歲以後開始把有生命的範圍限於自己能活動的東西；更晚些時候才將動物和植物看成是有生命的。

根據《社會學、人類學新詞典》：「萬物有靈論（animism）是一種相信某種神靈能夠使物體具有生命現象的信仰，即信仰所有物體都有神靈和未來的存在。亦譯『泛靈論』。1871年，泰勒將萬物有靈定義為『靈魂的信仰』，並將其確定為所有宗教的根基。它可能起源於舊石器時代，諸如太平洋波利尼西亞人信奉的『馬那』（mana）和印第安人的『奧倫達』（orenda）和『馬尼陶』（manitou）等自然神的觀念都表示精靈和非人性特質的存在。萬物有靈信仰者認為這一類靈性存在於整個宇宙。也有

萬迷之謎　法輪功發展之研究 ｜ 兼論氣功與信仰及科學的關係

A Study on Factors Contributing to Rapid
Develoment of Falun Gong: ｜ with Discussions on Qi Gong and Its
Relations to Religion and Science

人認為，這種概念的出現是由於看到了死人與活人有所不同，意識到了睡眠、出神和做夢這些現象而概括出來的，從而認為每個人都有肉體生命和靈魂生命。」「泰勒將它和靈魂的概念聯繫在一起。他從全世界的語言語彙所反映出來的幾乎一致的外觀中找到了關於它們和物質客體相分離的確鑿證據。陰影、風、呼吸及生命的概念之間互相含示。泰勒還將早期宗教歸因於人們信仰那些存在於動物、植物及非生客體之中的靈甚或魂。泰勒將萬物有靈論看成是宗教基礎的看法遭到英國人類學家馬雷特（R. R. Marett）的反對。馬雷特認為，還有一個比萬物有靈信仰更原始的宗教信仰階段，那時人們看不出生命和幽靈有所區別。馬雷特的這種理論也被稱為物活論（Animatism），是前萬物有靈論中最重要的一種理論。總之，萬物有靈信仰者往往把對待人的一切態度和方法，完全加之於種種物體上。」[111]

　　這是很明顯的站在「客觀」和「科學」的立場所做的解釋。我們是否能跳出現有環境來推理一下。比如「河流」、「山川」、「一片森林」、「一群綿羊」，以至於「一個物種」或「一個民族」。設想為一個整體的生命或大的個體生命。比如「一片森林」：一棵棵單獨的樹就成為這片森林生命的細胞，雨水和陽光是她們的食物，以滿足其自養型新陳代謝[112]，單棵樹木的死亡和新的小樹的生長就如細胞的增殖、分化、衰老和凋亡等生命活動。一般認為，生命的哲學定義是：生命是生物的組成部分，是生物具有的生存發展性質和能力，是生物的生長、繁殖、代謝、應激、進化、運動、行為表現出來的生存發展意識，是人類通過認識實踐活動從生物中發現、界定、彰顯、抽取出來的具體事物和抽象事物。當然還有「恩格斯關於生命的定義」、「生命的現代生物學定義」和「生命的分子生物學定義」。這些都是站在各自的基點上所下的定義。

　　如果我們站在更廣闊的基點上就不一定會認為「泛靈論」只是對事物

認識的起源。也許正是這種「天真，純淨」的對宇宙的認識恰恰反應了某種程度的宇宙真相。因為就我們認識的宇宙和宇宙中的任何物體（包括有機生物）都被認為有其產生（誕生），形成（成長），衰老和滅亡（死亡）。這本身也就是宇宙和宇宙物體的生命過程。而這種認識不能等同於「兒童在心理發展的某些階段也存在著泛靈論的特徵或兒童把無生命物體看作是有生命、有意向的東西的認識傾向」。它們也應該是真實的生命和生命過程。

基於以上認識，應當說宇宙中的任何物質和物體都是生命。

那麼任何生命的生存環境，既為這一生命的層次。而生命的層次是有限的，但生命的層次的數量是天文資料。就如同人類是生活在「分子和星球」這兩層粒子構成的這種空間和時間之中算一個生命生存的層次，這種不同空間層次也是無數的一樣。作為人類無可知曉——即人類的終極智慧[113]有限。

我們也可以設想一下有些生物的生存環境，例如：螞蟻的社會以及螞蟻的「王國」。螞蟻為一類群居、築巢、有不同階級、行社會性分工的昆蟲，一般來說，在一個群體裡，有4種不同的蟻。

蟻后：為具有極強生殖能力的雌蟻，體形較大，特別是腹部大，一般均有複眼和單眼，生殖器官發達，觸角短而小，有翅膀，但在交配及築巢後脫落。蟻后的主要職責是產卵、繁殖後代及統管這個群體大家庭，它的一生什麼也不做，只負責產卵，讓這個家族延續下去。

雄蟻：為一種有翅的螞蟻，頭圓小，上顎不發達，觸角細長，有發達的生殖器官，雄蟻的主要職責是與蟻后交配。

工蟻：工蟻為沒有生殖能力的雌蟻，無翅，一般為群體中最小的個體，但數量最多，複眼小，單眼極微小或無，善於步行奔走，它們的一生都在辛苦地勞動，它們不停的覓食、保衛家園，照顧蟻后產下的弟弟妹妹們，

萬迷之謎 法輪功發展之研究 兼論氣功與信仰及科學的關係

A Study on Factors Contributing to Rapid Develoment of Falun Gong: with Discussions on Qi Gong and Its Relations to Religion and Science

就連蟻后的生活起居都要照顧。

兵蟻：兵蟻也為沒有生殖能力的雌蟻，頭大，上顎發達，可以咬碎堅硬的食物，它們的主要職責為保衛群體的安全。當兩個群體之間發生戰爭時，兵蟻會勇敢地上去廝殺。

還有蜜蜂、鳥群等等人們所熟悉的昆蟲和動物等群居類生物的社會。它們沒有我們人，和人類社會的思想，感情和心性。但是它們的社會和作為生命的感受是人想像不了的。那麼反過來，作為螞蟻或其他動物，它們就更不用說也不可能知道人類社會的什麼。如果再往前一步推理：是否還有更高一級的生命在人類社會以上的生命，以及祂們的社會？然而，無論是東方還是西方的民族，無論是白種人還是黃種人，人類的信仰或宗教對這一問題的回答都是肯定的。

排除我們感知的事物，如果想像力的邏輯推理是我們的智慧的話，我們也像「給我一個支點，我能撬起整個地球。」這一類阿基米德的名句一樣。假如把圍繞原子核的電子放大到地球這樣大，我們又會在它們上面發現什麼？結果肯定是讓我們無法想像的，也超出了我們的思維和理解。同樣，假如我們無限無限地遠離地球這個環境，也許我們認識的星系或觀察到的宇宙也是其他更大宇宙生命（更大一層）的原子、分子……

（2）宇宙的「能量——生命」形式

宇宙中的物質或生命都是具有能量的。苾海江、宋培基在論文《宇宙能量流動論》中認為：「新的科學試驗得出了與舊的能量、物質、空間相悖的成果，例如：物質品質能產生引力嗎？宇宙間強大的斥力來自何方？空間為什麼不對稱？等等」。他們認為：「用『能的流動』來解釋宇宙的生成、運動與發展，非常確切。恆星的熱和光產生空間。空間擴大產生引力；恆星的熱與光產生『物胚』，物胚繼續吸能。產生電磁力與核力，從而成物。

物、力、空間組成宇宙。人類眼前的世界是：能量不斷從高溫流向低溫，產生運動，能與物相應變化，產生時間。」**[114]**

宇宙即由能量構成，能量就是物質或生命，而能量不會消失只會轉換。任何物體包括生命，如果能量耗盡既是能量轉換掉，物體的形式即會消失。如在構成某一層生命的能量耗盡既是能量轉換掉，生命在那一層的表現形式也就壽終。宇宙中任何物質，物體，生命的任何形式，包括不同時空存在的物質都是能量和其特性在某一層時空表現的存在形式。

然而，這種能量對人類看來是無限的，任何人類生命是無法知曉這一能量的巨大和不同的形式。

這一能量的概念不同於科學的能量概念，宇宙能量論是包羅萬象的。比如任何一個存在形式（物體的生命的，虛空的形式）必定是能量存在的形式。

就像生物鏈一樣，不同生命構成一個封閉環形的生物鏈，相互依存，制約其同一層次的生命。每一層次的生命也相互制約和依存。也像能量守恆一樣，生物鏈也應該是永恆的——即生命是永恆的。任何不同生命的產生和死亡只是其構成那一層生命的「肉身」生命的能量耗盡或者是能量的轉換運動，但不會消失。生命也就像宗教說的，任何生命的靈魂是永存的，而死亡生命的靈魂可以轉生（轉世投胎）。

這只是說到橫向生命能量。能量還有縱向的，如人這一層生命與下一層生命，或上一層生命（如果把電子放大到地球這麼大，把星球作為上一層生命的原子核或電子來看待）。因為電子繞原子核的運動和形式，與行星繞恆星運動的形式是極其相似的。那麼我們所見的星球會不會是更大粒子星球與恆星的構成粒子呢？那一巨型系統中，恆星會不會圍繞一個更巨大的中心——恆心核運動？宇宙的結構形式給我們提供了推斷的思路。同樣佛教中

萬迷之謎 法輪功發展之研究 | 兼論氣功與信仰及科學的關係

A Study on Factors Contributing to Rapid | with Discussions on Qi Gong and Its
Develoment of Falun Gong: | Relations to Religion and Science

的三千大千世界[115]，也有類似的說明。

顯而易見，任何不同層次的能量存在形式對縱向宇宙中能量存在形式都是有形的，也是相互依存。例如設想一下，沒有電子，原子核的穩定存在形式，不可能構成我們現有的這樣一個環境，同樣沒有星球之間的穩定存在的形式，也就沒有上層物質存在形式。

能量還有無盡無休的不同角度，方位，形式，時空的存在和相互聯繫的形式。任何一種形式也就構成一種生命形式，所以宇宙又是無限完備、極其複雜、人所不可探知的「有限」能量生命存在形式。

這一能量的存在形式必須得以按良性規律的形式而存在。如果這種「良性」不能得以維持，將影響到他的「永存」的現有這一宇宙形式。發展，爆炸，相撞，毀滅，直至能量形式的重組。原本的能量生命的形式結構和相互關係將不復存在。

如果能有某種能量（超能量）或宇宙中本身的能量的自我良性規律化，豈不是保持了宇宙的永恆。這一永恆不是相對人類短暫的生命形式的永恆，而是整體宇宙能量生命形式的永恆。

（三）對宇宙新的認識

1‧人類永恆的疑問

我們生活在地球上，抬頭望天，白天是太陽，晚上是滿天的星星和月亮。放眼外界，我們屬於太陽系、屬於銀河系、屬於更廣闊的外太空……屬於整個宇宙。如果我們將整個宇宙以及宇宙法則清晰的科學的定義出來，那麼我們作為宇宙內的一分子，也將按照宇宙的法則規律地行事，那麼我們人類的第一問題就來了：宇宙到底是什麼？

「宇」是個空間概念，它包含各個方向，如東南西北的各個地方；

「宙」則指一切不同的時間，包括過去、現在、白天、黑夜等。「宇」指空間，「宙」指時間，「宇宙」就是時間和空間的統一。

在西方，「宇宙」這個詞彙在英語中是「cosmos」，在法語中稱「cosmos」，在德語中為「kosmos」。但它們都源自希臘語中的「$κοσμοζ$」，其原意是「秩序」。我們生活的這個宇宙是有秩序的，不是混亂的。「宇宙」一詞在希臘語中意義就是「和諧的排列」，「有秩序性的」。古希臘人認為宇宙的創生乃是從混沌中產生出秩序來。但在英語中更經常用來表示「宇宙」的詞則是「universe」。此詞與「universitas」有關。中世紀時，人們把沿著同一方向朝同一目標共同行動的一群人稱為「universitas」。從「universitas」最廣泛的意義上講，又指一切現成的東西所構成的統一整體，那就是「universe」，即宇宙。由此可見，這個宇宙中充滿了秩序性、規律性。

2．對宇宙的新認識

簡單的說：宇宙是按照宇宙的特性，由宇宙的本源物質組合而成的。宇宙的結構基本上是由粒子組成粒子；人類只是生活在「分子—星球」這兩層粒子構成的空間和時間之中。

這是經過相當長時間的思考和對世界主要宗教的研究，加上對修煉界的深入探究，初步得出的關於宇宙的概念，以供參考和討論。儘管這是一個人類永恆的話題，也是人類永存的疑問，但是還是想拋磚引玉。因為這個問題一直在極大的影響人類的價值、道德取向，很大程度上決定著人們的世界觀，直接影響著實證科學越來越發達的人類對其本身未來的生存態度。

這裡引出了兩個概念：宇宙的特性和宇宙的本源物質。

同時也引出了兩個主要的問題：為什麼宇宙的結構基本上是由粒子組成粒子，是否還有其他組成方式？除了人類生活在分子—星球這兩層粒子構

萬迷之謎 法輪功發展之研究 | 兼論氣功與信仰及科學的關係

A Study on Factors Contributing to Rapid | with Discussions on Qi Gong and Its
Develoment of Falun Gong: | Relations to Religion and Science

成的空間和時間之間是否還有其他的宇宙時空形式？

（1）宇宙的特性

什麼是宇宙的特性？具體來說，也就是宇宙的法則或規律的來源是宇宙的特性。宇宙中不同層次的各個時空中的法則或規律是根據宇宙的特性在不同層次中的表現形式而建立起來的。

許多對現代科學技術有所研究的神學家認為：宇宙是按照各種法則運行的，但這些法則是來自何方呢？這些法則都有其準確性和合理性。難道無思維的能量能從混沌中創造出如此準確而合理的法則嗎？絕對不能。無理性的能量不可能產生出有理性的規律。為什麼宇宙的各種法則能夠持續運行呢？為什麼這些法則都有規律性呢？這些法則顯示有一位充滿智慧的規律創造者。

人類早已對自己生活的宇宙進行過研究。發現存在有各種各樣的物理定律和化學定律。這些定律並非起源於人，人只是發現了它們。在人類發現之前這些定律早已存在。只是發現這些定律就需要花費極大的智慧，知識和艱辛勞動。人類沒有創造這些定律，難道是大自然創造了這些定律嗎？科學認為大自然是無思維無感知能力的，它不可能創造定律，因為是這個定律來管理這個自然的。這些定律是偶然發生的嗎？偶然就是盲目的，混亂的，破壞性的。偶然也是無感知能力的。因此偶然也不可能是創造各種定律的來源。

在物理學和機械工程學中，經驗證明準確而合理性法則是實際存在的。例如，人被送上了月球，甚至能夠安全返回；其計算是相當精確的。宇宙中準確法則的合理性要求有一個充滿理性和智慧的源頭。盲目的，隨機的進化變革不可能從混亂中產生出這些法則。宇宙顯示出一位偉大數學家的工作。為了接受科學，人們必須合乎邏輯地相信是神創造了科學。俄國化學家

門捷列夫發現了週期性法則。他建立了元素週期表。門捷列夫發現各種元素是按照週期性法則構成，並不是隨機構成。化學元素也根據化學規律相互作用，發生化學反應。

這些神學家認為：宇宙的各種法則需要有一個充滿智慧的法則締造者、思維者。物理學法則顯示出這位超凡的物理學家。化學法則顯示出這位超凡的化學家。在聖經中這一偉大的法則締造者稱自己是神，他是天地萬物的創造者。

通過對宗教和修煉的深入的研究，特別是對「法輪功」的深入研究發現：李洪志先生提出的「真、善、忍」也許就是這個宇宙的特性。由於中共對法輪功和「真、善、忍」鋪天蓋地的批判和醜化。就像「可口可樂」通過廣告深入人們生活一樣，廣大的中國民眾基本上接受了這種對法輪功和「真、善、忍」的負面宣傳。如果不是極其理性和真正客觀的看問題很難理解「真、善、忍」就是這個宇宙的特性。

「科學」無論被作為一種「信仰」還是「真理」，它應該首先是對客觀事物的「真實，客觀」的認識。儘管「科學」本身在某些宗教信仰者眼裡可能支持了「無神論者」，因為「科學」無法證明神的存在。但是「科學」在「實證」和「求實」的精神中，其核心是一個「真」。因為「科學」在這一點上符合了宇宙的特性，所以「科學」才有其一定的發展和存在的空間。

宗教信仰也是這樣。中國的道教講修「真」；佛教修「善」；西方宗教也是講究修「善」的。

「道家修煉真、善、忍，重點修了真。所以道家講修真養性，說真話，辦真事，做真人，返本歸真，最後修成真人。但是忍也有，善也有，重點落在真上去修。佛家重點落在真、善、忍的善上去修。因為修善可以修出大慈悲心，一出慈悲心，看眾生都苦，所以就發了一個願望，要普度眾生。

萬迷之謎　法輪功發展之研究 | 兼論氣功與信仰及科學的關係

A Study on Factors Contributing to Rapid | with Discussions on Qi Gong and Its
Develoment of Falun Gong: | Relations to Religion and Science

但是真也有，忍也有，重點落在善上去修。」[116]

而「忍」體現著事物和生命的層次。

（2）宇宙的本源物質

科學家們發現，我們目前所能觀察到的恆星、行星、或熱氣體無法維持宇宙星系的正常運行。根據理論計算，目前我們所能觀察到的只佔宇宙總品質的4%。另外96%的物質和能量摸不著也看不到，目前任何儀器都探測不到，科學家就把它們叫做「暗物質」和「暗能量」。也就是說我們目前能觀察到的這個宇宙其實是「泡在」某種未知的物質和能量中。

美國物理學家保羅・斯坦哈特（Paul Steinhardt）在2003年6月20日《科學》雜誌中這樣寫道：「沒有暗物質，就沒有我們人類的存在。」

既然構成宇宙的物質中有96%的物質和能量摸不著也看不到，那麼我們也許根本就無法知道宇宙的本源物質。這只有具有大智慧的「覺者」，修煉得道之人才能知道。

首先，我們看看《聖經》是怎麼說的：「起初神創造天地」[117]「地是空虛混沌，淵面黑暗，神的靈運行在水面上」[118]這裡，《聖經》的《創世記》清楚地說明了：在天地被創造之前，除了「空虛混沌」之外只有「水」。也就是說，水是構成所有物質的本源物質。

李洪志先生在瑞士講法中講到宇宙的結構時，關於物質構成是這樣的：

「那麼最本源的物質最後是什麼呢？就是水。而我講的這個水可不是我們常人社會中的這個水。也不是不同層次中存在的江、河、湖、海之水，而這個水是造就著那一個層次天體一切物質與生命的，也可以說它是本源吧，只能這樣叫它是個本源。而這種水又不同於我們所認識的像常人空間的這種水的概念。準確的應該叫它是死水，因為它是不動的，它完全是靜止不

動的，你扔進去一個東西它不會起任何漣漪，它不會打起水漂兒來。

講到這個水，先說說人間的水。我們可以用人的科學舉例子。在我們常人社會中大家知道，現在科學家講的有機物和無機物，實質上是只限於這個空間的認識。物質的組成不只是表面這個空間的物質，通常科學家就把樹、花、草、植物、動物，包括人。這個空間中的人認為它有生命的，就認為是有機物。其實這些都是由這個空間的水所組成的。大家知道我們身體的水占身體的90%以上。就是說我們人也是由這個空間的水構成的。過去我講過水可以造萬事萬物，只是現在的科學家探測不到這一點。但是這個物質空間的水可以長出蔬菜。那個蔬菜你用手把它攥、攥、攥，最後攥的什麼也不剩，光剩下葉綠素。特殊處理後的那個葉綠素，最後什麼都沒了，都是水。就是這個空間的一切，人們認為的有機物質其實都來源於這個空間的水，就是水形成了一切，造就了一切。

那麼所認識的無機物質，實質上我告訴大家，那是更高一層水造就出來的……。過去在中國古老的修煉界中有這樣的說法，說那個神仙本事很大，把一塊石頭扔在鍋裡面可以把它榨出水來。聽起來就是笑話，實質上不是笑話。在這個宇宙所構成的整個天體範圍之內，任何物體它的最基點都來源於水。……」**[119]**

宇宙的本源物質是構成宇宙物質的基本材料。這種材料不能叫物質，它應當是一種絕對「死的」狀態。就好比物理學家在設想絕對溫度的零度時，構成物質的分子是停止運動的一樣。當然這種本源物質完全不只是現代科學能想像的範圍。

宇宙中的一切都是由宇宙的本源物質，根據宇宙特性而產生的宇宙中的法則組建而成的。

能量本身也是物質或生命，他也是依據宇宙特性由本源物質構成的一

萬迷之謎　法輪功發展之研究 | 兼論氣功與信仰及科學的關係

A Study on Factors Contributing to Rapid Develoment of Falun Gong: | with Discussions on Qi Gong and Its Relations to Religion and Science

種具有傾向性特徵的物質。因此宇宙中的物質或生命都是具有能量的。

不同層次的生命和物體，他在某一層次中的能量消耗盡（即轉換）後，他在這一層次中的表現形式就是死亡或解體。在此，可以引伸出人類信仰和修煉的意義，也可以解開氣功，宗教信仰和修煉之迷。

煉氣功為什麼可以治病，使人健康長壽？是因為人根據某一氣功法門，而這一法門一定是在一定程度上符合了宇宙的特性，然後在煉功中就可以吸收宇宙的能量，以達到現代科學和醫學都無法認識和理解的治病效果，也能使人健康長壽。

這個宇宙的能量與現在人們認識的差不多，它包括人類現在正在探索的宇宙的暗能量。那麼它來自哪裡？這是人所不可知曉的。它只可能來自於宇宙的創造者！

（3）兩個主要的問題

至於為什麼宇宙的結構基本上是由粒子組成粒子，這也是現代科學認識到的物質結構形式。

物理學研究發現，物質是由不同層次的微粒構成的，形成了一個階梯系列。二、三百年前，人們發現物質由分子及原子組成。到19世紀末，在科學實驗基礎上，科學家認識到原子由原子核和核外電子構成。原子很小，直徑約億分之一釐米。原子核大約是原子的10萬分之一，電子則更小，大約是原子的億分之一。再進一步，人們發現原子核又是由質子和中子組成的。

通過對宇宙射線的觀察分析和高能加速器的實驗，又發現了比上述微粒更小、更基本的大批新粒子，如介子、中微子、反粒子以及組成質子、中子的夸克等，達到幾百種之多。其中，大部分在自然界中並不存在，而是在高能束流的轟擊下才產生出來的。

微觀粒子之間存在不同的相互作用。根據這些相互作用力的特點，可

把幾百種粒子分為強子、輕子和傳播子這3類。

強子是指參與強相互作用的那些粒子，包括質子、中子、π介子等。強子有其內部結構，由夸克組成。夸克有上、下、奇、粲、底、頂6類，每類有3種，共18種。在粒子世界中，每種粒子都有其反粒子（反粒子與粒子的電荷相反，或自旋J相反）。所以，夸克的總數不是18種，而是36種。1995年，科學家用高能物理實驗證實了頂夸克存在的預言，這是近年來關於物質結構研究的一項重大進展。

微觀世界作用力的傳遞是由粒子完成的。這些粒子即稱傳播子，也屬於基本粒子範疇，傳遞強力的稱膠子，傳播電磁力的是光子，弱力的傳播子是中間玻色子W+、W+和Z0。

夸克、輕子是不是就是最基本的物質結構單元呢？也不是。已有許多跡象表明，它們也可能還存在內部結構。對更微觀層次的探究，是當代科學研究的最前沿之一。以上說明，宇宙間萬物雖千差萬別、形態各異，但最終都可以分解為幾種粒子。反之，宇宙和物質結構是由粒子組成粒子，最後組成萬事萬物。

（4）人類生活的空間

人類現在肉眼可以看到的最大的物體是星球，而構成人類生存空間萬物的是分子，所以說人類是生活在「分子和星球」這兩層粒子構成的空間和時間之中。李洪志先生於1997年3月23日在紐約法會給學員講法時講到：「我們人類生活在哪層空間呢？生活在分子最大的一層粒子所組成的表面物質中，生活在分子和星球之間。星球也是個粒子啊，在龐大的宇宙之中它也是微不足道的一粒塵埃嘛，銀河系也是微不足道的一粒塵埃而已。這個宇宙，我剛才講的小宇宙也是微不足道的一粒塵埃而已。我們人類的眼睛看到的最大的粒子就是星球，而人類看到的最小的粒子，就是分子，我們人就生

存在分子和星球之間的這個粒子中間，就在這個空間當中。」[120]

是否還有其他組成方式？除了人類生活在「分子—星球」這兩層粒子構成的空間和時間之間是否還有其他的宇宙時空形式？答案應該是肯定的。

比如說，如果把圍繞原子核高速旋轉的電子看成地球，而構成電子的更更微觀的粒子看成分子，那麼電子和原子核與那個電子上的「更更微觀的粒子」之間是不是也是一層空間和時間？！這還只不過是從微觀到宏觀的層層疊疊的縱向空間和時間。

如果我們能夠超越「人類肉眼的可見光」和人類對自己生存空間的生存條件的限制，我們也許就能知道許許多多的與我們同時同地存在的「橫向空間」

所以，可以斷定，宇宙中的時間和空間數目也是無窮無盡的一個天文數字。

（四）永恆的進一步探討

由於人類不知道宇宙時間的起點，更不可能知道它和它以後的「量和長度」。即使人類賴以生存的地球、太陽系對人類來說也依然或永遠是一個迷。人類社會的文明和發展，現代科學也有所發現。人類的文明，人類的史前文明[121]，也許有在本次人類文明以前的許多次人類文明的存在，每次文明都會毀滅，然後再重現文明。宗教中也是如此論述的，如「大洪水之迷」[122]：《聖經》中有所描述。雖然《聖經》是一本宗教書籍，但很多學者認為《聖經》描述的是真實的人類歷史。以下為《聖經》中關於那次大洪水的摘要：「洪水氾濫地上40晝夜，水往上漲，把方舟從地上漂起」；「水勢在地上極其浩大，山嶺都淹了」；「5個月後，方舟停在亞拉臘山上；又過4個月後，諾亞離開了方舟，地已全乾了。」[123]那次洪水同時伴隨著大陸的變遷完

全摧毀了當時整個地球的人類文明，只有極少數人活下來了。

人類對事物的認識和認識事物的智慧主要是對現有空間事物認識的邏輯推理。世間理的錯綜複雜，學科門類的繁多，認識想像的侷限和邏輯推理（運動）的智慧不同，就構成了現有社會的人對現有歷史和將來的社會的認識的不同，即世界觀的不同。

這麼多不同的認識，不同的觀點，不同的態度（世界觀）和千千萬萬的名詞概念都是依賴，借助於人類的這一智慧——邏輯及其推理。邏輯依賴於可見可感事物和現象。超出這一範圍只有推理，而推理就會有不同假想的結果。那麼如果再用假想結果去邏輯推理，幾乎是不可能很正確。邏輯是建立在實證、可見基礎之上的，是否有更進一步的認識事物的智慧，如人能接受的，比如超邏輯的智慧。生命論和能量論是一種對宇宙觀的一種學術化的認識方法。我們要用人類語言的形式來描述相對於人類來說是無限的宇宙是很難的，其實人類的大腦智慧是容納不下整體宇宙概念的。當我們人類認識到物質無限可分的現象，就應該知道人的智慧是有限的，這種有限的本身是否給人留下了信仰的空間。

由於對神的信仰，宗教都是教人向善的，他教導著人朝著更高的境界昇華，同時，安定了人類社會，以致人類社會能長存下去。

無神論，否定神的存在，進而否認宗教，也就否定了宗教中的道德。道德，被無神論認為是一種精神的範疇而沒物質的特徵。道德只是有一定物質作為基礎，即存在決定意識。物質決定精神，而精神又可以對物質起反作用。如此推斷下去，人類社會即成物質的人類社會，而建立在物質基礎上的「精神和道德」只可能是物質外面的「幽靈」。

其實，道德本身也應該是一種物質，他是人類社會的靈魂。一個完整的人類社會一定是有靈魂的，就像一個民族的文化一樣，也像宗教中講的人

的魂魄一樣，它是更實的更真的人類社會的本身。我們真的可以做一下「烏托邦」式的設想，如果人類社會中所有人，都有一顆自覺自願發自內心為他人好、為社會和自然環境好。人類有著為「公」而不是為「私」的各種願望。人類的自然環境就會得到很好的保護。人類就不會有什麼戰爭，也不會有那麼多災難。那麼人類社會首先就避免了自我毀滅和相互殘殺。人類社會的整體壽命不就可能大大的延長了嗎？如果除開自然災害的話，人類不就可以永恆的生活在「地球村」了嗎？

三・宗教、神學及其批判

（一）宗教概述

　　宗教是人類社會發展到一定歷史階段出現的一種文化現象，屬於社會意識形態。主要特點為，相信現實世界之外存著超自然的神祕力量或實體，該神祕統攝萬物而擁有絕對權威、主宰自然進化、決定人世命運，從而使人對該一神祕產生敬畏及崇拜，並從而引申出信仰認知及儀式活動。在人類早期一些社會中，宗教承擔了對世界的解釋、司法審判、道德培養和心理安慰等功能。現代社會中，科學和司法已經從有些宗教分離出來，但是道德培養和心理安慰的功能還繼續存在。宗教所構成的信仰體系和社會群組是人類思想文化和社會形態的一個重要組成部分。

　　在漢語中，宗教本不為一連綴詞，《說文解字》：「宗者，尊祖廟也，以宀從示。」，「示者，天垂象見吉凶所以示人也，從二。三垂，日月星也，觀乎天文以察時變示神事也。」[124]這表示對神及人類祖先的尊敬和敬拜。教指教育、育化，上施下效，側重在對神道的信仰，這一點反而與西方的宗教理解較為接近。直至西元10世紀，「宗教」一詞才最先見於佛經，

如《續傳燈錄》中：「吾住山久，無補宗教，敢以院事累君。」[125]這裡的宗教指崇佛及其弟子的教誨，其意狹小而具體。但隨西方宗教學崛起及其對中國學術界之影響，「宗教」與「Religion」一詞畫上了等號，成為廣義性宗教概念，具有現代學科分類學的意義，與古時之意已大相逕庭。

西方語言的「宗教」（如英語的Religion）源自古羅馬時代的拉丁語Religio。古希臘人雖有表達對神的敬畏、虔誠及與之相關的戒律禮儀，卻未形成宗教的特定概念。古羅馬哲學家西塞羅在其著作《論神之本性》中使用過Relegere（意為反覆誦讀、默想）或Religere（意為重視、小心考慮），可見他當時認為在神的敬拜上需集中注意，又需嚴肅認真。另外古羅馬神學家奧古斯丁在《論真宗教》及《論靈魂的數量》皆用過Religare，代表人、神與靈魂間的重新結合，以人神聯盟說明人與神之間的密切關係。奧古斯丁又在《訂正》及《上帝之城》中使用Reeligere來表示人在信仰上的重新抉擇及決斷，人需要靠重新考慮和選擇與神修好。故Religio一詞在拉丁語的原意應為人對神聖的信仰、義務和崇拜，以及神人之間的結合修好。由此可見，Religio與近代西方宗教概念有雷同卻不等同。宗教有著各種各樣的定義，多數定義試圖在很多極端的解釋和無意義表述中找到平衡。有人認為應用形式和理論去定義它，也有人更強調經驗、感性、直覺、倫理的因素。

社會學家和人類學家傾向於把宗教看作是一個抽象的觀念、含義。這種抽象的概念是基於自身文化發展而建立起來的。《宗教百科全書》(Encyclopedia of Religion)中，宗教的定義是這樣的：「總的來說，每個已知的文化中都包含了或多或少的宗教信仰，它們或明瞭或令人疑惑得試圖完美解釋這個世界。當某些行為典範在特定的一個文化中得到確立時，它就將在這個文化中打下深深的歷史烙印。即便宗教在形式、完整度、可信度等等都應不同文化而不同，但人在社會中還是不可避免要受到宗教影響。」[126]

萬迷之謎　法輪功發展之研究 ｜ 兼論氣功與信仰及科學的關係

A Study on Factors Contributing to Rapid　with Discussions on Qi Gong and Its
Develoment of Falun Gong:　Relations to Religion and Science

（二）宗教的變質、末法和世俗化

釋迦牟尼講的末法時代，宗教學中所定義的宗教的「世俗化」，也就是現在的時代已經是末法時代了。現在看看佛教的廟就知道是什麼樣了。基本上失去了僧人修煉的環境。大多數成為了「文化遺產」、「遊玩之地」。而且過去根本也沒有一個佛教協會這樣的東西。當年趙樸初當佛教協會會長就有官員指問他身為中共黨員為什麼當這個會長，他說是黨的安排。

由於宗教不是傳法傳道的「神」、「主」所創立，他們在世時並沒有宗教，只有修煉和傳法傳道、宣講上帝的天國等等。而後人、信徒想叫人們能夠繼承主、神、佛的修煉和神、佛所傳的道。那麼宗教的形式就油然而生，但這種形式是後人和使徒們組建的，並不是神，主直接建立的。那麼「宗教」就是符合人這一層道理和組織形式的組織。

神學是研究和學習神的，應該是專門從事對神所傳道和法的學習和理解。而這種理解和交流只是在修煉中的人在不同層次對神、佛所傳道、法的不同境界的理解。而這些理解也是以常人形式在信徒和修煉人中流傳，並帶有不同時期場合的不同理解。

如果把這種理解當成一種學問，那就走入到常人邏輯推理的哲學範疇的宗教學。如果把這當成一種橋樑去理解和學習神、佛所傳的道、法，那麼信徒和修煉中的人就會不知不覺地跟隨這些神學家和法師們的理解去理解神、佛所傳的道、法。這也許就成了這些信徒和修煉人去理解神、佛所傳的道法的一個切切實實的障礙。因為信徒和修煉人不能直接跟隨意地接觸神、佛，也不是心靈對「法」的感知和讓「法」去同化改變，而是中間人為的加上一層隔膜。這層隔膜就是神學家們的著作。法師們到處講法的各種書籍、出版物以及流傳的各種理解。

　　修煉人知道：只有神、佛、主能真正度人，把人度化到功成圓滿。那麼只有神、佛所傳、所講的法、道才是真正對修煉者直接起作用的。修煉人也只有跟隨自己的神、佛、主（師父）才能夠、才有希望修煉圓滿或被「主」接到天國。而修煉的人所有悟出的道理，對神、佛、主講的法、道的理解和認識是不能成為什麼學習材料的。頂多可以作為一種心得、體會和交流的文章。

　　因為宗教畢竟是人的形式的組織，就不免會進入到由人心（自私等）的形式組建起來。那麼，這個組織本身的先天不足就是它不是由神、佛、道直接所要的東西，這也就成了這種必然的形式。這種形式真正的意義應該只是單一為信徒，修煉人按照神、佛、道直接教導的去修行。然而，這種有形的形式，由後人建立的這種在人類社會中的組織不得不落入或沾上世俗。漸漸地不斷的發展成為了事與願達的宗教組織。這種組織有的形成了政教合一。統治和管理起人的事物，有的甚至於參與了戰爭。最後，可以說走到了完全背離神、佛、道，使宗教「世俗化」，即宗教走入「末法」。也是耶穌講的：世界走入末日，上帝將對人進行大審判。

（三）宗教對人類社會的影響，正確理解修煉的人

　　宗教真正的作用是：讓後人有機會接觸到神、佛、道所傳的道、法；使有緣的人能真正進入修煉；使精進者功成圓滿。當然，由於修煉人在人中的表現形式也會給社會帶來一定的影響。這種影響是由修煉人對自己嚴格要求，使佛法、道在人間部分的體現而給社會帶來「福音」，既一些修煉人的「高境界的行為」。常人是可以靠學習模仿榜樣來提高自己的。修煉人對自己的高要求，佛法在人間所展現的部分被人理解後，在人間會起作用，並能把人類社會的道德水準維持在一個比較高的狀態，使人類社會不至於過早的

萬迷之謎　法輪功發展之研究　兼論氣功與信仰及科學的關係

A Study on Factors Contributing to Rapid　with Discussions on Qi Gong and Its
Develoment of Falun Gong:　Relations to Religion and Science

衰敗，使人類能夠和諧和更長時期地存在於這個世界上。

　　神、佛、主來到人世間是要把各自的人度化，接到各自的天國世界。那麼人類社會（各領域，民族不同形式的社會）實際上提供了一個給修煉人，信徒往回返的一個環境。並不是人人都會成為有緣人，成為真正的信徒、修煉人，或都能返回天國。儘管每個人都可以這樣，但實際上並不可能。因為總有人相信和不相信，總有人贊成，也總有人反對，人類宗教的歷史也充分體現了這一點，這也許就是必然。

　　人類社會為修煉者提供的環境，還包括使信徒能真正提高心性（心靈昇華）心靈不斷昇華到天國世界的生命的境界，正如耶穌和先知所說，「人打你左臉，連右臉也讓他打」……，「有兩件衣衫的，分一件給沒有衣穿的人」……，「除了法定的，不可多取」[127]……。如果沒有人類社會，你也不會有機會承受欺負和屈辱；也不會有機會去體檢把辛辛苦苦勞動所得的錢，分發給窮人的心理感受，和心靈昇華的這種狀態的出現。如果沒有這些，信徒就沒有真正能體現出心靈的昇華和提高。而這種信徒們的高尚行為也在回饋給社會。

　　佛教的僧人還要靠社會的佈施來供給衣食住行，哪怕是要飯，你還得有人家能讓你去要。修煉到一定時候，僧人還得去雲遊，那雲遊的社會不也是提供給了僧人，僧人才可以在這個環境中真正提高而返回到佛的世界中去。所以修煉的人無論如何都是愛護和感謝人類社會中的所有人的。就像耶穌講的：「你聽人說過：你要愛自己的街坊，恨自己的敵人。但是我想告訴你：你要愛自己的敵人，祝福詛咒你的人。對恨你的人行善，為虐待你的人和迫害你的人祈禱。」[128]

　　李洪志先生在休斯頓法會講法中講到：「佛看眾生都苦。耶穌也講你不但要愛你的朋友，還要愛你的敵人。因為他們慈悲眾生，所以他才救度世

人。那麼作為一個修煉的人，在個人修煉中你要不能愛曾經在常人中反對你的人你就成不了佛。……」[129]

李洪志先生在澳大利亞法會講法中，回答學員提問時講到：「……要慈悲的對待一切人，遇到任何問題都找自己的原因。哪怕別人罵了我們，打了我們，我們都找找自己，是不是自己哪個地方不對了造成的。這能找到矛盾的根本原因，也是去掉為私、為我執著的最好辦法。把心放大到原諒你個人修煉中的一切人，包括原諒你的敵人。是因為，你所說的敵人是人所劃分的敵人，是人為利益而劃分的，而不是神的行為。所以要求也高啊，神怎麼會把人當成敵人哪？那麼我們在修煉過程中，遇到任何事情都要首先想別人。我得到別人的東西的時候，也要想一想別人，他失去這個東西會對他有什麼傷害，他是不是心裡很難過。任何事情都去想別人，首先考慮考慮別人，然後再想自己。我就是要你們修成先他後我的正法正覺的圓滿。這就是在去私，就能去掉『我』。你們修好的那部分，保證是剛才我說的這樣的，都是這樣的。所以在你們這邊來看，你們遇到問題時能夠找自己的原因，多為別人想想，修自己，向內去找，少看別人的不好，事事能按照我說的去做，其實你們就在精進之中了。」[130]

從另一種角度來說，這裡耶穌講的愛是對眾生的慈悲。那神、佛對人的慈悲，是真正讓人能永遠擺脫苦難，進入到天國世界的大慈大悲。

（四）宗教的實質問題

人類歷史上和所有現在流行的宗教，到現在為止，從來沒有「神」自己親自留下任何東西直接給教徒和人本身。也就是說，宗教不能代表或代替「神」、「佛」或「覺者」。這就是宗教的實質問題。

所有留傳的「經」書（聖經、佛經……）都是後來教徒和弟子們通過

回憶，整理出來的。有的是通過不斷完善後而間接留給人的。後人覺得很好，想讓其不斷延續下去，對人類（後人）有益。就將其奉為「經書」，並以有形的模式，即不斷完善的宗教形式，讓人能夠認識和遵從，以致不斷延續。

在各種宗教的產生和發展過程中，其實真正起作用的只是「神——上帝」，「佛」等親口講的經，這才是真經。而宗教在以有形的形式在不同區域、民族、國家流行和發展過程中，由於人的存在環境、自然條件、理解能力、社會狀況和各種主觀願望等等綜合因素，加上教徒、弟子們回憶起的「神、佛」講的話有限，也已經脫離了當時「神、佛」針對的物件和所在環境。這樣固定下來的「經書」就難免有偏差。因為作為指導的「經」哪怕只有點滴偏差，也會使後人難以完整理解「神、佛」的話。

而「經」對教徒，弟子們是真正起決定作用的。他們很想真正更多的去認識理解「經」，所以就有人研究「經」。這樣就慢慢產生和形成了研究「經」的學科——神學。

（五）神學

關於神學定義有不同的表述：如《現代漢語詞典》的解釋是：「援用唯心主義哲學來論證神的存在、本質和宗教教義的一種學說。」《辭海》的解釋是：「泛指各宗教的宗教學說或一種教義的系統化。神學在英語的詞是Theology，辭源是從希臘文音譯而來。在西元前3世紀，希臘哲學家已用這個詞，後來為基督教所沿用，故常指基督教神學。」

有的人認為神學是關於神的學問；英文朗文詞典也是如此定義。而學問是條理化、理論化和系統化的。

神學針對包羅萬象的社會，歷史，又發展出眾多的分支學科。如：

「宗教的哲學」，「宗教的社會學」，「宗教的心理學」……

　　基督宗教神學是根據《聖經》啟示和教會傳統，憑藉哲學推論對於基督宗教信仰展開理論闡述的學科。而教義神學則更側重於對基督宗教的教義進行系統化的論證，所以又稱系統神學，通常又分為自然神學與啟示神學兩大類。神學特別強調應該運用邏輯推理等理性手段去論證上帝的存在，說明上帝的屬性，以及解釋有關基督、救度、聖靈、人性、恩寵、教會、聖事、末日等宗教問題，並建立了完備、嚴密的理論體系。

　　「上帝論」基督教神學也像猶太教一樣，主張耶和華是創造和主宰世界萬物（包括人類）的唯一神，即上帝。並認為他先是與以色列人定立舊約，然後又通過耶穌基督與全人類訂立新約，拯救人類。

　　以上這一切都是用「邏輯思維」來進行的。而神對人講話不是用邏輯來講道理。神講的話是真理，是宇宙不同層次法的體現和形成。其實神的話是不能去「研究」的，因為這裡講的研究，是指實證科學的研究方法，站在「第三者」（假設自己不是信徒）的立場上就必然會得出不理想的結果。在這一點上聖經已經十分明確和嚴肅的給予禁止。《路加福音》記載，耶穌在曠野住了40天，期間曾受魔鬼的刁難。其一，魔鬼把他帶到耶路撒冷神殿頂上，對他說：「如果你是上帝的兒子，就從這裡跳下去吧，因為上帝會保佑你。」耶穌拒絕了。引聖經的話答道：「不可試探你的上帝」[131]。中國民間信仰中也有「心誠則靈」之類與之對應的類似的意義。

　　既然你信仰上帝，你就不該試探上帝。因為試探—研究本身就表示你對信仰的不夠純粹。

（六）現代神學的「研究」導致人對「神」的背叛

　　自有人類以來，人就是靠著信仰「神」而走到今天的，換句話說，如

143

果人沒有過對各自「神」的信仰，也許人就走不到今天或根本就不會有人類的存在。也就是說，如果人失去了他們各自的「神」的呵護，也許就真的失去了生命的根（這裡「神」和生命是一種廣義概念）。

當歷史進入現代時，費爾巴哈[132]最著名的代表作《基督教的本質》中有一句名言：「人是人的上帝」。意思是說，上帝無非是人把自己的屬性抽取出來，當作獨立實體崇拜的結果。所以，不是上帝創造了人，而是人創造了上帝。

「人是人的上帝」--這一神學公式，徹底的否定了「神」。

這是想通過神學研究來認識神的結果。神是不能夠被研究的，所以，神學--只是用人的邏輯去認識和理解神，但是這是理解不了的，邏輯只是人類實證科學的一種研究、推理和認識事物的方法論，它是人認識世界的有限的智慧，而不是萬能的，更不用說以此為準來認識神。人是不可能用科學方法來證明神的存在的，否則「神」的存在早已得到證明，這本身就是科學的不足之處，也是科學最致命的弱點。

神學研究的最終結果將導致人們不信神，因為不少神學家也想借科學或科學的方法來證明神的存在，其結果反而被「科學」說服了，既研究的終結是「神不存在」。這就像人體特異功能不能被科學技術來證明一樣，它們不是一條道路上的「智慧」，「科學」理解不了人體特異功能，在一定意義上，人體特異功能也不願意讓現代「科學」來證明，就像小學生證明不了大學生擁有多少知識一樣，這也就是中國大陸的特異功能科學研究會為什麼被唯物主義的哲學家們打入「冷宮」的原因之一。

從人的信仰和修煉上來說，東方人講「悟」，西方人講「信」。當人用邏輯推理去證明「神」的時候，實際上是用人的有限智慧去證明具有無窮智慧的「神」，無意中誇大了人的智慧，而貶低了神的智慧，其最終結果就

可想而知。當然，人是可以通過自身的智慧去認識「神」的，包括邏輯推理的方法，只是不能依賴人的有限智慧而走入極端，否則去相信「邏輯推理」好了，「神」也不必去被證明。

武漢大學教授段德智在《試論當代西方宗教哲學的人學化趨勢及其歷史定命》中寫到：「當代宗教哲學中的激進神學，亦稱「上帝已死」神學，其先驅為19世紀的哲學家尼采，他在《快樂的知識》（1882年）第126節和《查拉圖斯特拉如是說》第66節裡曾張貼了一張聳人聽聞的訃告：「上帝死了！」當代激進神學家認為，既然上帝已經死了，則當代神學便成了沒有神（上帝）的神學，應當成為一種人學。激進神學的代表人物有漢密爾頓、奧爾蒂澤等。漢密爾頓（1924~）是美國波特蘭大學基督教神學與倫理學教授，他曾強調指出：「上帝已死」與「上帝不在」、「隱匿的上帝」不同。因為「上帝不在」還可「重生」，「上帝隱匿」仍可顯身，唯有「上帝已死」才表明上帝是「真正的失去」，上帝之不在是件「無可挽回的事情」。所以，唯有「上帝之死」才「準確」地說出了我們覺得需要說出的意思。奧爾蒂澤（1927~）這位美國紐約州立大學聖經與宗教學教授斷言，宣佈「上帝之死」意味著從根本上放棄神性，「把神變成人」，實乃神學中的一個「創造性否定」。[133]

段德智教授在《試論當代西方宗教哲學的人學化趨勢及其歷史定命》中通過他的研究進一步寫到：「當代宗教哲學中還有一個值得注意的流派，這就是世俗神學。在世俗神學家看來，既然我們的時代是「上帝已死」的時代，是「神變成人」的時代，則神學中的彼岸性與此岸性、來世與今世、超驗性與經驗性的對立便不復存在，而且神學既演變成了人學，宗教也就因此成了今生今世的宗教。這樣，世俗問題，即世界、社會、歷史、革命、人生諸問題也就從神學問題中突顯出來，它們不再是神學視野之外的東西，而躍

升為神學的中心問題……」朋霍費爾（1906~1945年）是德國神學家，曾任教於巴賽隆納、紐約、柏林、倫敦等大學，他認為，我們的時代本質上是神學世俗化時代，是一個「沒有上帝的人的時代」，在這樣一個時代裡，上帝不再是個抽象信仰，而是「取人的形式」，成了一個「為了他人的人」。考克斯（1924~）是美國哈佛神學院信仰與神學教授。他認為，近現代宗教神學的根本毛病在於組織化、制度化的宗教，迷戀於「昨天信仰的屍體」，而不著眼於「無宗教的、革命的明天」。英國劍橋大學新約神學教授羅賓遜（1920~）認為做一個基督徒，不是要成為一個以特殊方式生活的「宗教的人」，不是要成為一個懺悔者或聖徒，而是要做一個人，一個完全過「世俗生活」的人，亦即一個全身心投入「無神的世界的生活」的人。[134]

就像漢密爾頓（1924~）強調的「上帝已死」與「上帝不存在」，因為這樣的神學家在相信神之前就已經是背離神而相信科學的，所以他只會證明科學的真實從而否定神的真實，神學實際上起的作用是——採取科學方法（邏輯）否定神。然而，大部分神學研究人員都是信仰「神」的，他們起初的願望是由於「科學的發展」人們離神越來越遠，就想借用科學來證明神的存在，但是其結果也是事與願違。現代科學對神的存在全方位的進行否定，對宗教中認為積極的部分進行人為的提取，其結果是：將人們對於神的信仰從人們的心底徹底地被撕毀。科學只能對我們的空間（我們能反覆感知的空間）的現象進行邏輯認識，但是這並非就是宇宙的真面目。

人類文明：產生——滅亡，算一次人類文明。這個文明的時間長短，取決於這次人類文明的人的道德。其影響到對人與人的關係——人與人之間的自我毀滅的發生，人與自然界的關係——人類發展對生態環境進行毀滅的發生。

《神聖與世俗》的作者伊利亞德[135]認為：人類的第一次墮落後，其宗

教感雖然因此而降到了「被分裂的意識」的層次上，但人類卻還是「保留了」足夠的智力「使他能重新發現塵世中可見的上帝的痕跡」。同樣，人類在第二次墮落後，雖然下降得更深，甚至於墮落進了「無意識的深淵」，但是「在他最深層的存在之中，他仍然保有對宗教的記憶」。──這也許是人類唯一的一線希望，人還有佛性在。

四‧科學與宗教

（一）科學的宗教特徵

在現代科學及其理論產生之前，人類信仰的物件是各自的「神」。當現代科學技術進入人類歷史潮流以來，它從幾乎所有人類的各個方面逐漸統治著人類，這個全新的「全能的統治者」把人類對於各自「神」的信仰組織統稱為「宗教」。

其實當我們離開「科學」一點距離，去客觀而理性的認識和看「科學」，那麼「科學」本身也是「宗教」。它所崇拜的物件就是「實證」，一切被實踐證明的、確實存在的現象、理論和規律等等，一切看得見、摸得著，一切能夠被實驗重複證明的事物等等，都被「科學」所信奉。人們對其信仰超過任何一種傳統的宗教。由於科學實驗、理論而產生的成果給予人們在生活和物質上帶來的舒適和安逸，所以幾乎讓所有的人都信仰它……。其實，人類對於「科學」的信仰超出人類任何時期對於「神」和「上帝」的信仰和依賴，已是當今人類社會一種無處不在的「真理」和「信仰」的代名詞，「科學」所建立起來的「殿堂」無處不在，「經書」的內容無所不包，「教規」無微不至，其成果更是無窮無盡……。科學給人類帶來的知識和文化以及由此而來的成就，使人類進入到了現代化的社會。人類是否有更高的

萬迷之謎　法輪功發展之研究｜兼論氣功與信仰及科學的關係

A Study on Factors Contributing to Rapid｜with Discussions on Qi Gong and Its
Develoment of Falun Gong:｜Relations to Religion and Science

智慧去研究「科學」？而不光只是在「科學」裡邊去研究「自然界的物質與現象」以滿足人類的物質和感官的需要，那種智慧也許會給人類帶來更為震撼性的，無可比擬的昇華了的境界，而這些研究的物件也許是早就撒落於人世間人對神的信仰之中。

（二）宗教和科學的不同基本動因

宗教是讓人首先要真正「信仰」「神」，不能試探「神」，而後「神」才會顯現在你面前，人也就會得到神的愛護和保護，即所謂的「心誠則靈」。這樣會使一個人一開始便願意按照神給人的規範做一個忠誠的信仰者，也就是從內心改變人，得到神的愛護，從而信仰宗教。

科學是讓人首先得到物資和現實利益上的享受和刺激，獲得利益後，而使人相信、追求和信仰它，即「眼見為實」。所以科學使人物質化、表面化，不能從內心改變人，或人從內心去約束和改變自己，它是通過從利益引誘，而使人信仰它。

正如李申[136]教授在《科學與宗教簡論》所闡述的那樣：

「科學發展的根本動因，是人類自身的實際需要（包括物質需要和精神文化需要）。人類需要存在，科學就要發展，任何力量都消滅不了人類的需要，也就阻止不了科學的發展。國家權力和各種社會文化現象，包括宗教，都只能適應這種需要，並且以適應的好壞決定自己的命運。

在人類的各種需要中，物質需要是最基本的，也是最重要的需要，因而它影響著科學，它是自然科學發展的基本動因。科學發展的程度，一面決定於前代的知識積累，一面決定於社會物質需要的強弱。從古至今，科學的加速度發展，根本原因是人類物質需要的加速度增長。」[137]

這裡充分說明了馬列主義的無神論者，完完全全的把一個充滿靈性的

人的「靈魂」徹底地剝離掉，使之「動物化」和「物質化」！

（三）科學統治的人類

1 · 科學的繁榮

現代科學技術刺激了人類的慾望，幾乎使所有人都溶入到科學之中，使人們（幾乎所有的文化人）興奮。日新月異的科技成果，以及由此而帶來的豐富物資，使人們漸漸地在淡忘和遠離「神、佛」的教導，實際上是在完全地讓人們脫離各自信仰的宗教，科學的理論和成果已經從表面上把宗教徹底的撕碎。

今天的人們都活得有滋有味，地球也因為科學的發展而變得越來越小，如果「神創論」是正確的話，那麼原來神留給人的生存環境就已經發生了很大的變化，再也不是人怕老虎，而是人將老虎關進了籠子讓孩子們進行觀賞的時代了。機器的動力代替了人的大部分體力進行生產和耕種，而解放出來的部分人的體力，被人用來發洩在各種體育運動中。電腦完成了許多人腦要完成的繁瑣又複雜的腦力工作，這也使得人空出來的精力在不斷的慾望驅使下為了一再追求更多的利益而奮鬥。當然人類的物質和精神的生活也著實地好了許多，以前人類不能實現的夢想和幻想，今天有所實現。總之，人類享受著科學生產的進步而帶來的豐厚物質生活，這是人類必然「進步」到此的一個因果關係。

科學把人們對於各自「神」的信仰組織稱為「宗教」，把「科學」本身看作是真正全能的人類應當去崇尚的最高、最全面和最理性的「智慧」。

所謂科學，它已經有完整的「科學」體系，完整而全面的理論，及其理性的對待物質世界的態度和方法。科學的成果給人類帶來的物質財富的豐富，生活上的安逸和享樂，加上層出不窮的新的科學成果給人類帶來的興奮

萬迷之謎　法輪功發展之研究 ｜ 兼論氣功與信仰及科學的關係

A Study on Factors Contributing to Rapid ｜ with Discussions on Qi Gong and Its
Develoment of Falun Gong: ｜ Relations to Religion and Science

和滿足更加鞏固了「科學」不可能被替代的絕對真理和絕對權威。

2．科學致命的弱點

（1）科學藉宗教作道德補充

原國務院經濟體制改革辦公室副主任潘岳[138]在他的《馬克思主義宗教觀必須與時俱進》中談論的：「列寧曾經斷言：宗教很快就會被經濟發展進程本身拋到垃圾箱裡去。但在經濟與科教飛速發展的今天，宗教並沒有消亡，其原因在於宗教對於人類社會生活有著科學與物質財富無法替代的特殊功能。」……「長期以來關於『宗教是麻醉人民的鴉片』這一理論使中國付出沉重代價。」文章並且提出「宗教勸人為善是影響社會生活最重要的功能，道德的支撐在於信仰，一個沒有信仰的民族不可能自立於世界民族之林，中國更是如此。」[139]

中國大陸在馬列的框架內對所有領域，特別是社會科學領域進行的所有學術研究，都是以馬列為準繩的。這無疑是使所有的研究都是為了證實和證明馬列主義的絕對正確。中國大陸有些「學者們」無力，也不能脫離馬列主義框架，以致於個別學者最終全身心的、完全自願的、死心塌地的在各個領域，以各自發揮到極致的語言，通過他們的「觀點」和「智慧」去進行那些不做任何「懷疑」的，對馬列主義的頌讚。這些「學者們」也是無奈的從小就被灌輸的「馬列主義」所奴役。所以，中國大陸的研究為的是馬列主義的政治。所有學科就自然和不自然的成為「馬列主義宗教」的「（無）神學」——無神論的「神」學的學科分支。

西方的實證科學與「神學」的對立是因為這科學的成果能使人類「舒適和受益」，這些「引誘」致使人們對「神」的認識疏遠和放棄。這種科學發展到極致，無疑將會使本次人類文明加速的走到最終。這是現代科學本身也正在認識的問題。

　　因為使人類社會得以長久繼續下去，唯一的希望既是人類社會的人心向善和道德回升。「一切為他人好」作為考慮的前題，並作為自己得以生存的道德標準，以及愛護一切被神（自然）贈與人類的環境、資源、生物物種和鄰居們。當社會進入到自覺替他人考慮的、有限量（適當）和一定程度的、僅有能使自己生存需要的基本自我，或一種「神」希望的人類的和諧時，（本次）人類文明才會得以更長久的維持和發展。因此，科學只有藉宗教作道德補充。

　　各種宗教，民間宗教和各種信仰為人們提供了各種社會環境下的倫理道德，良知等能維持人類社會不至於過早敗壞的保障。

　　現代科學（包括社會科學）沒有為人提供能維持人類社會的心理準則和要求。它們建立了一套法律制度、學說等等。誰都知道這只是從表面上維持社會，沒有內涵，更沒有對人類社會進行精神教化方面的要求和準則。

　　（2）心理學使「靈魂」死亡，所謂大腦的「上帝區」

　　現代科學中的心理學——把人內心和靈魂上的活動等等，也在不斷的進行表面邏輯程式化。其實質是從根本上否定人類內心和靈魂中有關道德對維持人類社會的真正作用——即所有的東西表面物質化（人類有限認識的感觀和儀器系統所能知的事物）。

　　段德智在《宗教概論》談到：「六萬年前，古代人類相信靈魂不死及來世信仰」[140]。其實，自有人類以來，人一直是認為靈魂不死。唯有這一、二百年以來，隨著現代科學的發展及馬列主義的唯物論，使現代的許多沒有（或有些有）信仰的人變成了物質的人。也就是說「人死了就什麼也沒有了」，人也沒有什麼靈魂，思維是人的物質的大腦產生的，根本沒有了靈魂不死的概念……，這是人類更聰明了，還是被科學誤入歧途了？

　　以美國加州大學聖地牙哥分校的神經生理學教授拉馬遷傳博

士（Ramachandran）為首，與加拿大的心理學博士普新格一同成功地在臨床試驗的基礎上在大腦皮層上為「上帝及超自然的感知區」定位（簡稱上帝區）。此區位於大腦皮層的顳葉內，顳葉為聽覺言語中樞、聽覺中樞、嗅覺中樞、味覺中樞所在地。此區在臨床手術或用電磁組合刺激下會使受試者感受到歸依自然並與宇宙真理融為一體的超自然感覺。

　　根據不同的刺激源或者各個受試者不同社會生活環境及個人經歷，不同的人會有不同版本的超自然感受，如西方人會感受到上帝的光環，而東方人則多感受到佛法和道法。有過此經歷的人會覺得自己已經深深得道得法，有如脫胎換骨一般，人生好像又從一個更加有意義的起點重新出發。普新格博士實驗室的電磁組合刺激對初試者的上帝區激發成功率幾乎是百分之百。所有受試者包括一些事先選拔的無神論者均聲稱有這種奇妙感覺。這一發現震撼了整個西方科學及宗教理論界，目前學術界正在考慮新建一門叫做神經宗教學的學科。

　　這一發現只是證明，人體大腦的某一部分對一定的刺激產生的一定反應。就如同大腦管視覺的部分被刺激，在沒有光的情況下會使人感覺也看到光一樣。那麼，對大腦的某一特定部分進行一定的特別刺激而產生的一種身心感受，與科學家們發現大腦的視覺區不只是一種類似的發現嗎？它只可能導至某些現代人把人們對「上帝」的信仰變成實證科學的粗淺認識而已。就像人類本來就存在對神的宗教信仰，人本身就是用眼睛看現實世界的物體一樣。這類試驗或成果反而能夠間接說明：人是依靠神的呵護才走到今天。否則，人的大腦皮層上就不會有所謂的「上帝及超自然的感知區」（簡稱上帝區）存在。

　　（3）科學的「死穴」

　　如同前面指出的：科學也是一個標準的、人類有史以來的、最全面和

完整的統治人類的最大的宗教。科學會接受一切現實，並依賴其方法和工具去認識這一切事實的存在，而對於可以感觸得到但是不能認識或用現有理論不能解釋的現象稱為「自然現象」或「不明現象」。

恰恰就是因為「科學」不能證明「神」的存在，而使科學變得「無能」。這也就是現代科學的「死穴」，隨之而來的是徹底的、從根本上拔掉了人類各自「道德」的根基。用人自己定的規章制度「法律」來規範人的行為。當然，借助於「宗教」也可以作一些簡單和淺層的補給。

當宗教參與到人世間的政治時，就改變了「神」的初衷了。你可以通過一些方式（包括人間政權方式）去讓人進入或認識神所告訴人的，讓人回到天國的道理，而真正進入信神的行列。因為神的話或通過信徒們在信奉神的過程中以人間的各種言行舉止和表現，在做一個真正的好人，那麼不就會對社會有影響，而這種影響能夠使世間人的道德維持在一個高的水準位置上。

科學研究、人文科學，各種文化所建立的對人類社會的認識、觀念和概念是無法準確去認識人本身的。沒有一個人的標準的「參照物」，只有人之外的更高級生命，宇宙某種力量去權衡這一切。因為他們是有標準的，否則，人的標準是隨俗而來的，就必將墮落，其實現代的社會就是這樣的情景。神已經告訴了人，人是神造的，不同種類，族群的人都有不同的管他們的神。所有造他們的神都告訴被他所造的人，「信奉我，遵從我，可使你們回升」。

達爾文的進化論說人是猴子變的，即使是漏洞百出，但到了現在有些宗教都接受了。而作為神的信仰者，背離神的程度已經超過了那些還沒有或不信「神」的人了。當然，這只是極端的例子。宗教的歷史和現實作用是不容抹殺的，更沒有詆毀和否認宗教的意思。只是提醒，作為對一個還在認識

萬迷之謎　法輪功發展之研究 | 兼論氣功與信仰及科學的關係

A Study on Factors Contributing to Rapid | with Discussions on Qi Gong and Its
Develoment of Falun Gong: | Relations to Religion and Science

「神」的人的一句提醒。其實，現在有許多科學研究者包括宗教研究者都認
識到了進化論的致命缺陷。

（四）法輪功是修煉、不是宗教

　　一般認為：「一個宗教之所以成為宗教，是因為它包括三個層面，其
一為宗教的思想觀念及感情體驗（教義），二為宗教的崇拜行為及禮儀規
範（教儀），三為宗教的教職制度及社會組織（教團）」[142]。

　　宗教是一種群體社會行為，它包括指導思想（宗教信仰）、組織結
構（宗教組織，如教會，宗侶）、行為規範（宗教組織內的活動，如祭祀，
禮儀）、文化內容（宗教建築，宗教繪畫，宗教音樂）等等方面的內容。它
是人類在具有社會組織結構後，有意識地發展的一種社會行為，其根本的目
的是培養和維護人的社會性，從而維護人類社會組織的正常運行。

　　法輪功是修煉，法輪功信仰的是「真、善、忍」，以此為原則嚴格要
求自己，修煉者在各自的學習、工作、生活環境中不斷自我的對照和衡量自
己的言行，使自己的心性在各自的修煉中得到真正的、自覺自願的提高，使
修煉者成為好人和更好的人，最終達到「無私無我」的圓滿的境界。法輪功
的五套功法是修煉圓滿的輔助手段，也就是歷史上許多「性命雙修」修煉法
門中修命的部分。這些就是法輪功修煉的全部內容。

　　法輪功沒有類似教堂之類的場所，沒有任何的崇拜行為及禮儀規範，
沒有組織和名冊，進出完全是自由和自願的，想來就來、想走就走，沒有任
何清規戒律。所以說法輪功不具備宗教的特徵，也就是說不是宗教。

　　由於現代化科學和現代生活的出現，人們對於流傳幾千年的各民族都
有的修煉的概念的淡忘，人們逐漸對修煉失去了認識，各自的修行的法門完
全以宗教這樣一種有形的形式取而代之。然而，隨著社會的變化，將來人們

也許會把法輪功當成宗教。

五‧宗教的神通和氣功的特異功能

宗教信仰即人對神的信仰。「神」是人和萬事萬物的創造者，是具足一切「神通」和「法術」的無所不能的。對神的信仰也就是對主宰天地萬物的神的神通的信仰。所以有宗教信仰的人一般來說不會，也不敢幹不好的事。當人們相信「三尺頭上有神靈」時，會對自己的言行留意，以免幹出「神靈」不容的壞事。

人們定義中的「宗教」的主要特點為：「相信現實世界之外存著超自然的神祕力量或實體，該神祕統攝萬物而擁有絕對權威、主宰自然進化、決定人世命運，從而使人對該一神祕產生敬畏及崇拜，並從而引申出信仰認知及儀式活動。」[143]

佛經中敍述的神通就更為詳細，而且任何修煉的人只要達到一定的層次，或修煉到一定的境界就可以出現神通。在阿含部的經典中，認為神通的作用力，是依修禪定而獲得的，在禪定中經由初禪、二禪、三禪而入於四禪，而四禪中修習神通法門，可以修得「神通智證」，而獲得神通力。所謂的神通包含六方面的自在無礙，超乎人間日常用的不可思議的能力：

（一）神境通：包含兩個部分。一是能變化自己的身形，能由一身變化成無數身，也能將無數身再合為一身。另一是「神足通」，也就是身能飛行虛空，穿越石壁行走水上如履平地等。

（二）天耳通：能聽到人聲，及一般人耳所聽不到的天聲（天界的聲音）。

（三）他心通：能夠瞭解眾生的起心動念，以及眾生各種心的特質如：是小心或大心，是垢心或淨心？是縛心或解脫心等。

（四）宿命通：能夠記憶起無數前世的事蹟。包括多生累劫中的姓名、種族、生活習慣、飲食好惡、壽命長短等。

（五）天眼通：能見眾生的三世因果，生死輪迴的投胎處。印順法師指出宿命通能知自己與他人過去世的事。而知道未來事，是天眼通的作用，但未來是不定法，所以一般是不能絕對正確的。

（六）漏盡通：能根斷一切煩惱束縛，永離生命輪迴的作用。[144]（中阿含卷四十）

以上六通中的宿命通、天眼通、漏盡通，經典中稱為「三明」，也就是說三種根本的明達，因為當修行能徹知自己的過去，及三世因果輪迴，又能切斷輪迴獲得解脫，才是修道的完成，因此將這三者稱為「三明」，生命的三種明達。再加上天耳、他心、神境三通，合稱三明六通。佛經中提到的神通的地方是很多，其中是阿含部中記述較多。如在虛空中變出放光蓮華，以神足飛渡大河等，隨手去翻翻《長阿含經》會發現很多。

道教中提到神通也是很多的，如張三丰[145]的詩中就經常提到飛越千山啊。有些術士可以呼風喚雨，憑空變出或搬運來什麼，還有土遁、障眼法……。

所謂「眼見為實」，如果這些法術神通是真實存在的，那麼現代人對世界的看法是否會有所改變？

關於氣功有很多未解之謎，氣功大師們眾說紛紜，氣功研究人員各持己見。用自然科學勉強解釋部分氣功現象時自相矛盾，大部分現象則無從解釋。不瞭解情況的不相信者大有人在，不是認為搞氣功的人「愚昧無知」就是給你扣上「迷信」、「偽科學」的大帽子。關於氣功與特異功能在前一章中已有討論，在此不多贅述。

許多氣功刊物、書籍和一些普及氣功的「氣功師」們認為：氣功是在

放鬆、入靜後的意念引導下（調神，有的功法只要求放鬆、入靜，不要求意念），通過調整呼吸（調息，有的功法只要求呼吸自然）和一定的姿勢或動作（調身）而使身心得到自我調整的修練方法。調神、調息、調身又稱為氣功三要素。

修練氣功最基本的功效是身心得到調整，強身健體，進而可以防病治病，延年益壽。修練到一定程度時，則可以使修練者的思想境界不斷提高，並獲得特異功能。但有些功法修練不當則有出偏現象，輕者身體不適，重者致病。

氣功何以有這般威力？按照人們通常的說法，氣功可以調動人體的內氣或者說是真氣、元氣、精氣等等，或吸收、利用大自然之「氣」，或者練「精」化「氣」，練「氣」化「神」。氣功門派不同，說法不一，但都要練「氣」。此氣功之「氣」動則血行、神旺、延年祛病，滯則血淤、神衰、生病、縮短壽命。「人之生、氣之聚也，聚則生、散則死。」此氣乃人體生命之本，內連五臟六腑，外絡四肢百骸，無所不致。

氣功之氣是什麼？這個問題一直沒得到科學的回答。目前人們普遍認為，氣功之氣雖然一般說來常人看不見、摸不著，也不能被直接感覺到，但它是一種客觀存在的物質性的東西。現在有些氣功師發出的外氣，有的常人可以看見，有的可被儀器檢測到，有的可改變其他物質的形態，情形不一。但是，同人體經絡一樣，只認識到氣功之氣是一種客觀存在還遠遠不夠，人們還不清楚它到底是一種什麼物質，它的性質怎樣，它是如何在人體內發生作用的？

修練氣功可以獲得特異功能，特異功能有很多種類和形式。據百度百科介紹：「目前，國際上承認的有兩類：一類稱作特異感知，指不用正常的感覺器官進行感知，能感知到正常人感知不到的事物或資訊，如耳朵識字、

內視、透視、遙視、微視等。內視可看到自身體內的器官、內氣流轉等；透視能透過人體看到他人體內的器官及病變，有的能看到他人體內的經絡、穴位及內氣運行情況；遙視能看到千里之外的人或事物；微視能看到常人看不到的極細微的東西；另一類稱作特異致動，指不通過任何形式的實際接觸而對環境或物質物件施加物理作用，包括意念移物（又稱意念搬運）、意念改變物質的存在形態，如製作資訊水、意斷鋼絲、意念停錶等。

此外，還有特異治療功能，即不依靠任何常規的醫療手段，僅憑人體特異能量對病人進行治療；又如隱身功能，具備這種功能的人可以使自身隱形，並能穿牆破壁，進入封閉的房間，這在人體特異功能現象中較為少見，是非常高級的功能。」[146]

高藤聰一郎在他的《道家仙術神通祕法》談到：「氣功是潛藏在人間的一大寶藏。學習氣功法，會把人們的潛能發揮出來，有人運用氣功，能不接觸對方的身體而治癒他的病。有人和對方保持一段距離，但能使他的肢體好像機械人一樣地動起來。有人應用氣功法，使岩石碎裂、使鐵塊像麥牙糖般地融化了。有人利用氣之力量，透視對方的身體，並且瞭若指掌地指出對方身體各部位的病症。有人則運用氣功技巧，吸取遍佈在大地上的能量，使自己產生超人般的智慧與能量。」[147]

氣功的力量，可說是一種超常能力的發揮，在中國研習氣功法並顯出超常力量的例子相當多。他們幾乎已具備「超人」的力量，但是那不是與生俱來的。這些「超人」原先都是平凡的人，自修行氣功之後，才變成超人的。那麼，產生（超人）的氣功法，究竟是什麼樣的東西？為什麼能發揮如此大力量呢？

科學家錢其森說：「氣功、中醫、特異功能的相結合使之理論化、科學化，最後的結果必然導致爆發一場新的科學革命。」

註釋

[98] 大衛・休謨（David Hume，1711 年 4 月 26 日~1776 年 8 月 25 日）是蘇格蘭的哲學家、經濟學家、和歷史學家，他被視為是蘇格蘭啟蒙運動以及西方哲學歷史中最重要的人物之一。

[99] 大衛・休謨 [英]：《宗教的自然史》上海人民出版社，2003 年 8 月 1 日

[100] 絕對溫度（absolute temperature）熱力學溫度又稱開爾文溫度，或稱絕對溫度，符號為K。絕對零度時的溫度定義為0K。絕對零度是一個「理論值」，而非一個實際已經觀測到或達到的溫度，也就是說，它是一個科學家根據實驗所間接「推論」出來的數值；而到目前為止，以人類的科學技術，還達不到這樣的低溫。物質的分子無時無刻不在劇烈地運動，也正是因為分子運動的結果，而使得溫度上升，因此被稱之為「熱運動」；相對地，如果把溫度不斷地降低，就會使得分子的熱運動愈來愈慢、愈來愈慢；那究竟要到什麼時候，物質分子才會完全靜止不動呢？絕對零度（也就是大約273.15℃）正是科學家們推導出來的答案；它代表著在此溫度之下，物質分子不再具有任何能量來進行熱運動，也就是一切的分子都會停止活動。

[101] 斯米諾夫 [俄]：《門捷列夫傳記》Dmitry Ivanovich Mendeleyev，http://www.cjjh.tc.edu.tw/chem.htm

[102] 盧仙文《中國古代的幾種宇宙學說》中國科學院上海天文臺，2006年2月26日

[103] 1948 年，英國天文學家邦迪、霍伊爾和戈爾德共同提出的一種宇宙模型。它以完全宇宙學原理為前提，認為宇宙的性質，在大尺度時空範圍內穩恆不變。不僅在空間上是均勻的、各向同性的，而且在時間上也處於穩定狀態，儘管宇宙並非靜止。運用完全宇宙學原理導出的時空度規是：$ds^2=e^{2sqrt{|K|}t}(dr^2+r^2d\theta^2+r^2sin^2\theta d\varphi^2)-c^2dt^2$

式中r，θ，φ為球極座標，t為宇宙時，K為四維時空曲率常數。這是一個單調膨脹的宇宙模型，是弗裡德曼宇宙模型的一個特例，但沒有奇點困難。穩恆態宇宙模型要求在宇宙膨脹過程中，物質密度不變，物質就必須連續不斷地從虛空中誕生。誕生率是平均每5000億年在一立方米體積內產生一個氫原子。這樣就違背了一些普遍適用的守恆律，如重子數守恆、輕子數守恆、質能守恆等定律。從觀測角度來看，穩恆態宇宙模型所預言的星系分佈和射電源計數都與實際不符。此外，根據這種模型也難以解釋微波背景輻射。

萬迷之謎 法輪功發展之研究 | 兼論氣功與信仰及科學的關係

A Study on Factors Contributing to Rapid
Develement of Falun Gong: | with Discussions on Qi Gong and Its
Relations to Religion and Science

[104] Hubble, Edwin：《A Relation between Distance and Radial Velocity among Extra-Galactic Nebulae》（1929）Proceedings of the National Academy of Sciences of the United States of America, Volume 15, Issue 3, pp. 168-173（Full article, PDF）

[105] 1. 由於多普勒效應，從離開我們而去的恆星發出的光線的紅化。2. 一個天體的光譜向長波（紅）端的位移。天體的光或者其他電磁輻射可能由於運動、引力效應等被拉伸而使波長變長。因為紅光的波長比藍光的長，所以這種拉伸對光學波段光譜特徵的影響是將它們移向光譜的紅端，於是這些過程被稱為紅移。

[106] 哈柏定律是物理宇宙論的陳述：來自遙遠星系光線的紅移與他們的距離成正比。這條定律是哈柏和密爾頓·修默生在接近10年的觀測之後，於1929年首先公式化的。它被認為是在擴展空間範例上的第一個觀察依據，和今天經常被援引作為支持大霹靂的一個重要證據。這個常數的最佳數值是在2003年使用人造衛星威爾金森微波各向異性探測器（WMAP）測得的，數值為71 ± 4 km s-1 Mpc-1。在2006年的資料，圖中對應的是77 km s-1 Mpc-1。哈柏定律（Hubble's law）

　　Vf = Hc x D

　　參數說明：

　　Vf：Velocity（Far Away）遠離速率 單位：km s-1

　　Hc：Hubble's Constant 哈柏常數 單位：km s-1 Mpc-1

　　D：Distance 相對地球的距離 單位：Mpc（百萬秒差距）

[107] 百動百科：《紅移現象 - 其他說法》http://www.hudong.com/wiki/ 紅移現象

[108] 百動百科：《紅移現象 - 其他說法》http://www.hudong.com/wiki/ 紅移現象

[109] 宇宙微波背景輻射（又稱 3K 背景輻射）是一種充滿整個宇宙的電磁輻射。特徵和絕對溫標 2.725K 的黑體輻射相同。頻率屬與微波範圍。

[110] J.Jean Piaget：1896 年 8 月 9 日生於納沙泰爾，1980 年 9 月 16 日卒於日內瓦。1915、1918 年相繼獲納沙泰爾大學學士學位和理科生物學博士學位。後在蘇黎世、巴黎從事精神病診治及兒童測驗工作。1921 年任日內瓦大學盧梭學院實驗室主任，後升任助理院長並先後執教於納沙泰爾、日內瓦、洛桑和巴黎大學。曾當選為瑞士心理學會、法語國家心理科學聯合會和第 14 屆國際心理科學聯合會主席。還長期擔任設在日內瓦的國際教育局局長（1929~1967）

和聯合國教科文組織助理總幹事之職。他創立的發生認識論體系已成為當代兒童與發展心理學的主要派別之一。他一生發表了 500 餘篇論文和 50 多部專著。

[111] 黃平、羅紅光、許寶強合編：《社會學、人類學新詞典》2002 年版

[112] 自養型：綠色植物直接從外界環境攝取無機物，通過光合作用，將無機物製造成複雜的有機物，並且儲存能量，來維持自身生命活動的進行，這樣的新陳代謝類型屬於自養型。

[113] 這裡的「人類的終極智慧」是指：人類的整體壽命的有限時間段，以及週期性的「成，住，壞，滅」之間的最高可能達到的智慧。

[114] 宓海江、宋培基：《宇宙能量流動論》《科技資訊（科學‧教研）》2007 年第01 期

[115] 三千大千世界，佛教宇宙觀名詞。按照佛教理論，以須彌山為中心，以鐵圍山為外廓，在同一日月照耀下的這一個空間，便是一個小世界。這個世界，有四大部洲，洲與洲之間山海迴環。積一千個小世界，稱為「小千世界」；積一千個「小千世界」，稱為一個「中千世界」；積一千個「中千世界」，稱為「大千世界」。因為有小千、中千、大千三個千字，所以被籠統地稱為三千大千世界。也就是說，一個中千世界有一百萬個小世界（太陽系），一個大千世界有十億個小世界（太陽系）。根據佛教深層次理論，一位佛的教化區域實際上是一個大千世界。

[116] 李洪志：《轉法輪》中國廣播電視出版社，1994 年 12 月，第 14 頁

[117] 和合本：《創世記》第 1 章第 1 節《聖經》串珠‧註釋本

[118] 和合本：《創世記》第 1 章第 2 節《聖經》串珠‧註釋本

[119] 李洪志：《法輪大法　瑞士法會講法》益群書店股份有限公司，2002

[120] 李洪志：《法輪大法　美國法會講法》1‧紐約法會講法，益群書店股份有限公司，2002

[121] 根據史書記載，我們本次人類從最原始的石器時代到出現現在的高度文明，才不超過一萬年時間。很顯然，這些文明古蹟不屬於我們本次人類所創造。實際上，許多文明古蹟，我們現在人類科學技術都無法建造。根據這些確鑿的證據，一些學者提出了史前文明學說，是指在我們本次人類文明之前在地球上曾經存在過人類文明。同時，所發現的許多文明古蹟時間跨度非常古

萬迷之謎　法輪功發展之研究　兼論氣功與信仰及科學的關係

A Study on Factors Contributing to Rapid　with Discussions on Qi Gong and Its
Develoment of Falun Gong:　Relations to Religion and Science

遠。從當今發掘和發現的各種不同史前人類文明遺跡看，從一個非常久遠的遠古時代開始，在我們這個地球上就一直存在著人類，並發展出高度發達的文明。因此，科學家們又提出了多次史前文明的理論，認為地球上曾經有過多次史前人類及文明。然而，很明顯的是，這些不同史前人類及其擁有的文明最終都從地球上消失了。不同時期地球的大災難毀滅了當時的文明，甚至滅絕了當時絕大多數的生物，只殘留下極其少量倖存者。

[122] 大約1萬2千年前左右，上一期人類文明曾遭受一次特大洪水的襲擊，那次洪水也導致大陸的下沉。考古學家陸續發現了許多那次大洪水的直接和間接證據。世界各地不同民族的古老傳說都普遍述及人類曾經歷過多次毀滅性大災難，並且如此一致地記述了在我們本次人類文明出現之前的某一遠古時期，地球上曾發生過一次造成全人類文明毀滅的大洪水，而只有極少數人得以存活下來。全世界已知的關於大洪水的傳說有600多則。

[123] 和合本：《創世記》第 6 至 8 章《聖經》串珠・註釋本

[124] 百度：《說文解字》http://www.esgweb.net/html/swjz/imgbook/index1.htm

[125] 居頂 [明代僧人]：《續傳燈錄》卷第七，大正新修大藏經第五 11 冊 No. 2077，CBETA 電子佛典 V1.33 普及版

[126] Winston King：Religion，[First Edition] Encyclopedia of Religion. Ed. Lindsay Jones. Vol. 11. 2nd ed. Detroit：Macmillan Reference USA, 2005. p7692-7701.

[127] 和合本：《馬太福音》5 章 39 至 38 節，《路加福音》，《聖經》串珠・註釋本

[128] 和合本：《馬太福音》第 5 章第 43 節，第 44 節，《聖經》串珠・註釋本

[129] 李洪志：《法輪大法　休斯頓法會講法》益群書店股份有限公司，2002

[130] 李洪志：《法輪大法　澳大利亞法會講法》益群書店股份有限公司，2002

[131] 和合本：《路加福音》《聖經》串珠・註釋本

[132] 費爾巴哈是德國舊唯物主義哲學家。1804 年 7 月 28 日生於巴伐利亞，卒於 1872 年 4 月 13 日。早年在黑森州的海德堡學習神學，20 歲便獲得哲學博士學位，1828 年，他到任大學講師。1857 年，發表著作《神統》。

[133] 段德智：《試論當代西方宗教哲學的人學化趨勢及其歷史定命》《哲學研究》1999 年第 8 期

[134] 段德智：《試論當代西方宗教哲學的人學化趨勢及其歷史定命》《哲學研究》1999 年第 8 期

[135] 米爾恰‧伊利亞德（Mircea Eliade，1907 年 3 月 9 日 ~1986 年 4 月 22 日）西方著名宗教史家

[136] 李申：上海師範大學哲學系教授。中國無神論學會副理事長兼祕書長、國際儒學聯合會理事及學術委員、國際易學聯合會理事及學術委員。

[137] 李申：《科學與宗教簡論》，http://www.confucius2000.com/confucian/rujiao/kxyzjjl.htm

[138] 潘嶽 2000 年 1 月 ~2003 年 3 月，任國務院經濟體制改革辦公室副主任、黨組成員；2003 年 3 月起任國家環境保護總局副局長，黨組成員。

[139] 潘嶽：《馬克思主義宗教觀必須與時俱進》《深圳特區報》2001 年 12 月 14 日

[140] 段德智：《宗教概論》人民出版社，2005 年 12 月，第 12 頁

[141] 鮑東海：《「上帝區」，揭開「法輪功」惑人之謎》人民特稿，《人民網》http://www1.peopledaily.com.cn/GB/shizheng/8198/9354/12841/1946145.html

[142] 維基百科：《宗教》，http://zh.wikipedia.org/wiki/ 宗教

[143] 維基百科：《宗教》http://zh.wikipedia.org/wiki/ 宗教

[144] 佛光電子大藏經：《中阿含》佛光電子大藏經，http://dblink.ncl.edu.tw/buddha/main_2a.htm；《中國佛教 -- 佛經中的神通》http://cul.shangdu.com/fjwh/20090311-21608/index.shtml

[145] 張三丰〔約元定宗貴由二年（1247）~明英宗天順二年（1458）〕，本名通，字君實或君寶，中國遼東懿州人。元季儒者、道士。善書畫，工詩詞，中統元年，曾舉茂才異等，任中山博陵令。遊寶雞山中，有三山峰，挺秀倉潤可喜，因號三丰子。亦有因「丰」字和「豐」的簡體字同形而錯稱為「張三豐」。他的生辰籍貫都有爭議，一般認為他是元朝末年、明朝初年的武當山道士，或作全一真人。明英宗賜號「通微顯化真人」；明憲宗特封號為「韜光尚志真仙」；明世宗贈封他為「清虛元妙真君」。

[146] 百度百科：《人體特異功能》http://baike.baidu.com/view/586035.htm

[147] 高藤聰一郎：《道家仙術神通祕法》（台版原版書複印），第 233 頁

CHAPTER—3

第三章

法輪功
的真實情況

萬迷之謎 法輪功發展之研究 | 兼論氣功與信仰及科學的關係

A Study on Factors Contributing to Rapid | with Discussions on Qi Gong and Its
Develoment of Falun Gong: | Relations to Religion and Science

3 法輪功的真實情況

一·認識法輪功真實情況的途徑的探討

（一）歸屬「中國問題」

對於法輪功的研究可以認為是「宗教學」和「社會學」的學科範疇。法輪功並不是一種宗教，但是是一種信仰；同時又是當今的一個具有巨大影響的社會現象。所以可以歸於「宗教社會學（Sociology of Religion）」的研究範圍。因為這一現象主要是發生在中國這個特殊環境的特殊現象，所以歸屬於「中國問題」這一特殊課題最為合適。

據法輪功方面的統計資料[148]，法輪功已經傳揚到世界一百多個國家和地區，有上億的習煉者，只有在中國大陸這一地方被迫害，而且是極其殘酷的迫害；中共對法輪功的迫害為的是政黨的政治、政權和利益，以及害怕失去其政權。許許多多鎮壓法輪功的理由幾乎都是中共自己加上去的。比如：法輪功的理念和原則是「真、善、忍」；中共的媒體一定要說不是。動用整部國家機器，挖空心思去找一些證據去證明這種不是，而且不許法輪功學員出來說話，一旦有某個法輪功學員被他們強迫轉化後，就大作宣傳。當海外中文媒體《大紀元》2004年發表社論《九評共產黨》時，中共極其害怕，文章中的事例幾乎都是學過中共黨史的人普遍知道的。所以，中共嚴密禁止《九評共產黨》一書在中國出現。在中國社會表面，這本書似乎鮮為人知；實際上卻在社會中作為禁書廣泛的流傳，並引發了退

黨的巨大影響。

　　相對而言，法輪功一切都是公開的。對於中共醜化法輪功的宣傳從中國大陸到海外，隨處可見，上網打開便是。許多不煉法輪功，也不瞭解法輪功的人可能就相信了中共的宣傳。設想一下，如果法輪功的解釋和說明事實真相的文章也能在大陸刊登，恐怕對法輪功的鎮壓不但進行不下去，中共政權也難以維持，就像談法輪功真相的節目《法輪功天安門自焚真相》在中國的長春市被短暫的插播，而引起中共的恐慌和震怒一樣。也就是說，中共對法輪功的鎮壓是建立在謊言基礎之上，害怕人民知道真相。

　　在另一方面，把法輪功和法輪功現象作為學術研究也不被允許。這就是為什麼法輪功產生和發展在中國大陸，而關於法輪功問題的研究在大陸卻無法見到。如此巨大的一個社會現象，竟然成為學術研究的空白區。

　　據法輪功方面的統計：法輪功在其他國家和地區都大受歡迎，法輪功收到全球各界褒獎有1696項；各個國家和地方政府通過的支持法輪功和呼籲中國政府停止迫害的議案359項；各個國家和地方政府議會議員、各國際組織等的支援法輪功理念和支援法輪功反迫害的信函1169件。[149]

　　許多關於法輪功的海外消息，在中國大陸是無法知道的。比如：2001年8月在聯合國人權促進和保護分支委員會第53次會議第六項議程通過的《國際教育發展組織在聯合國發表聲明：呼籲國際社會緊急處理中國國家恐怖主義局勢》。決議中寫到：「以政府對自己的人民實行恐怖鎮壓為形式的國家恐怖主義——即她所說的「來自上面的恐怖主義」比其他任何形式的恐怖主義所造成的人權侵犯都要嚴重得多。當一個政權採用國家恐怖主義的時候，在國際機構中，國際社會就可能會面臨數量驚人的案件，並會為申請避難的人數而忙得不可開交。這正是中國政權對法輪功學員進行暴力攻擊所製造的情況。」

萬迷之謎　法輪功發展之研究 ┃ 兼論氣功與信仰及科學的關係

A Study on Factors Contributing to Rapid ┃ with Discussions on Qi Gong and Its
Develoment of Falun Gong: ┃ Relations to Religion and Science

　　這個聯合國人權促進和保護分支委員會經過調查發現，中共鎮壓法輪功的理由是有意製造的，特別是發生在天安門廣場的所謂自焚事件，就是由這個政府一手導演的：「我們根據我們確認的事實對法輪功進行了描述。那個政府在行使答覆權利時，試圖通過把法輪功稱作導致死亡和家庭破裂的『邪教』，來為其國家恐怖主義的鎮壓行為辯護。我們在調查中發現，死亡事件全部發生在中國當局的手中；家庭破裂是因為家庭成員們被該政權殺害所致；人們身心崩潰，不是因為修煉法輪功，而是因極端的酷刑、精神病院的拘押和虐待、勞改營裡的強力勞動，以及其他類似的做法。根據《國際先驅論壇報》2001年8月6日的報導，（中國）政府承認已經正式批准動用暴力以消滅法輪功。該政權拿出2001年1月23日發生在天安門廣場的所謂自焚事件作為指控法輪功是『邪教』的證據。但是，我們得到了一份該事件的錄影片，並從中得出結論，該事件是由這個政府一手導演的。」[150]

　　這場鎮壓法輪功的運動儘管是中共政府針對中國民眾的，同時也給國際社會帶來了巨大的負擔：「我們正在整理的一些證據表明，至少50000法輪功學員被拘押在監獄、勞教所或精神病院，其中幾千人被酷刑折磨，許多人死亡。數十萬（甚至數百萬）修煉者受到嚴重威脅。聯合國機構顯然無法處理如此大量的已被證實的案件。國際社會也很難處理數以百萬計的避難申請者——所有這些人顯然都符合了申請避難的條件。因此，整個國際社會，包括本分支委員會，應該把這樣的國家恐怖主義視作極度緊急的事件進行處理。」[151]

　　在美國，紐約時間2002年7月24日晚7時左右，由來自佛羅里達州的國會議員、國會外交委員會國際運作和人權小組委員會主席伊蓮娜·羅斯雷婷恩（Ileana Ros-Lehtinen）女士提議，並得到超過100位議員支持的第188號提議在美國國會全票通過（420票對0票）。該決議要求「中國（江氏集團）停

止迫害法輪功修煉者，並敦促美國政府利用一切適當的公開或私下場合對中共當局施加壓力，要求他們釋放所有的法輪功修煉者，停止對法輪功學員進行殘酷非人、侮辱人格的折磨。」[152]

而且這一瘋狂的對法輪功的鎮壓運動也直接波及到美國，所以針對江氏集團將對法輪功的迫害延伸至美國本土和世界各地所進行的一系列非法活動，該決議特別要求美國政府「調查中華人民共和國政府（江氏集團）及其外交官對修煉法輪功的美國公民和居民及支持法輪功的美國各級官員進行騷擾的非法行為；對那些在美國國土上進行非法活動的這類政府代表和機構必須採取包括訴諸於移民法等在內的適當行動。」[153]

為什麼法輪功發源於中國，遭受迫害也是在中國。而在世界其他國家和地區除了呼籲中共停止迫害，就是對法輪功表示支持和歡迎。這也表明法輪功問題也就是中國問題。

現在的中共政權是一個極其特殊的政權，對於它的歷次「政治運動」、「六四鎮壓行動」到「鎮壓法輪功運動」，人們多無法理解的。只有深刻認識中國的特殊情況，特別是中國共產黨的歷史和真相，也許才能弄清這些特殊事情的原由和真實面貌。所以對於「鎮壓法輪功」的進一步研究更應從「中國問題」的角度進行。

（二）憑經驗去瞭解

一般來說，宗教的本質特徵在於對超自然或神靈的信仰。因而宗教總是與超經驗、超自然有關，總是與信仰者的內心體驗有關。那麼、以經驗性、科學性為出發點的宗教社會學，如何去研究這種看不見、摸不著、既不可證實亦不可證偽的東西呢？

社科院佛教研究中心及基督教研究中心顧問戴康生[154]在他的《宗教社

會學》中談到：「美國社會學家彌爾頓‧英格用一個形象的比喻說明了這種困難，這也是本文正要說明的：『從外邊如何可能看得見教堂彩色玻璃窗的一切呢？』[155]的確，只有當一個人在裡邊時，他才可能看得見教堂彩色玻璃的美麗圖案。然而，即使從裡邊看，也只能瞭解到窗子的一部分。要瞭解窗子與整個建築物的關係，還得從外邊看。事實上，許多問題是與從何處看無關的，……但是我們可以說，所有這些問題都是可以憑經驗去瞭解的。……它是認識宗教的一個重要方法。」[156]

　　本章是從法輪功裡邊來敘述其真實現象，以利我們對有些問題可以憑經驗去瞭解。

（三）還原到正常情況看待法輪功

　　由於法輪功的迅速發展是在中共鎮壓之前，所以，鎮壓之後中國大陸對法輪功成千上萬的批判文章的觀點對於這方面的研究沒有太大的參考價值。反而會對法輪功的認識產生偏見。

　　這一章的題目之所以叫「法輪功的真實情況」，是因為中共用政治運動和政治鬥爭的方式和手段，自1999年7月開始對法輪功進行鎮壓，這是一個有史以來世界上最大，最嚴厲的集權政府對一個信仰群體持續了12年，而且還在進行的前所未有的殘酷鎮壓。由於這場曠日持久的鎮壓以及為徹底消滅法輪功和維持這場鎮壓而進行的全球性的「戰略性」宣傳，人們已經接受了對「法輪功」的醜化宣傳。一直到現在，經過對全體中國人民和全世界華人12年的「洗腦」。法輪功的真實情況在社會上和學界也蕩然無存。在此通過在法輪功修煉者裡面瞭解的情況在這裡做一些客觀的陳述、探討和研究。

　　由於中國大陸對「法輪功」的鎮壓，關於「法輪功的真實情況」，如果沒有真正深入「研究」或深入法輪功修煉者之中是無法知曉的。因為發生

在每一個法輪功修煉者身上的事，對於沒有進入「修煉」的人確實就像「神話」一般、像故事一般。然而，每一個法輪功的修煉者都有一個「神話」一般的故事。如果需要證實這「神話」，只要去理性的、設身處地的、不把他們當「異己」似的尋訪一下你身邊的任何一個法輪功修煉者。如何面對這一事實真相，其實也正在考驗著人類的「智慧」。

作為社會科學對社會現象的「科學」研究應該站在客觀的角度、理性的研究。但是，正因為法輪功是一種修煉，作為第三者想要瞭解法輪功的真實情況，特別是理解法輪功學員確實有相當大的困難。不過無論怎樣，只要是理性的研究，也許正確的結果已經在等待著了。

（四）人類認識事物的智慧

一個人對事物的認識反映他的世界觀和智慧。知識、教育和社會環境決定和影響一個人的世界觀。

《轉法輪》這本看似極其普通的書，竟然能夠在科學如此發達的現代社會的意識形態領域裡引起這麼巨大影響和震盪，這本身已經足以回應法輪功的巨大能量。然而，這個能量並沒有體現在表面的物質世界這一邊，而是蘊涵在生命和世界的本質裡邊。

人們略微客觀或理性的思索一下，法輪功自1992年5月13日第一天傳出到1999年7月20日中共政權正式打壓，短短的7年時間其信仰者竟然達到一億左右。在這種情況下許多不煉功的人竟然還沒有聽說過法輪功，也就是說這些還沒有來得及聽到的大量民眾如果不是中共的鎮壓，一定會有更多的人修煉法輪功。同時，凡是中國人，無論你對法輪功抱何種態度，都知道中共政權已經是盡全力在鎮壓法輪功。這個政權動用了一切的國家機器，對法輪功和法輪功信仰者從精神、肉體到物質進行徹底的消滅。就這樣法輪功不但沒

有被消滅，反而在世界各地得到了更大的弘揚。世界各地普遍接受法輪功，而且不斷譴責對法輪功的迫害。作為務實的現代人來說，對於就擺在面前的這一巨大事實的本身就是一個充分的證明：法輪功絕不是一般的氣功和宗教那麼簡單。

任何一件事情要在這個世間上立足，絕不是事物和物質隨機運動而偶然性的聚合，否則，宇宙中的一切的本身就不會有章法存在。他一定是這個具備無窮智慧的宇宙的精細安排。

人是一種具有個人能動性的「智慧」的生命，可以通過個人的獨立思考而獨立自主地去做一定的選擇，這就是人們講的「自由」或「人權」。

從宗教歷史的角度來看，當人類社會發展到一定時期或一定階段，社會中必定會有一位「先知」、「覺者」在人世間傳播宇宙的真理給人。使人能夠相處友好，並教人遵守一定的規範，使這種個人的能動性的「智慧」不致於「自私」而誤入歧途，也就是使人類的道德能夠維持在一個較高的水準上。這樣就能使人類作為一個整體能有節制的、處於良性循環狀況的生存在這個地球上。是否《轉法輪》就是提供這一規範的具有非凡能量的一本書呢？這也確實是對人類智慧的一次尖銳而巨大的考驗。

在中國的鎮壓中，宣傳報導的絕大多數是對法輪功的醜化宣傳。這個以絕對無神論、唯物論的理論建立的政權，掌握了十幾億人生殺大權的黨，把法輪功創始人李洪志先生的生平徹底翻出來極盡全力加以醜化。以達到它給全國人民「洗腦」的目的。然而，其他國家和民族的人，以及不少大陸的學者對於中共的這一「運動」真是難以理解。那麼，法輪功究竟是什麼呢？

二·法輪功簡介

（一）什麼是法輪功

法輪功自從1992年5月13日傳播開始，首先是以人們已經普遍認識的氣功形式呈現，突出的袪病健身效果很快地吸引了眾多氣功愛好者。從那時，法輪功的創始人李洪志先生就講了什麼是法輪功？什麼是氣功？什麼是修煉？

法輪功是一種以氣功形式傳播的一種佛家修煉方法。如前所述，氣功是在中國特定環境下而產生的關於修煉內容的東西在人世間流傳的代名詞。所以，法輪功也稱「法輪大法」是一種修煉的法門。

修煉是人類文明中一個淵源久遠、奧妙無窮的領域，通常包括心法（也稱原則）和功法兩部分，其內涵遠遠超出了哲學與健身的範疇。功法一般指用於修身的部分，而心法則是教人修心、使人境界提升的關鍵所在。雖然修煉的精髓自古以來從不在社會上公開進行深入探討與普及，但因為其具備揭示人類、物質存在的各個空間、生命及宇宙奧祕的能力。這些仍然在中國文化和西方文明中留下了種種痕跡。中國古代的太極、河圖、洛書、八卦，印度的古瑜伽，西方的一些靜修方法，都隱含著修煉的奧祕，但隨著歷史的推移及其心法的失傳，現代人已經很難觸及那些修煉方法原本的深意了。

法輪功是一種性命雙修的功法。通過修煉法輪功不但可以使煉功人達到強身健體，而且可以提高修煉人的心性水準，使修煉者成為一個好人，一個更好的人。在把真正修煉的人帶到高層次的同時，對穩定社會、提高人們的身體素質和道德水準，也起到了不可估量的正面作用。

李洪志先生1995年1月4日在北京《轉法輪》首發式上講到：「我這個法輪大法是一種性命雙修的功法。真正性命雙修的功法他有個特點，對人的

萬迷之謎　法輪功發展之研究 兼論氣功與信仰及科學的關係

A Study on Factors Contributing to Rapid with Discussions on Qi Gong and Its
Develoment of Falun Gong: Relations to Religion and Science

身體改變來的非常迅速。同時，外觀上和常人有很大差異，所以我們有許多學了法輪大法的老學員，甚至於老年人，皮膚變的很細嫩，白裡透紅，身體很強健。過去走路上臺階都累，現在爬幾層樓不氣喘，不心跳，很舒服，也不累。過去走幾步就不行了；現在騎車簡直就像有人推你一樣。我說這個情況，我們在座的老學員，我問問你們是不是這個情況？（齊聲：是！）我們這是普遍存在的現象。我這裡可不是說個別的哪個學員這樣，它是非常普遍的，真正性命雙修的功法就可以達到這一點。在外表上改觀非常大，許多老年人臉上皺紋都變的稀少，甚至沒有了。同時在生理上的變化也很大。」[157]

　　法輪大法明慧網[http://www.minghui.org]開通於1999年6月，是法輪功修煉弟子們相互交流修煉體會，報導中國大陸對大法弟子迫害的真相，以及世界各地的大法弟子講真相和揭露迫害等活動報導的網站。據法輪大法明慧網介紹：「法輪大法是上乘的佛家修煉大法，以宇宙特性『真、善、忍』為原則，包含五套緩慢、優美的功法動作，1992年開始在中國社會公開傳授。真善忍是宇宙中最根本的特性，也是衡量宇宙中好與壞的標準。修煉法輪大法，只要反覆靜心通讀《轉法輪》，努力按照書中闡述的真善忍標準要求個人心性的提高並輔以煉功，短時期內就能達到意想不到的高層次，返本歸真。

　　據2002年7月5日明慧週報於《法輪大法究竟是什麼？》介紹：「法輪大法按照「真、善、忍」為修煉標準，是修善的、和平的，一切活動都是公開的、自願的、免費的。不分男女老少，從幾歲幼童到九旬老人，修煉者每個人都是社會中的一員。對個人來說，修煉法輪功不但能祛病健身，使人變得誠實、善良、寬容、和平，而且能開啟智慧，逐漸達到洞悉人生和宇宙奧祕的自在境界；對社會來說，修煉法輪功能增加社會的穩定、包容與祥和，

提高人們的整體精神生活品質。因此自傳出以來僅憑人傳人、心傳心便修者日眾，1992年以來法輪功傳遍中國和世界一百多個國家及地區，受到各國政府、團體近三千多項褒獎與支持，目前全球各民族各族裔的修煉者人數超過一億。」[158]

法輪大法網站[http://www.falundafa.org]是一個多語種的，供法輪功學員或想學習的人提供全套的資料。所有資料皆免費提供。法輪大法網站由法輪大法學會於2006年7月15日提供的法輪大法簡介如下：[159]

「法輪大法（又稱法輪功）是以宇宙特性『真善忍』為根本指導，使修煉者能夠返本歸真的高層次修煉法門。法輪大法歷史極其悠久，過去都是歷代單傳。1992年法輪大法的師父李洪志先生第一次把大法公開傳給了人類。大法傳出以來，李洪志先生歷盡艱辛、不辭勞苦，在亞、歐、澳、美等世界各地講法。大法洪傳80多個國家，載譽無數。億萬修煉者返本歸真，獲益無窮。

大法的修煉者立足於社會，在常人的複雜環境中磨煉心性，去掉各種執著心，同時提高自己。法輪大法基點是佛家修煉，但由於修煉的是『真善忍』宇宙的特性，大法涵蓋了宇宙中所有佛、道、神正法門修煉的法理。世界上各種正法門修煉的精華在大法中都有體現。不同人種、不同膚色、不同階層、不分男女老幼、職業地位甚至有不同信仰的人均可修煉法輪大法。

法輪大法是性命雙修的功法。大法的法理直指人心，用人類最淺白的語言，講出了宇宙間最精深的道理。修煉心性的同時，還有大圓滿法的五套功法，按照宇宙演化原理修煉。五套功法內涵深奧，效果非凡，而又至簡至易。新、老學員都煉同樣的功法，修煉者可以達到相當高的境界。

法輪大法修煉顯著特點之一是法輪。法輪是一有靈性、旋轉的高能量物質體，存在於另外空間。李洪志先生給修煉者下的法輪旋轉不停，自動幫

萬迷之謎 法輪功發展之研究 | 兼論氣功與信仰及科學的關係

A Study on Factors Contributing to Rapid | with Discussions on Qi Gong and Its
Develoment of Falun Gong: | Relations to Religion and Science

助修煉者時時煉功。真修者讀法輪大法原著，或看李洪志先生之講法錄影，或聽李洪志先生之講法錄音，或跟隨大法學員學煉也可獲得法輪。法輪內旋度己，從宇宙中吸取大量能量，演化成功；法輪外旋度人，發放能量，普度眾生，糾正一切不正確狀態；在修煉者附近的生命都會受益。所以法輪大法是當今世間傳出所有修煉法門中唯一能達到「法煉人」的修煉方法。

大法的修煉永遠是自由的，不強迫任何人修煉，修煉者來去自由。如果有人想修煉法輪大法，可到各輔導站，煉功點學功，輔導員或老學員們會免費義務教功。

法輪大法從物質本源之微觀到宇宙之洪觀，自亙古之原始至大穹之未來，洞徹一切宇宙、時空、人體之謎，使修煉者明瞭修煉的真諦，開智開慧，圓滿功成。法輪大法正在蕩滌舊宇宙之污穢，開創新大穹之未來，法正人間，成就全宇宙一切眾生生命永恆的圓容機制」[160]。

法輪大法學會與法輪大法明慧網的介紹基本上相同，但具體內容從不同角度有些增減。

（二）法輪功的功法特點

據明慧網的《淺說法輪功》的說明：法輪功是佛家修煉法門，不是佛教，佛家功也不是佛教功法。法輪功是同化宇宙最高特性「真、善、忍」為根本，以宇宙最高特性為指導，按照宇宙演化原理而修煉，修的是大法大道。

以下是法輪功弟子們的各種真相資料中關於法輪功的功法特點：

法輪功修煉直指人心，指出真正修煉就得按照「真善忍」的標準修煉自己的這顆心，強調心性修煉。修煉心性是長功的關鍵，心性多高功多高。心性包括德（德是一種白色物質）和業（業是一種黑色物質）的轉化；包括

忍；包括悟；包括舍，捨去常人中的各種慾望、各種執著心；還得能吃苦中苦等，還包括許多方面要修的東西。整個人的修煉過程就是不斷去人的執著心的過程。

法輪功是完整的一套性命雙修的修煉方法。除了修心，還有修命的部分，即煉動作（五套功法），既修又煉，修在先，煉在後，動作是修煉圓滿的輔助手段。不修心性只煉動作，不能長功；只修心而不煉動作，功力將受阻，身體也無法改變。有些人過去長期煉功不長功，修煉法輪功後才明白功是修出來的而不是煉出來的，心性多高功多高，過去煉功不長功的根本原因：一是不知道高層次的法，沒法往上修；二是不知向內去修，不重心性修煉。

法輪佛法修煉是以法輪為中心。法輪是有靈性的旋轉高能量物質體，存在於另外空間。李洪志先生給修煉者的法輪每天24小時旋轉不停（真修者讀法輪大法原著，或看李洪志先生的講法錄影，或聽李洪志先生的講法錄音，或跟隨大法學員學煉也能獲得法輪），自動幫助修煉者煉功。也就是說，修煉者雖然沒有時時在煉功，而法輪卻在不停地煉人。這是當今在世界上傳出的所有修煉法門中唯獨能夠達到「法煉人」的修煉方法。

旋轉的法輪具有同宇宙一樣的特性，他是宇宙的縮影。佛家的法輪，道家的陰陽，十方世界的一切，無不反映在法輪裡。法輪（順時針）內旋度己，從宇宙中吸取大量能量，演化成「功」；法輪（逆時針）外旋度人，發放能量，普度眾生，糾正一切不正確狀態；在修煉者附近的人都會受益。法輪功主要有以下8個特點：[161]

（1）修煉法輪，不煉丹，不結丹；

（2）人沒有在煉功，法輪卻在煉人；

（3）修煉主意識，自己得功；

萬迷之謎　法輪功發展之研究 兼論氣功與信仰及科學的關係

A Study on Factors Contributing to Rapid Develoment of Falun Gong: with Discussions on Qi Gong and Its Relations to Religion and Science

（4）既修性又修命；

（5）五套功法，簡單易學；

（6）不帶意念，不出偏，長功快；

（7）煉功不講地點、時間、方位，也不講收功；

（8）有師父法身保護，不怕外邪侵擾。

同時，法輪功圓融明慧，動作簡練，大道至簡至易，在理論上完全不同於傳統的修煉方法，不同於各家、各門派的煉丹學說。法輪功的功理功法盡在李洪志先生所著《轉法輪》一書中，學者自變。反覆通讀《轉法輪》，是法輪功的主要修煉內容和形式，是每天必修之課。

法輪大法修煉分為世間法和出世間法等諸多層次。修煉一開始就處在很高的起點上，為修煉者和修煉多年而不長功的人提供了一個最方便的法門。當修煉者的功力和心性達到一定層次後，實現在世間修成金剛不壞之體，達到開功開悟，整體昇華到高層次。大志者學正法，得正果，提高心性，去掉執著方為圓滿。

法輪功的修煉形式。主要是學法（即讀《轉法輪》）和集體煉功，學員相互交流切磋修煉的感受和體會。

（三）法輪功修煉者

1．什麼是法輪功修煉者

法輪功修煉者即法輪功學員，也稱大法弟子。要成為一名法輪功學員十分簡單，沒有任何表面形式的儀式和要求，無論男女老少，各行各業；不需要任何人的介紹或者認可；法輪功也沒有任何的名單或花名冊；也不需要法輪功學員改變任何的工作和日常生活環境。只要你能「儘快靜下心來通讀一遍《轉法輪》，或者按順序靜心觀看一遍李洪志老師的講法錄影或聽一遍

講法錄音。然後五套功法一步學到位，也就入門了，就可以開始修煉了」。
而且提醒大家：「法輪大法的任何活動都是由法輪功學員義務提供的，都是免費的。包括錄影班、教功、修煉心得交流會（通常稱「法會」）等等，為了保持修煉的純正，一律不允許收費。如果收費，就不是真的法輪功學員辦的」[162]。

世界各地（特別是大城市）通常都有法輪功學員義務服務的煉功點。你可以從法輪大法網站找到離自己最近的煉功點，詢問是否有「九天錄影班」可以參加。錄影班通常每天放一講李洪志老師的講法錄影，然後由學員教功。參加一個九天班，全套講法都聽過一遍，五套功法一步學到位，就可以開始修煉了，這樣效果非常好。

沒有條件參加九天班的，可以自己通讀《轉法輪》，然後到煉功點學習功法動作。一般來說，參加煉功點的集體煉功有許多好處，一是學煉動作快，二是有人幫助糾正動作；三是大家一起煉容易克服惰性、堅持下去，效果好。

周圍暫時沒有煉功點的，可以通過觀看李洪志老師親自教功的教功錄影帶自學。五套功法按順序學下來，每天煉功時就能跟著法輪大法的煉功音樂煉功了。

法輪功學員也就是修煉的人。「修煉」二字，同時包括兩方面內容：修——修煉心性，煉——煉功。那麼，他們如何「修煉」。這些對於一般人來說有點高深莫測，甚至被一些人認為帶著「迷信」色彩的「修煉」在形式上其實十分簡單。據法輪大法明慧網介紹，法輪功學員的「修煉」只有兩件事：學法和練功。

2．學法

任何一種修煉形式都有其指導修煉的方法或經書。就向天主教、基督

萬迷之謎　法輪功發展之研究　兼論氣功與信仰及科學的關係

A Study on Factors Contributing to Rapid　with Discussions on Qi Gong and Its
Develoment of Falun Gong:　Relations to Religion and Science

教的《聖經》；道教的《道德經》；佛教的各種佛經經書，如《金剛經》等等。

　　那麼《轉法輪》是指導法輪功學員修煉的大法。既然要修心，法輪大法的最主要著作《轉法輪》裡，包含了從修煉入門到修煉圓滿所需的一切法理。學煉者只要不斷的、反覆的通讀《轉法輪》，就會逐漸領悟到修煉所需的許許多多的高深內涵。

　　法輪功學員通常把對法輪大法著作的學習稱作「學法」。

　　據法輪功學員說，學法時需要注意的兩點是，1、《轉法輪》這本書需要通讀，而不能只挑局部內容讀，或者不按成書的順序讀；2、學法時不能抱著任何有求之心，只要靜下心來反覆通讀，就會「無所求而自得」。

　　很多學煉者都體會到，在通讀中，讀前面章節時自己心中產生的問題，往往在讀後面的章節時就得到了解答；通讀第一遍時產生的問題，往往在通讀第二遍時得到了解答。再讀還會有新的想問的問題，那麼繼續通讀又會得到解答。有這樣一個規律。

圖一：法輪大法的主要著作《轉法輪》。　圖二：西人學員在公園裡學煉法輪功。

3・煉功

因為法輪大法是性命雙修的功法，因此需要煉功。法輪大法有五套功法，李洪志老師所著的《法輪大法大圓滿法》這本書裡，有對法輪大法功法特點的講解、五套功法的動作圖解和動作機理；還包含了四個附錄：1、對法輪大法輔導站的要求；2、法輪大法弟子傳法傳功規定；3、法輪大法輔導員標準；4、法輪大法修煉者須知。

三・法輪功對社會的影響和作用

（一）法輪功對人身心的影響

1・對人身體的影響──法輪功健身功效調查

在法輪功出山之前，氣功的祛病健身效果已較為普遍地被許多中國人接受。然而，無論是法輪功的傳出，還是人們最初認識法輪功，都是因為法輪功練習後身體得到了巨大變化才能傳播開的。在法輪功的傳播過程中，我們發現法輪功既沒有強迫任何人來煉，也沒有通過媒體作廣告宣傳。基本上都是通過口耳相傳的方式，也就是法輪功學員們講的「人傳人，心傳心」的方式讓人們知道法輪功的。關於煉法輪功對身體健康有益，這應該是世人皆知的事。

法輪功學員中，許多人原來是有病的，有相當數量的人就是為了治病才來煉法輪功的。當他們通過學煉法輪功後明白了法輪功的法理，放下有求之心，注重心性修煉時，隨著心性的提高，功就在長，層次就在提高，身體就在淨化，無意中就達到了無病的狀態。法輪功是修煉，不治病，但只要真修，祛病健身的效果是非常明顯的。

不過由於中共政權對於法輪功的醜化宣傳使人們幾乎都不認可這一點

了。因為概率及其可微的幾個所謂練功「出偏」的例子，在中共控制的所有媒體不厭其煩的反覆宣傳，其用意是共產黨強制性的讓人們接受它們的宣傳。但是，許多練功受益者還是敢於堅持事實，還有不少的人一直還在堅持不懈的把真相告訴周圍的人，當然也是從與他們接觸的人講。這就是現在法輪功學員的講真相。這方面的事例很多，擬於以後敘述。

在中共鎮壓法輪功之前，中國大陸有好幾個關於法輪功健身功效調查，這也可以作為法輪功治病的較有說服力的材料。

自從1998年5月以來，中國國務院領導曾兩次批示，將氣功和人體科學歸到國家體育總局統一管理。國家體育總局根據這一精神，下達了一系列專門文件，並對在健身功法中發展最快，在群眾中影響最大的法輪大法（法輪功）進行了比較全面、公正的調查瞭解。其中有一關於廣東地區的調查報告如下：[163]

「為了配合體委這次調查，筆者同由具不同專長的醫師、醫學教授等專家組成的調查小組於98年9月對廣東省的廣州、佛山、中山、肇慶、汕頭、梅州、潮州、揭陽、清遠、韶關等市約1萬2千5百餘名修煉法輪大法的學員身心健康狀況進行了表格抽樣調查。

這次表格抽樣調查學員12553人，其中男性佔27.9%，女性佔72.1%，50歲以下的佔48.4%，50歲以上的佔51.6%；其中患一種以上疾病的學員10475人，佔調查總人數的83.4%，通過2~3個月至2~3年不同時間的修煉，患病學員的身體狀況大為改觀，袪病效果十分顯著，痊癒和基本康復率為77.5%。加上好轉者人數20.4%，袪病健身有效率高達97.9%。

同時7170名學員填寫了年節約醫藥費數字，共節約醫藥費1265萬元/年，平均每人每年節約醫藥費1700多元，可見其經濟效益也十分可觀。特別是被調查者的心理狀況和精神狀況得到極大改善，有89.4%的學員認為通過

修煉法輪大法後心性變好、道德回升，心理得到了徹底的自我調節和提高，只有129人填寫「沒有變化」，僅佔被調查物件中的1%。

在這裡值得特別提出的是：通過調查，我們發現了法輪大法學員們修煉後出現了許多奇特的現象，這些現象不是個別案例，而是一個普遍的群體現象。其超常性主要表現在以下幾個方面：

第一，絕大部分學員在修煉後身心健康狀況迅速得到了改變，其速度和效果令人驚奇。有的在聽完李老師講課或在家看書，3、5天之內就出現了症狀消失，全身一身輕的感覺，大部分在數月或一到兩年之內能達到疾病症狀完全消失或好轉。這次調查的12553名學員中，96年之前學大法的老學員不足1/3，97年和98年開始學大法的佔72.3%，他們中98%的人都在一到兩年內達到了袪病健身的效果，只有2%的學員填表回答沒效果，而這其中包括一部分煉功前本來就身體健康的學員，在這麼短的時間內就能達到無病的狀態，這是他們過去想都不敢想的事情，也就是現代醫療手段不可能做到的。

第二，許多學員在煉功前是有名的「藥罐子」或「醫院常客」，煉功期間他們竟然能做到不需繼續吃藥和打針，而疾病不會加重與複發，反而身體狀況越來越好，這其中既有正在進行化療的腫瘤患者，也有被醫生告知「不能停藥治療」的糖尿病患者，這些現象若站在現代醫學的角度上看是不可思議的。

第三，在修煉前患病的學員中，有一些是患有醫學上認為的頑症、絕症或疑難病，他們有的被醫院判了「死刑」，有的被權威專家下了「無法治癒」的定論。可是通過修煉法輪大法，他們卻奇蹟般地得到了康復。簡直讓醫學專家目瞪口呆，震驚之餘百思不得其解。這次我們調查廣東省境內21地級市，每個市都有一部分曾患癌症、絕症和疑症的學員，修煉法輪大法後，經醫院複查，癌細胞消失，絕症、雜症消失，恢復了健康。

第四，在法輪大法修煉者中不但病症消失，而且身體普遍出現向年輕方向退的現象。老年修煉者出現皺紋減少。頭髮變黑、臉色紅潤、皮膚光滑，出現「返老還童」之狀。特別難以解釋的是，許多老年婦女還會重來例假，其中連88歲高齡的老年婦人也出現了重來例假的現象，向年輕方向返退。

法輪大法修煉學員所出現的以上幾種神奇現象和真實效果，令現代醫學夷非所思，實證科學根本解釋不了。為什麼現代醫學治不了的病，修煉法輪大法後可治、有救呢？為什麼現代醫學攻克不了的難題，對修煉法輪大法的人來說卻是輕而易舉呢？這對於我們這些從事醫學教學與臨床工作的人來說，確實難以從現今的醫學理論中找到答案，只能說這是一種超常的科學現象。

氣功修煉能祛病健身、延年益壽已為大眾所接受，但要說修煉可以達到「返老還童」、「青春長駐」，對許多人來說就不可思議了。但調查中我們確實發現，法輪大法修煉人群中普遍出現身體向年輕方向退的現象，特別是老年人更加明顯。

法輪大法修煉人群出現的這一特異現象，說明了法輪大法有著十分超常的功效。總之，法輪大法修煉人群中的這些奇特的現象與事例，已遠遠地超出了現代醫學所能認識的範疇，法輪大法這一超常的科學現象值得我們醫學界和科學界的深思和探討，這對於提高全人類的健康水準和文明進步有著十分積極的意義，也為科學的進一步發展提供了一個全新的方向。」

下面有一個關於臺灣法輪功學員的研究報告：[164]

台大經濟系助理教授胡玉蕙2002年12月28日發表的一項調查報告顯示：法輪功學員修煉後，一年只用一張健保卡者達72％，幾乎是修煉前的一半。對於長年跑醫院的人來說，這項結果不啻是一項福音。

這項學術研究調查是以法輪功學員為例,針對全台法輪功學員,以部落抽樣的方式,抽出1/5的鄉鎮市區,共回收1182的有效問卷,並以統計分析方法所做成的結論。

報告中指出,法輪功對於戒除不良的生活習慣有顯著的效果。81%的戒煙率、77%的戒酒率、85%的戒賭率,還有85%完全戒除吃檳榔的習慣,這些資料證實了修煉法輪功對於社會風氣的確有正面且顯著的效益。

胡博士指出這項研究也說明了,法輪功對心理情緒的幫助很大:對自己健康狀況滿意程度,從修煉前的24%大幅上升到78%;對自己日常活動能力的滿意度,從修煉前的36%上升到81%。此外有33%在修煉前有緊張、憂鬱等傾向,修煉後只剩下不到3%的人有此感受。

胡博士認為:目前健保的財務吃緊,而練習法輪功不僅是根本的做法,可有效減少醫療方面的支出,對於民眾的身心益處更無可估量。她認為,政府及學術界應一起努力,更深入地瞭解氣功對人體健康的助益。她希望未來能夠獲得健保局的支持,對於法輪功修煉者的健康資料作更深入的研究。

胡玉蕙博士多年來專攻醫療經濟學,也是法輪功的修煉者,由於親身的體驗與專業使然,此次在臺灣法輪大法學會的支持下完成這項調查報告,值得各界關注並肯定。

2‧對人思想的影響

(1)法輪功要求學員做一個好人、或好人中的更好的人

一位在悉尼科技大學工程學院很有成就的教授(姓名在此省略),他拋開任何外界對法輪功的批判或讚揚。自己安安靜靜完整地把眾說紛紜的《轉法輪》讀了一遍,然後跟我說:單從《轉法輪》這本書來說,這完全是一本叫人做好人的書,如果都能按這本書的要求做,那中國就全好了……

這應當是一個十分客觀的對於法輪功認識的實例。由於中共正處於鎮壓法輪功時期，所以不便公佈其真實身份。

李洪志先生1995年1月4日在北京《轉法輪》首發式上演講中強調，修煉不同於任何人中的其他事：「……可是修煉不行，得必須修人的心，修煉你這顆心你才能夠昇華上來。必須得重德、修心性，你才能提高上來。……我告訴大家，修在先煉在後，修才是第一位重要的。你要不重視你心性的修煉、不重德，你根本就沒有能量可談！你不注重你心性的修煉，你根本就沒有功！而真正的能量也就是功，就是層次高低、功力大小這個功。人有多高的功，或者是佛教中講的果位多高，那個功純粹是修出來的。大家看那和尚他可沒有煉功，而他就長了功了，為什麼呢？就是他在修。」[165]

1997年7月16日，李洪志先生在濟南講法答疑時也談到：「……同時在傳法過程當中，我也講出了作為一個人，應該怎樣做人的道理。也希望在我們這個學習班上下去不能夠按照大法修煉的人，最起碼也要做一個好人，其實你已經會做一個好人，我知道。就是你在這兒不想修煉，下去之後你也一定會做一個好人，這樣對我們社會也是有利的。」[166]

無論是法輪功創始人對學員的要求，還是法輪功學員本身都認為：法輪功修煉直指人心，並要求學員首先從常人中的好人做起，成為一個善者，做到慈悲心常在，無怨無恨，以苦為樂，進而昇華到做事先想到別人，修成無私無我、先他後我的境界。法輪功把心性修煉放在第一位，心性多高功多高，這是法輪功修煉絕對的真理。因此，法輪功學員都能自覺地按照功法的要求，同化宇宙最高特性「真、善、忍」，嚴於律己，寬以待人，對自己負責，對社會負責。在工作單位，他們兢兢業業，服從領導，任勞任怨，無私奉獻；在社會上，他們遵紀守法，道德高尚，諸惡不作，一心向善；在家庭，他們尊老愛幼，互敬互愛，和睦相處，鄰里團結。他們對名利看得很

淡，不爭不鬥；遇到矛盾向內找，先找自己的不足，即使受到委屈，也不計較，無怨無恨。他們在日常言行中，注意不斷克服自己的妒嫉心、顯示心、爭鬥心和歡喜心等各種不好的心，處處做好人。

（2）怎樣是法輪功認為的好人

法輪功修煉強調要：「修成無私無我，先他後我的正覺」[167]。這應該是法輪功認為的好人的極高境界。怎麼樣才能達到這樣的一個境界，這是十分關鍵的問題。

因此，李洪志先生在《轉法輪》中詳詳細細地告訴法輪功學員怎麼辦才能做一個好人：「你老是慈悲的，與人為善的，做什麼事情總是考慮別人，每遇到問題時首先想，這件事情對別人能不能承受的了，對別人有沒有傷害，這就不會出現問題。所以你煉功要按高標準、更高標準來要求自己。」[168]

有一位名叫張麗的法輪功學員，她是北京「內聯升」鞋店的書記兼經理。她於1995年開始修煉法輪功，1996年7月5日她對自己一年來的修煉作了一下回顧，這裡摘取一小段。「……在當今社會中，一種金錢至上、唯利是圖的風氣很嚴重。我們時時處處面臨各種金錢、物質的考驗，如果放鬆要求很容易滑下去。我們生活在這種環境中，要嚴守心性，就要從根本上改變常人的觀念，在各種利益、金錢、物質面前不動心，把它看淡，不追求。用大法嚴格要求自己，不該要的不要，不該拿的不拿。我店一個業務單位，由於工作配合較好，雙方都滿意。對方為了表達感激之情，要送我一架高檔照相機，價值兩千元。我堅決不要，講了許多，但對方執意要送。最後我說：『我是修煉法輪大法的，煉功人這樣做是不行的，請你不要影響我修煉。』對方聽我這樣說才把照相機拿走。對於其他單位送來的錢、物等我首先儘量拒收，不能拒收的上繳單位。有些物品不易存放，如食品等，我就折合成錢

退給對方。一年中我先後拒收、退掉錢、小型電冰箱、首飾等價值兩萬多元，自己拿出物品折價款一千五百元左右。這些物品自己不實用，又要拿錢折，雖然看起來好像得不償失，但我是煉功人，要的是德，是功。常人認為是好的東西，我們要看淡，看輕。」[169]

　　由於修煉法輪功，這位經理在心性上提高自己，反應在個人的道德品質上，她就成為了一個很好的人。不僅如此，這還是她完全發自內心深處的真實願望。她寫到：「……這些事情的發生，一般情況是沒有第二個人知道的，但我認為自己要有慎獨精神，自覺的做。因此，每當處理完一件這樣的事後，我都感到輕鬆，心裡踏實。1995年我店完成了任務，按照與上級單位內部承包的協定，我應得年終獎金1萬4千元，副經理的獎金每人也有1萬多元。我考慮到職工的收入水準還不算高，幹部與職工收的差距不能過大；再說，企業還有一定的困難，還需艱苦努力，於是與領導班子其他同事交換了一下意見，沒想到大家很容易就達成共識，一致表示與職工同甘苦共患難，年終獎金不拿了。這樣，從幹部到職工從新修訂了獎勵辦法，幹部每人只拿兩千元年終獎。這件事在職工中引起強烈反響，大家稱讚我們做的好。當大家拿到年終獎金時都說：「這是領導幹部的錢給我們分了。」廣大幹部職工決心共同努力做好商店的各項工作。這件事使我受到啟發，一是沒想到自己的想法在領導班子中能很快達成共識；二是沒想到這件事在職工中有這麼大的反響。通過這件事我也進一步體會到李老師所講的得與失的關係，失去的是點兒錢，得到的是錢買不來的東西。」[170]

　　這只是一位在當時還是新學員一年之內的情況。像這類事情在法輪功學員中確實有千千萬萬，可以說每一個法輪功學員一定都有關於做一個好人，一個好人中的好人或更好的人的切切實實的體會。所以，應該可以認為法輪功的修煉一定是使得修煉者的思想越來越健康。

（3）浪子回頭

法輪功修煉者認為，通過法輪功的修煉，可以糾正一切不正確狀態。做為一個好人的標準應該是以宇宙的特性來衡量的，即以「真、善、忍」為標準。那麼，對於一個修煉中的人，很可能原來並不一定是個很好的人，也可能幹過什麼不好的事，甚至於可能是個犯人。由於，法輪功的大門是向所有人敞開的，人只要有想修煉的願望，「神、佛」把人的這一念看得比金子還珍貴，就像佛教中講的：人出了想修煉的這一念，可謂是「震動十方世界」。

那麼任何一個修煉的人就一定會按照「真、善、忍」來嚴格要求自己。對於也可能幹過什麼不好的事，甚至於可能是個犯人的人來說，首先就是規正自己。而且這種規正是一個人從心靈深處真正的變成一個好人，一個很好的人。這方面的例子在法輪功學員中也是很多的。

臺灣是除中國大陸以外法輪功學員最多的地區之一。自然法輪功在臺灣的迅速發展，也可以從另一種角度反映法輪功的真實情況。法輪功在臺灣是受政府支持和鼓勵的，從馬英九到歷任總統等都是支持的，政要們時常出席法輪功學員們組織的活動，並公開譴責中共對法輪功的迫害。

這裡有一個發生在臺灣的實例，一個犯人因為法輪功而變好的事例[171]。臺灣的郭青烽是一位職業賭徒，靠賭他賺進大量金錢，卻因為吸毒，幾度被關進監獄，而今日，郭青烽自信的宣稱：「監獄再也關不到我了！」

原來郭青烽認為要在社會立足，一定要靠頭腦賺錢。他也很聰明，學木工8個月就當師傅，19歲當上了廠長。但他認為做木工賺錢太慢，運用技術詐賭才快。

年輕氣盛的郭青烽認為賭博有竅門、有祕訣，他18歲就擁有一身賭博的絕技，幾乎百賭百勝，因手上多金，過著紙醉金迷的夜生活。他每天就是

賭博、喝酒、唱歌、跳舞，生活極度糜爛。1988年，27歲的他第一次接觸了毒品。上癮後把五臟六腑都搞壞了，思想走上極端，感覺人生黑暗，頭腦裡只想如何死。此時才知事態嚴重，但為時已晚。

他也想戒毒，但在醫院治療時，一看到朋友吸食，毒癮就又來了，「在醫院裡，我偷偷把毒品摻進點滴瓶裡，也不知睡多久，護士叫不醒我；在7個月裡，我花光了最後的財產新臺幣2500萬元」。郭青烽說：「身體的毒好解，心毒不好解。」因接觸毒品20年，糜爛的日子毀了他的全部。

1994年第一次走進監獄，郭青烽10年間4度進監獄。他說，第1次出獄時還有信心戒毒，到了第2次、第3次就沒有信心了。就在2003年他第4度入獄後發生了一件怪事，郭青烽說：「就是很奇怪，在監獄上課時，我一抬頭就看到主管台後面的書櫃裡，擺著的那本金黃色封面的書，頭轉到這邊也看到，轉到那邊也看到，連續3天都看到那本書，到第4天時，我就把那本書拿下來，書名是《轉法輪》，我以為是佛教的書，有人告訴是法輪功的書。」他連續9天，看了3遍後，他說：「我整個頭腦都清醒了」。

自當年9月他開始接觸之後，郭青烽被毒品侵蝕了幾十年的身體開始好起來，精神、體力也恢復了。這時他向監獄裡的朋友宣佈，從今以後跟毒品絕緣了：「就是到百歲年老，監獄再也關不到我了。」郭青烽知道他的人生道路改變了。他興奮的說：「《轉法輪》救了我。」

郭的一位獄友，看了郭青烽的變化，也動念學一學，後來，這位19歲開始吸毒，進出監獄20~30年的獄友，在郭青烽問到：「這次出去會再吸毒嗎？」他回說：「不可能了。當你的心改變時，就不會再去沾那個東西了。」

2005年郭青烽出獄了，因為他的改變，周圍的人也跟著認識了法輪功：「村裡派出所、議員，每一個認識我的人，我都不必講法輪功多好，他

們看到我，自己就有感受。」郭青烽的姐姐現在也已經60歲了，也因為他開始煉法輪功：「姐姐早上也煉，下午也煉，她沒讀書不識字，一本《轉法輪》抱了兩、三年還不會讀，但是現在讀夜校，她不相信這本《轉法輪》讀不來，她說她煉法輪功是看到我的變化這麼大才煉的。」**[172]**

法輪功在使人放棄一些不良生活習慣方面確實顯示了其獨一無二的威力。比如，關於戒煙和戒酒。對於一般染上了煙、酒習慣的人來說，沒有到達一個特殊的情況和境地，想輕易戒除煙、酒的習慣是有些難度的，即便有的臨時戒掉了，一旦遇到新的誘惑就很容易「重蹈覆轍」。

法輪功學員中沒有抽煙喝酒的。即便以前是「煙鬼」或「酒鬼」的，一旦煉了法輪功後就都自動的不會再抽煙或喝酒了。當然《轉法輪》中講了抽煙和喝酒是不好的習慣，修煉者不應該抽煙和喝酒。這不是強迫，而是開始修煉後就自然而然的戒掉了。通過調查訪問，以前抽煙或喝酒的人修煉法輪功後，就再也想不起要抽煙或喝酒。即便是剛剛想修煉，當進入到法輪功的學習班中，以前的抽煙或喝酒習慣也想不起來了。

（二）對社會的影響

1・法輪功學員在工作單位的情況

由於煉法輪功的人很多，他們煉功後在各自的工作環境中的表現和為人處事的態度的變化，對社會產生極大地影響。其實這也就決定了法輪功是否受歡迎，是「正」還是「邪」的一個重要標誌。

作為法輪功學員，修煉後他們心懷「真、善、忍」，對人、對事都有自己的心性標準，有益社會的事他們都主動去做，做了好事也不留姓名；無益社會和傷害他人的事絕對不會去做。這些已經就是法輪功學員起碼的思想

萬迷之謎 法輪功發展之研究 | 兼論氣功與信仰及科學的關係

A Study on Factors Contributing to Rapid
Develoment of Falun Gong: | with Discussions on Qi Gong and Its
Relations to Religion and Science

境界。這本身就是對修煉者的基本要求。

　　幾年前，一位由中國中央某部委派到海外的華人社團領袖（因中共持續打壓法輪功，在此免去具體姓名和單位）跟我談到：他們部委機關的司機中，其中一個是大家公認的好人、服務最好、最老實任勞任怨的司機就是法輪功學員。鎮壓法輪功後不久，他就不見了。我們機關的人都很難過，但沒有人敢說。我們都是各種運動過來的人，知道這種「殘酷無情」。

　　這裡可以看到，法輪功修煉者要麼以前就是好人，要麼是修煉後通過心性的提高成為好人。如前所述，作為一個法輪功學員都得是一個好人，無論是在社會上、工作單位還是家裡都得是個好人。這也就是法輪功修煉的根本，李洪志先生在北京《轉法輪》首發式上的講話中說：「……因為我們抓到了根本去修的，抓住人這顆心去修，這才是關鍵的，所以就非常快。在山裡修的和一些出家人，他們在漫長的歲月去修，吃了很多苦，他就認為他是吃苦才修上來的。實質上是在漫長的歲月中，慢慢的磨去了他常人中執著的那顆心，他才長上來的。我們現在一上來就針對人那顆心去修，你的執著心，妒嫉心，歡喜心，各種心，我們就抓住這些東西去修，都給你把這些東西修下去，所以它就快。」[173]

　　在法輪功傳出的最初幾年，成千上萬的法輪功學員由於修煉後思想境界得到了提高，反應在他們的工作單位和工作環境中，毫無疑問地對社會風氣的好轉起到了不可估量的作用。這是從人內心的改變，也就是說，這是一種從根本上把社會道德風尚變好的唯一途徑。這是任何形式上的變化所無法比擬的。

　　1996年初中國大陸的惠民縣技術監督局局長田豐和[174]，他在修煉法輪功後，隨著學法的不斷深入，自己固有的觀念在轉變，思想在不斷的昇華，逐漸的把常人中的名利看淡了，自覺的按煉功人的標準要求自己。在市場經

濟大潮中，身為局長，來求他辦事的人是少不了的，而且來的人多數是不空手的。他和家人商定，凡是上門送禮的，一律勸其拿回。他的原則是：該辦的事主動幫人家辦好，不該辦的事向人家說明情況解釋清楚；不送禮的先辦，送禮的不辦。堅持：「請喝不到，送禮不要，說情無效。」

他知道李洪志老師的法是指導人往高層次修煉的大法，但也正像李老師說的：「它卻能夠對社會精神文明起到很大的促進作用。」自從他學法後，他就想，自己是個修煉的人了，要用大法指導自己的工作。俗話說：上樑不正下樑歪，正人首先要正自己。要想樹立良好的行業作風，首先得從自我做起。他處處嚴格要求自己，樹立良好的自我形象。同時，他又經常在全局幹部職工大會上，在大家能夠接受的情況下，有意識的，力求恰到好處的講一些李老師的觀點，用李老師的話來教育廣大幹部職工。超常的法、超常的理，確實有其超常的威力。

他在還不到一年的修煉時間裡就使他們局幹部、職工的思想發生了巨大的變化，平時都能嚴格要求自己，工作中講奉獻，自覺做到不該得的東西堅決不得，出現了許多感人的事蹟。例如：局裡有兩位同事給省屯澱粉廠安裝化驗設備和天平，星期天也不休息。安裝完了，沒向企業收一分錢的費用。廠裡感到不可思議：現在哪有這樣的事情？為了表示感謝，他們送給兩位同事6桶玉米油（價值180多元），被謝絕了。這種現象在商品經濟時代是很罕見的。

1996年7月18日，胡集電力加油站請計量所去修理加油機。計量所的工作人員用了兩天時間把加油機修好，使加油站工作恢復正常。臨走時，該站送給兩位工作人員兩條香煙，兩箱飲料，以示感謝，也被謝絕了。8月4日下午6點30分，已經下班了，他們接到皂戶李鄉蠶繭收購站的告急電話，說兩台電子秤出現故障失靈了，正是收繭關鍵時刻，如不及時修好將影響整個收

購工作。他們業務員二話沒說，立即出發，連夜修好了兩台電子秤，解了燃眉之急。

由於局長修煉法輪功使全局幹部、職工精神面貌轉變了，行風轉變了，全局工作也出現了從未有過的大好局面。僅1996年下半年，上級有關部門對這個局工作的做法及成效，分別在縣政府第十九期政務、縣紀律檢查委員會第四期通報、濱州地區技術監督局資訊第一期、濱州日報、山東省標準、計量、品質雜誌第八期等報刊雜誌上刊登了他們局的經驗和取得的效果，從而贏得各級領導的好評。縣長魏赤色在全縣工業鄉鎮企業決戰第四季度動員大會上，對他們局提出了表揚。

類似這些現象在法輪功學員中是很普遍存在的。這些看似平凡的小事，從根本上起著對社會風氣好轉的有力作用。

1994年12月27日，李洪志先生在北京法輪大法輔導員會議上講道：「……我們法輪大法就是修煉人的心性，要求人提高道德水準。也真正點出了我們修煉為什麼功長不上去的根本原因，點到這個問題，所以我們說到了實質問題。過去我講過，有人在心得體會中跟我講，說老師這個法傳出來之後，對我們社會上的精神文明建設很有好處。當然我講了，主要目地還不是這個，我就是想把這個法留給人們，把他傳出來叫更多的人受益，能夠真正的得到提高。用我們佛家的話講，就是能夠真正的昇華上去，得到圓滿。但是，他必然會帶來這樣一個結果，使人的道德水準得到提高。因為我們這套功法的要求，我說我們點到實處了，要求人重視心性修煉。為什麼好多人，還包括很多僧人，專業修煉的道士也是一樣，他已經不知道如何去提高了，他只重視在形式上的東西，而不去重視實質的東西。

人的心性要昇華不上去，我說那就是根本不可能得到提高，因為這個宇宙的特性，他不允許心性不高而昇華上去。如果人能夠達到這樣一個成

度，就是在不同成度上得到提高，我說這個人即使不圓滿，他對社會也是有益的，他不會明明白白去做壞事，他知道做壞事會給他自己帶來哪些很不好的後果。這樣他會對社會精神文明建設，對人類的道德水準，都有相應的提高，這一點是肯定的。我們傳這個功也是本著對人負責，對社會負責，所以我們也做到了這一點，在群眾中、在修煉者中產生的影響還是比較好的。我們也是一直嚴守這個法的要求這樣去做，我們這個功法也沒有走偏，一直保持著這樣一個純潔的、純淨的修煉狀態。

……根本原因只是因為我們重視了人的心性的提高，對社會也好，不同階層的人也好，不同想法的人也好，都能夠接受法輪大法。」[175]

作為法輪功學員如何對待本職工作以及在工作單位如何做一個好人？關於這個問題李洪志先生在《轉法輪》中專門舉了幾個例子，比如：「……在心性的提高方面，突出的例子特別多。有個學員是山東某某市針織廠的，學法輪大法之後還教其他職工煉，結果把一個廠的精神面貌全帶動起來了。針織廠的毛巾頭過去經常往家揣一塊，職工都拿。學功以後他不但不拿了，已經拿家的又拿回來了。別人一看他這樣做，誰也不拿了，有的職工還把自己以前拿的都送回廠，整個廠出現了這個情況。」[176]

李洪志先生在《轉法輪》中還專門講了一家工廠的精神面貌的變化。「某市一個輔導站站長到一個工廠去看煉法輪大法的學員煉的怎麼樣，那個廠的廠長親自接見他們：這些職工學了你們法輪大法之後，早來晚走，兢兢業業的幹活，領導分派什麼活兒從來不挑，在利益上也不去爭了。他們這樣一做，把整個廠的精神面貌全部帶起來了，廠子經濟效益也好了。你們這功這麼厲害，你們老師什麼時候來，我也去參加。我們修煉法輪大法的主要目地是往高層次上帶人，並沒有想做這樣的事情，可是他卻能夠對社會精神文明起到很大的促進作用。如果人人都向內心去找，人人都想自己怎麼做好，

我說那社會就穩定了，人類的道德標準就會回升。」[177]

「目前在社會上有許多工廠的工人學了之後，把工廠的精神面貌都改變了。人明白了如何去做人，如何去重德，那麼他也可以轉化成生產力。人心都向善，好好工作，你想做一個好的修煉人，你必須得從基礎做起，你首先得做一個好人。好人在處處都得體現出是一個好人，那麼領導交給的工作，你得把它很好的完成了，因為你是為社會盡義務，必然會起到這樣一種促進作用。因為我往高層次上傳功，講的是往高層次上傳的法，是能夠指導人往高層次上修煉，甚至於修煉到更高境界中去的。」[178]

李洪志先生在寫給學員的經文中也明確了這一點，這些儘管只是對法輪功修煉者的要求，但外人也可以從側面瞭解法輪功修煉不但不會影響日常工作、學習和生活，而且因為去掉了引起人與人之間產生矛盾和鬥爭的「為私為我」的不良因素，只會對社會、領導和他人有益。

對於個別學員可能出現的偏差，李洪志先生及時進行指導和糾正，以免任何不良影響的產生。比如他在關於《修煉與工作》的文章中要求學員：

「我們法輪大法弟子，除寺院中專修的之外，絕大多數在常人社會中修煉，通過學煉大法，大家都能把名、利看淡了。可是由於對法理解不深，從而出現了一個問題：個別弟子對於常人中的工作不幹了，提拔當領導也不幹了，造成了很多不必要的工作和生活上的干擾，直接影響到修煉；也有一些正當經商的，覺的對於錢財看淡了，同時又感到經商會傷害到別人，影響自己修煉，也不幹了。

其實大法的內涵很深，放下常人之心不是指放下常人的工作；放下名、利，不是脫離常人社會。我一再提出：在常人社會中修煉的要符合常人社會的狀態。

從另外一方面來看，常人社會的領導工作要都是我們這種能放下個人

名、利的人去幹，那將會給人民帶來多大的好處呢？如果是一個貪心很重的人那會給社會帶來什麼？經商的人如果是修大法的，社會的風氣將會怎樣呢？

　　宇宙大法（佛法）從最高到最低一層是貫通的、完整的，要知道常人社會也是一層法的構成啊！人人學大法，人人都不幹社會工作了，那常人社會將無存，這一層法將無存。常人社會也是佛法在最低一層的體現，也是佛法在這一層中生命與物質的存在形式。」[179]

　　據說，有些大陸的私營企業招工時，明確規定法輪功學員被優先錄用。我的一位朋友的企業，他們現在還是這樣做的。因為他們對法輪功學員十分放心。

　　接觸過或對法輪功學員有些瞭解的人也不少，只是由於中共的打壓使民眾不敢說。但還是有的，2009年元旦過後，東北一特色美味食品城開始重新租賃攤位，唯一的一個好地角租給了一個煉法輪功的個體業主。

　　一些老業主知道消息後憤憤不平，一起找到食品城經理，「經理先生，我們好歹也是老業主啊，為什麼把最好的地腳租給煉法輪功的？而不租給我們？」

　　經理心平氣和的對老業主解釋：「我當然知道你們是老業主，我也十分瞭解你們的坑蒙拐騙、欺行霸市行為，為什麼就不能把最好的地腳租給煉法輪功的？哪條法律規定最好的攤位不能租給煉法輪功的？煉法輪功的沒有欺詐、沒有暴力、更沒有為私利坑害別人的行為，你們哪位老業主能趕上她？況且，最好的攤位是我們食品城的門面、典範，如果你們哪位能趕上煉法輪功的，我立即就給最好的攤位，一分租金不收，白送。」

　　聽了經理的話，老業主們都感到自愧不如，悻悻地離開了經理辦公室。[180]

萬迷之謎　法輪功發展之研究 ｜ 兼論氣功與信仰及科學的關係

A Study on Factors Contributing to Rapid　with Discussions on Qi Gong and Its
Develoment of Falun Gong:　Relations to Religion and Science

2·法輪功學員與周圍人的相處情況

（1）遇事要為別人著想

一個人修煉法輪功後與他（她）修煉以前相比之下是會有所不同，除了這個人原來有病的身體會變得好起來之外，他們的一些不良習慣也會逐漸放棄。個別情況，由於在自身所發生的巨大變化，或懂得了做一個好人的道理，可能會表現得十分激動和興奮。一般來說，這種情況不會出現，但從前認識他（她）的人也許會有感覺。但這個新學員表現出來的也都是一些好的現象。對於總想找出一些毛病的人來說，也許會說：「這個人變地怎麼怎麼樣了……。」等等。

對於絕大部分學員而言，修煉法輪功後的身心健康都會變得比以前好很多，這方面的變化，越是離修煉者關係近的人就越看得清楚，而修煉者把自己切身的體會也是首先告訴於自己關係密切的人。這就是為什麼法輪功的傳播形式是「人傳人、心傳心」。

從法輪功本身的角度而言，法輪功的法理要求修煉法輪功要做到，無論遇到什麼事，無論做什麼事，一定要首先考慮別人，是不是這件事會影響到別人，給別人會不會帶來麻煩或造成困難。到後面要逐漸做到「無私無我、先他後我的正覺」[181]。李洪志先生在《轉法輪》中也舉了例子：「我在太原講法傳功時，有個學員五十多歲，老倆口來參加學習班。他們走在馬路中間的時候，一輛轎車開的非常快，轎車的後視鏡一下子就掛住老太太的衣服了。掛住之後把她拖出十多米遠，『啪』一下摔在地上，車子開出去二十多米停住了。司機跳下車來之後還不高興：啊，你走路不看。現在這個人就是這樣，遇到問題首先推責任，怨不怨他都往外推。車裡邊坐的人說：看看摔的怎麼樣，送醫院去吧。司機明白過來了，趕快說：大娘怎麼樣？是不是摔壞了？咱們上醫院看一看吧。那個學員慢慢從地上爬起來之後說：沒

事兒，你們走吧。撲了撲土，拉著老伴就走了。」

　　「到學習班上來跟我講這件事情，我也挺高興。我們學員的心性確實提高了。她跟我講：老師，我今天是學了法輪大法，我要不是學了法輪大法，我今天不會這樣對待的。大家想一想，退了休了，現在物價這麼高，什麼福利待遇也沒有了。五十多歲的人被汽車拖走那麼遠，捧在地上。哪兒壞了？哪都壞了，趴在地上都不起來。上醫院，走吧，到醫院住著都不出來了。那攤常人可能就那樣。可她是個煉功人，沒有那樣做。咱們就講，好壞出自人的一念，這一念之差也會帶來不同的後果。那麼大歲數，攤個常人，能捧不壞嗎？可她連皮都沒破。好壞出自一念，如果她躺在那兒說：哎呀，我不行了，這不行，那不行。那麼可能就筋斷骨折了，癱瘓了。給你多少錢，你住在醫院裡後半輩子起不來，你能舒服嗎？看熱鬧的人都覺的奇怪，這老太太怎麼不訛他點錢呢，管他要錢。現在的人道德水準都發生扭曲了。司機是開快車了，可是他能是有意去撞人嗎？他不是無意的嗎？可我們現在的人就是這樣的，要不訛他點錢，這看熱鬧的人心裡都不平。現在我說好壞都分不清了，有的人告訴他你是在做壞事呢，他不相信。因為人的道德水準都發生了變化，有的人唯利是圖，只要能弄到錢，什麼事都幹。人不為己，天誅地滅，都成了座右銘了！」[182]

　　（2）修心的例子

　　這是一個小例子，像這類事例在修煉法輪功的學員中是非常普遍存在的，如果人們在遇到這些矛盾或利益上的衝突時候都能嚴格要求自己，也就談不上會與別人相處時而發生什麼矛盾，人們也都會願意與這樣的人交往。

　　東北師大附中有一位叫單麗欣的語文教師，曾是中央衛星教育台初中畢業總複習系列講座的語文老師。專業水準很好，她修煉法輪功後，在職稱評定中的態度和過程中放淡名利，境界得到昇華。

萬迷之謎　法輪功發展之研究 | 兼論氣功與信仰及科學的關係

A Study on Factors Contributing to Rapid
Develoment of Falun Gong: | with Discussions on Qi Gong and Its
Relations to Religion and Science

　　1995年末單麗欣剛剛得法，就趕上了第一次評定職稱。由於沒評上，心裡感到挺委屈。總認為自己專業能力很強，職稱是應該給她的，總有個不認命、不服輸的勁兒。學習《轉法輪》時她徹底的悟明白了這個理，李老師說：「你看你啥都行，你命中沒有；他啥都不行，可是他命中有，他就當了幹部了。」「我們修煉人講隨其自然，是你的東西不丟，不是你的東西你也爭不來。」「所以我們講隨其自然，有的時候你看那東西是你的，人家還告訴你，說這東西是你的，其實它不是你的。你可能就認為是你的了，到最後它不是你的，從中看你對這事能不能放下，放不下就是執著心，就得用這辦法給你去這利益之心，就是這個問題。」所以她悟到了，這就是去她那顆爭強好勝的心，於是心很快就平靜了。

　　1996年底評定職稱時，她已經修煉一年了，對名利已經看的很淡了，當磨難來時能從法上來認識，並能按照修煉人標準正確的對待了。事後校長找她談話說：「我正寫年終教學工作總結，這裡提到你做了很多工作，你沒評上職稱，我們心裡很不是味，感到很遺憾。」她笑呵呵說：「這沒什麼，只要學生喜歡我，家長認可，領導對我的工作放心，評上評不上沒有關係的。」校長聽了很感動，說：「是不是你們煉法輪功的人都有這樣的胸懷和境界？」她於是講了她修煉大法的體會。校長說：「你講的太有誘惑力了，我也想嘗試嘗試。」

　　但是一個修煉的人能不能真正徹底走出名利場，這是提高的關鍵。1997年6月，她又經受了一次大的考驗，本來她覺的對職稱這個問題已經看的很淡了，報不報、評不評啊，都不往心裡去了。但這第4次評職稱的前前後後，來自於方方面面的輿論很多，時時都在檢驗她的心。其中有為她打抱不平的，有諷刺挖苦的，也有指責批評的，更有甚者說：「你不是煉法輪功嗎？不煉還能評上，煉功就評不上。」面對這一切，她非常明白，這就是在

勾起她的執著心，在檢驗她對法悟到什麼程度，名利心放到什麼程度，這又是一次提高的機會。她想：一則，自己是個修大法的人，不管別人說什麼，修煉的人心一定要正，要擺正與人的關係，所以，聽到一切都不往心裡去；二則，這還是看自己名利之心是不是捨盡，「捨盡方為無漏之更高法理」[183]；三則，這是在看自己我對法能不能堅定修煉這個根本的問題。

經過這4次評職稱的考驗，她更深的體會到李洪志老師的這句話：「就是在這複雜的環境中，在捧捧打打中，在磨難當中你才能提高你那顆心，你才能達到高標準、高境界。」[184]她的這顆很重的名利心，就是在這個過程中和工作環境中一點點、一層層的去掉的。

她承擔兩個班的語文課，工作量本來是不輕的，但經常還有別的任務往上加，像接待課、彙報課、百花獎課，無論是學期中間的，還是假期的，不管是有準備的，還是臨時決定的，讓她上她就上，就上好。還有搞語文教改試驗，組織全校學生的影視配音比賽，指導青年教師上課，給有病的教師代課，當備課組長、帶徒弟，讓她幹什麼，她就幹好什麼。校長說：「咱校要有1/3的人修煉法輪功，學校的工作就好幹了。」學校工作是很緊張的，尤其是期中、期末，再加上一些行政事務，真是又忙又累的，但由於放淡了名利之心，心裡是很輕鬆的。當然，有時執著心也往出冒：「職稱不給我，可是樣樣的工作往我身上壓，你們可真放心！」但當這些念頭反映出來的時候，馬上用法來衡量，問自己：「你是個修煉人，在這人世間的客店裡你要什麼？」「不就是吃點苦、挨點累嗎？找這個機會還找不著呢！」所以，很快就把這些不好的念頭消下去了，而且心也由煩亂變的平靜了。

修煉之前，她要求自己做個好教師、好同事、好職員，但往往是為了名利、顧及臉面。現在不同了，她是個大法修煉的人：要不計名、不計報；要比常人中的模範英雄人物做的還要好；要成為完全為他人活著的人；要修

萬迷之謎　法輪功發展之研究　｜　兼論氣功與信仰及科學的關係

A Study on Factors Contributing to Rapid　｜　with Discussions on Qi Gong and Its
Develoment of Falun Gong:　｜　Relations to Religion and Science

成無私無我、先他後我的正覺。

四‧對國家和民族的影響

（一）法輪功修煉者不參與政治

1‧法輪功的法理不容許法輪功修煉者參於政治

　　人類歷史上有不少信仰或信仰組成的團體，由於信仰的人越來越多，組織也越來越大，就由開始單純的信仰逐漸走入政治。因為政治帶有為利益集團謀利的方式和手段，而這些本就不是信仰「神」的行為。也正是由於有這樣的信仰團體和組織走入了政治，不乏這些組織給人類帶來了一定的災難的例子。

　　從法輪功方面來說，法輪功不參與政治是法輪功的法理。也就是說，作為一名法輪功學員，你就不能夠去參與政治。這在李洪志先生的書中和多次講法中有明確規定。

　　法輪功相關書籍中有一本《精進要旨》，裡邊的短文是李洪志先生有針對性的，根據學員修煉過程中出現的問題為及時進行提醒和修正專門寫的。他在1996年9月3日有一篇經文特別寫了《修煉不是政治》，有的人可能是抱著對現實有些不滿而學法輪大法，針對這種不正確的思想狀態寫到：

　　「一些學員對社會、對政治不滿，抱著這種強烈的執著心不放，從而也學了我們的大法，甚至妄想利用我們大法參與政治，這是褻瀆佛、褻瀆法的骯髒心理行為。如果不去掉此心，絕不會圓滿。

　　我在講課中一再強調，常人社會形式，不管它是什麼樣的社會與政治，都是有定數的，是天定的。修煉的人無須管人間的閒事，更不要參與政治鬥爭。社會上對我們如何，那不是在考驗修煉人的心嗎？不能說我們被搞

到政治裡邊去了。

　　我們大法修煉的形式就是這樣的，也不投靠任何國內國外的政治勢力。那些有勢力的人不是修煉的人，就絕不能擔任我們大法的任何名譽的和實質的負責人。

　　弟子們，你們要記住我們是真修的！是放下常人的名、利、情的，社會的制度怎麼樣與你們修煉有什麼關係？修的執著無一漏才能圓滿哪！一個修煉者，除幹好本職工作外，不會對政治、政權感興趣，否則絕不是我的弟子。

　　我們是能夠使修煉者得法成正果，也能使社會人心向善，對人類社會的安定有好處。但大法不是為了人類社會而傳的，是為了你們修煉能夠圓滿。」[185]

　　即使是在中共對法輪功進行嚴酷的鎮壓時期，李洪志先生更是嚴格要求弟子們不參與政治，而且他在《不政治》的經文中把修煉人對於政治的態度和看法，以及為什麼不能參與政治都告訴了弟子。這是法輪功對待人類社會政治的態度。

　　「『政治』一詞是現代變異社會的名詞，歷史上真正人的社會是沒有此名詞與政治所涵蓋的內容的。從人類社會出現政治時人類社會已經開始變異，同時道德觀念也被其衝擊著。而且搞政治的人本身就是為了名利的慾望而加入其中的，只是當初人類社會的道德觀念還很強勢，生活在那時的人都在此環境當中，所以搞政治的人在表現上只是沒有當今搞政治的人表現的無所顧忌而已。所以從政治的出現就是骯髒的。但是，在搞政治的圈子裡確有一些正義之士，憂國憂民，但那只不過是江河一粟。

　　但是對於那些反對邪惡政權禍國殃民的正義反抗者，人們也把其視為搞政治，因為他們有明確的政治主張。儘管其主張，人認為是正義的，但畢

竟政治行為是變異社會的產物。如果沒有當今變異的人類社會也就不會有政治的出現。

　　作為大法弟子的修煉是高於人的，是掌握更高境界真理的修煉者，認識上是超越常人境界的。在更高的法理境界以下的認識就不再是宇宙的真理了。這一點每個大法弟子在修煉中都是明確的，那就更不能把常人的政治混於正法當中。大法弟子所承受的魔難是正法與修煉中的事情。揭露邪惡、向世人講清真相也只是說明大法與弟子們所承受的迫害，其根本目地是在救度世人，去其眾生頭腦中被邪惡所灌輸的毒害，挽救其將來因敵視大法而被淘汰的危險，這是大法弟子在承受被迫害時還能挽救眾生的偉大的慈悲體現。從另一方面講，神、佛怎麼能參與人的政治呢？神、佛更不會肯定變異了的人類社會所出現的政治。

　　人類社會是修煉的好場所，是因為這裡的一切都會使人執著，因此而能走出來、去除一切對人類社會的執著，才偉大、才能圓滿。」[186]

　　早在1994年9月18日，李洪志先生在長春輔導員講話中就談了：「我感覺這個法講的過份明瞭也不利於大家修煉，那就成了常人中的道理，我們不用講常人中如何如何修煉的問題。一會兒我把這些條子上的問題給大家解答一下，剩下的時間大家有什麼問題再提一提。想探討什麼知識你別提，涉及到國家政策問題也別提。我們在修煉過程中遇到的比較典型的問題，主要解答這些問題，大家可以提一提。」[187]

　　1997年7月16日，李洪志先生在廣州講法答疑時，有學員問到有關國家什麼問題時，連學員的問題都沒唸就講：

　　「弟子：國家…？

　　師：另外有問國家的事，常人中的具體事情，我不能夠給你解釋了。有些牽扯到政治問題的你也別來問我，我們向來不干涉政治、不干涉國家法

紀的。我們煉功人怎麼做、怎麼叫無為、應該怎麼做，這些事情我們都講了。」**[188]**

作為法輪功修煉者所依據的經書，足以說明法輪功是不參與政治，也不允許參與政治是顯而易見的。

2·法輪功修煉者實際上也沒有參與政治

關於法輪功參與政治的說法，實際上是來源於中共的宣傳。中共要鎮壓法輪功，首先要把鎮壓的物件當做敵人或對手，特別是政治對手，這樣做起來對於擅長於搞政治運動的共產黨就顯得得心應手。所以，中共後來的宣傳和批判說「法輪功參與政治」其目的是要把法輪功拖入政治之中，好徹底地將法輪功剷除掉。

由於法輪功修煉中「不參與政治」的原則金剛不動，任何用法輪功的名義追求「改朝換代」，或者在政治鬥爭中謀求個人權力和名利等行為，都是與法輪功的修煉原則和修煉目的背道而馳的。因此真正的法輪功弟子都會自持自重，按照「真、善、忍」的標準約束自己的心性和言行，同時平等對待其他人，講真相和勸善不分政治背景、種族、性別年齡、文化層次與社會階層。任何政治上的要求都是對人類社會事情的執著，是修煉者本身就要修去的東西，所以不會有什麼政治上的主張和要求。

既使是有政治傾向性的學者，或被中共打成的「反共人士」，從他們的角度來看，法輪功不介入政治也是顯而易見的。即便是在當前，中國共產黨以整個國家政權來鎮壓法輪功的這種嚴酷環境下，對於法輪功學員來說，依然沒有任何的參與政治。

胡平在《從法輪功現象談起》長文中也做了分析和敘述：「法輪功只講個人心性修煉，基本上不涉及社會，不涉及國家。法輪功沒有提出任何理想國方案，連暗示都沒有。法輪功對現實的批評是很籠統的，最後還是落

萬迷之謎 法輪功發展之研究　兼論氣功與信仰及科學的關係

A Study on Factors Contributing to Rapid Develoment of Falun Gong: | with Discussions on Qi Gong and Its Relations to Religion and Science

實到個人練功上，而不是鼓勵人們去改造社會。不少宗教、半宗教，或多或少、或明或暗，都包含著某種理想社會的追求，因此可能走向現實政治，轉為政治運動或走向政教合一，不過從法輪功裡我們還看不出這種傾向。如此說來，把法輪功類比於太平道、白蓮教、拜上帝會或基督教，大概都是不恰當的。

　　我們不妨考查一下其信徒的主要成分，看一看這套理論或教義主要吸引了哪些類型的人，或許更有助於弄清它們的性質。從現在瞭解的情況來看，法輪功的成員，很多是中老年，其中不少是婦女，沒有多少進攻性、戰鬥性。法輪功的請願活動總是特別和平有序，我以為倒不是因為有嚴格的紀律約束，而是因為成員本來就老實本份。很難想像這種人會變成太平軍、義和團。

　　中共鎮壓法輪功，法輪功繼續堅持，不斷請願。這是否意味著他們介入政治了呢？不是，依然不是。這裡的問題，還不是一般人常講的『你不過問政治，政治要來過問你，所以你也不能不過問政治』。因為法輪功目前的所作所為，只不過是抵制政治的越界行為，讓政治回到政治自己的領地裡去，法輪功自己並沒有越出自己原先給自己規定的邊界，也就是說，法輪功自己並沒有越界到政治的領地來，所以它依然沒有介入政治。你向別人擠去，別人如果不肯躲開，別人如果屹立不動，你當然就會感受到一個不愉快的反作用力，難道你因此就能說別人在擠你嗎？眾所周知，共產黨一貫製造邏輯混亂以便整人害人。你本來不反黨，黨偏說你反黨，你不接受黨的指控，於是黨就說：你反對黨對你反黨的指控，你這不是已經反黨了嗎？邏輯學上，有所謂『內在否定』與『外在否定』之分，講的就是『反對黨對你反黨的指控這一行為本身並不等於反對黨』這層道理。」[189]

　　法輪功是佛家的一門修煉的法門，自古人們都知道，修煉人的願望是

通過對自身的修煉使自己回歸到更高的生命境界。首先須要放棄的就是人世間的得失，因此修煉人是不會對人世間的政治感興趣的。

法輪功不僅對政治不感興趣，甚至於對於爭取人權之類的事也不介入。在這一點上，使許多的人權組織和機構，許多的民運組織和人士也無法理解。這其實是「修煉」的要求……。

法輪功只要求其實修者無論在什麼樣的社會環境和條件下，在各自所處的場合中「做一個好人，一個先他後我的好人」，最後修成「無私無我的」正覺。所以法輪功註定就是與政治無緣的。中國共產黨一直宣稱法輪功參與政治，實際上是為了鎮壓所找的藉口之一。

其實不少的學者也看到了這點。胡平先生在他的文章中就寫到：「法輪功不僅沒有介入政治，它甚至也沒有介入人權活動（人權和政治有區別，人權不屬於政治，個中道理，我在別處講過，恕不重複）。作為一個群體（不是指個別人），法輪功沒有參加過爭取人權、保護人權的活動。在法輪功遭到當局迫害後，人權團體、民運團體莫不予以聲援，但是，法輪功並沒有回過頭來對同樣遭到迫害的人權和民運人士予以聲援。壓制法輪功自然屬於壓制人權，但維護法輪功──如果僅僅是維護法輪功而不管其他的話──並不等於維護人權。因為人權是個普遍性的概念，好比說，殺牛是殺動物，但主張保護牛未必就是動物保護主義者。我當然希望法輪功成員能夠把維護法輪功提升到維護普遍人權的高度，我相信也會有更多的法輪功成員達到這一高度，不過迄今為止，作為一個群體（不是指個別人），法輪功還並沒有介入人權活動。如果當局指責法輪功與人權團體民運團體「合流」，那顯然還不是事實。」[190]

在中共鎮壓法輪功之前，法輪功在中國大陸的發展的確非常迅速。都是因為煉法輪功後祛病健身效果顯著，一傳十、十傳百。我們打個很不恰

萬迷之謎 法輪功發展之研究 兼論氣功與信仰及科學的關係

A Study on Factors Contributing to Rapid Develoment of Falun Gong: with Discussions on Qi Gong and Its Relations to Religion and Science

當，但容易理解的比方，有人發現體育運動對健康長壽很有好處，那麼就相互傳開，很快就有很多人利用早晨空餘時間參加鍛鍊身體。如果有人在報刊雜誌上公開反對、並侮辱鍛鍊身體，那些因鍛鍊而使身體獲得健康的人是不是會有人去反應情況呢。如果這種反應情況也叫參與政治，那又如何做才不參與政治呢？

法輪功學員只是根據現在中國的現行《憲法》規定的人的最基本權利：人有信仰的自由。這也是現代社會的普世價值，選擇了修煉法輪功，但卻遭受著中共政權動用一個佔世界人口總數五分之一的全部國家機器的殘酷鎮壓。中共政權對法輪功的鎮壓的殘暴程度，對於大陸民眾來說由於媒體被嚴格控制，可能真的不知道。但在海外，由於少數法輪功學員把自己受迫害的情況告訴海外學員，或逃到海外，或由第三者等揭露法輪功學員被迫害的一些真實情況。足以說明，中共對法輪功的迫害是史無前例。許許多多的人，特別是華人，由於中共對法輪功的「醜化」宣傳而無法知道真實情況；不少知識份子、學者儘管知道一些真相也是敢怒不敢言；有的也加入到人云亦云的「醜化」宣傳中；更有甚者，直接參與迫害。

在這種情況下，法輪功學員只不過是要求停止迫害。為了使中共政權停止這場毫無意義和毫無道理的鎮壓，希望國際社會幫助呼籲中共停止這場迫害，這也叫做「參與政治」，這是否有些太不符合邏輯。

（二）法輪功沒有組織、不存錢物

1·不動錢、不搞任何形式的經濟實體

在現代社會裡，任何一種組織形式必然需要一定的經濟作為基礎。否則，這一組織就無法在社會上立足。法輪功不動錢、不搞任何形式的經濟實體，為的是不讓任何形式的東西來干擾「弟子的實修」。

　　實際上，李洪志先生對法輪功輔導站和學員有嚴格的要求和規定。例如：輔導站是專一組織輔導修煉的群眾性實修組織，堅決不搞經濟實體和行政機構式的管理方法，不存錢、物，不搞治病活動，鬆散管理；學員所需的有關法輪功圖書、資料、音像等，都要通過正當的社會流通管道和書店購買，輔導站一律不得經營。輔導站和輔導員，均不得以任何名義集資或接受任何形式的捐款和禮物，等等。

　　這些規定，輔導站及所有學員都是自覺、嚴格遵守的，從而保證了法輪功始終正確、健康的傳播和發展。

　　以下有些是李洪志先生講課中談到的有關內容。

　　早在1992年，李洪志先生剛剛開始傳法給學員答疑時就要求他的弟子不許動錢。「……再有我們傳功過程中都是屬於義務，做好事，積功德。作為煉功人你求什麼？不求名利，是不是？我們求的是功德，所以不准任何人收費。」[191]

　　李洪志先生早期傳法時，在給濟南學員講法答疑時說到將來即便建了「法輪大法基地」也不許動錢：

　　「弟子：法輪大法基地何時建？

　　師：還沒打算，法輪大法基地將來建成了，也是由我們專修弟子、出家人管理，一樣不動錢財的。」[192]

　　1994年12月27日，李洪志先生在《廣州對全國部分輔導站站長的講法》中有一段也專門講到關於動錢的事，以及如何對待個人工作中所掙錢的事：

　　「……另外，這裡邊還有一個問題，你要是搞錢，用它來掙錢，那麼就完全破壞了這個法，因為法是度人的，不能夠利用來經營、經商。再有，以前有許多氣功師搞治病呀，搞諮詢呀，也掙一些錢，其他功派中有這樣做

萬迷之謎　法輪功發展之研究 ｜ 兼論氣功與信仰及科學的關係

A Study on Factors Contributing to Rapid ｜ with Discussions on Qi Gong and Its
Develoment of Falun Gong: ｜ Relations to Religion and Science

的。還有的公開說沒有錢不能養道，實際上都是謬論。好像中國古代修煉人都是很有錢的，其實他們一貧如洗。當然，我們也不反對你有錢，這個問題我已講過了。你在工作上，可以做好本職工作，多賺一些錢，這是常人中的事情。我們在修煉過程中就是如何維護這個法，如何使這個法不走樣，不走偏。還不只是今天大家這樣學，將來會在歷史上留下很長時間。大家都在學這個法，遵循這個法，如果我們一開始就不把他搞的很好，一開始就走偏了，那麼將來就面目皆非了。大家知道，在我這兒，在我個人這方面，儘量把它做的好些，不產生任何不好的事情，不好的現象，將來各地輔導站也是一樣，你做的這些事情也代表著法輪功，從某一點上也是法輪功的形像的體現。大家千萬注意自身的形像，注意工作方法，不要給法輪功抹黑。如果搞起單位來，要搞起掙錢來，我說這就不是什麼法了。這裡邊一牽扯到錢呀，物呀，利上的問題呀，就會出現你掙的多了，我掙的少了，我幹活兒多了應該有點補償呀，怎麼報銷呀，社會上還要找你攤派呀，等等。我想，要真的搞起這個形式來，那就不是修煉了，那就完全是一個公司了，這是絕對不行的。」[193]

不動錢的目的是為了法輪功真正的走正。不能像社會上的其他形式，為名為利。「……所以一開始我們就嚴格要求這樣做，不搞實體。我們的功派管理，是輔導站不存錢，完全是義務輔導。我們也不搞一個團體、幫派，就是大家義務為群眾、為更多的人做一些好事。

總而言之，我們手裡不能存錢，輔導站不能存錢，不搞任何經營活動。這個問題我對大家說的很明確了，因為是很嚴肅的事情。我們這個功派能走正路，就在這一點上與其他功派有根本的區別。」[194]

後來有弟子提問談到關於贊助的問題。法輪功也是不許收的。因為根本就沒有金融帳戶，有錢也沒有地方存放。

「弟子：關於贊助的問題。

師：不管別人多有錢，多想為法輪功贊助我們也不要。為什麼？因為你存了錢，那麼別的輔導站是不是也能存錢？所有的輔導站都存錢了，將來搞起來一牽扯到錢的問題，人心就要變，所以咱們就是不搞。如果這個人真想為法輪功作貢獻，比如說買些資料呀，或者我們開展學法這方面的活動呀，可以叫他做有益於活動的事，他做成現成的，這樣就可以。」[195]

無論是接受贊助還是掙錢對於法輪功都是不被允許的，因為這是違背修煉原則的，也是違背法輪功修煉法理的。

我做了儘可能的全面瞭解，無論是中國大陸還是直到現在海外的各級輔導站、煉功點，沒有任何一個是有帳戶和任何形式的商業活動。各個國家法輪功學員向所在地註冊的「法輪大法佛學會」都是以非盈利性質的慈善社團。都沒有帳號，同樣也不接受捐款。海外現在各國、各地區法輪功形式的所有活動（如法會）的費用都是個別學員主動、自願出的，出錢的學員也都不願意告訴大家誰出了這筆租金等等之類的事。沒有任何的來自非法輪功學員的錢，而且原則上對於新的法輪功學員出的錢不予接受，以免由於對「法輪功的法理」理解不深，把握不好而影響新學員以後的修煉。

2．法輪功實行鬆散管理

在法輪功來看，修煉的實質是使修煉人的心性得到提高。然而，任何會影響到修煉者心性的提高或勾起執著心的形式都不被容許。一個有形的組織來組織修煉，必定會使修煉者不知不覺的跟隨這一有形的組織，而干擾到「以法為師」；而且，這一有形組織中的成員也會容易因修煉不精進，而對名利產生執著。法輪功為了最大限度的能讓修煉者儘快提高上來，所以實行鬆散管理。修煉者來去自由，任何活動都由學員自覺自願參加。

法輪功學員之間相互聯繫的輔導站、練功點、研究會等等，都只不過

是起到一個聯繫，傳達新經文和開展一些修煉的交流活動等等。

　　因為法輪功只重實修，不重形式，實行鬆散管理。沒有管理機構，沒有辦公設施，沒有專職工作人員，也沒有組織章程、學員登記這些東西，所以，想學法輪功，就看《轉法輪》；想煉動作，就去煉功點，有輔導員和老學員義務教功。強調修煉是自願的。

　　法輪功之所以不重形式，實行鬆散管理，這也是由功法功理所決定的。法輪功的法理以「真、善、忍」為本，直指人心，同化宇宙最高特性真、善、忍。法輪功認為不修心只煉動作不是真正的修煉。修煉是自己的事情，誰也勉強不了，誰也代替不了。如果本人不想真修，來自外界的管理再嚴格也不起作用；反之，真修的學員，心懷真、善、忍，「以法為師」，他能夠區分善與惡、好與壞，時刻有心法管著自己，也就用不著別人管了。

　　李洪志先生在《法輪大法義解》中也強調：「咱們的原則是鬆散管理……。我們在組織形式上是非常鬆散的，你想參加煉功就參加，你不想參加煉功你就走。你來了我們就對你負責任，告訴你怎麼做……。誰想學誰自己學，對法認識到了他就修，人心向善都是自覺的，沒有誰強迫的……。人家講這個人不想修，佛都沒有辦法，必須是他自願，強迫的不行。」[196]

　　從法輪功方面來講，當年從氣功科研會退出來的目地就是不想和那些所謂的氣功搞在一起。法輪功認為那些所謂的氣功就是為了騙錢財，所說的能健身的氣功也是為了掙錢為目的的。本來想單獨成立一個專門的修煉團體，以適應中國的社會環境。關於申請註冊李洪志先生1998年12月25日給辦理這事的學員專門寫到：

　　「關於申報註冊問題，談一下我的想法。我們也可以向國家體育總局表明我們的態度，首先要講清楚：

　　一、我們不是健身氣功，我們是修煉，但是我們能夠使修煉者達到去

病健身。

二、我們沒有組織形式，走了一條大道無形的路，不存錢、不存物、不給官當、沒有職務。如果各地都無原則的註冊，有了什麼職務，有了什麼章程，參與了那些健身氣功或者假氣功的活動，這樣是絕對不行的。

三、我認為向國家體總反映一下，當年我從氣功科研會退出來的目地就是不想和那些所謂的氣功搞在一起。那些所謂的氣功就是為了騙錢財，所說的能健身的氣功也是為了錢。搞什麼評定氣功師，那是幾十年修出來的，不是評出來的，評這些東西是不負責任的，對社會是有害的，會助長人各種不好的心，而我們恰恰是為了去人的這些執著心，為此，我們堅決不能和他們搞到一起去。

如果能夠獨立註冊最好，由北京統一向國家註冊登記，各地不要單獨註冊登記或申報。如果不能夠獨立註冊，那就還像原來一樣，群眾自發的學法、煉功，沒有組織，自願參加晨煉，保持其特點和純潔。」[197]

這也就說明，法輪功從本質上來說根本就沒有組織，更不想有意成立什麼組織。保持修煉的特點和純潔是第一重要的。即使成立組織也是為了適應當時的環境，從氣功科研會退出來的目地就是不願意把名利的東西也弄進法輪功之中。按法輪功的說法，法輪功是一片真正的「人間淨土」。

（三）法輪功在不同社會制度的國家和不同民族的情況

法輪功發源於中國大陸，現在已經傳播到世界各地。然而，只有在中國大陸遭受打壓。人們普遍認為，是因為法輪功學員1999年4月25日包圍中南海才導致中共進行鎮壓。其實不然，這只是中共的一個藉口。在鎮壓以前，除中國民眾熱衷於法輪功外，中國大陸從中央到地方各級黨政機關幹部、包括當時政治局常委的家屬們、特別是許許多多退休幹部、軍人、各行

各業中都有大量的人進入法輪功修煉。達到了八千萬到一億人之眾，超出了中國共產黨黨員的人數，我想這可能是中共無法忍受的，從而導致中共傾注全國之力進行鎮壓。這也是因為中國共產黨出於自身害怕和恐懼喪失掌握的國家政權，它可以不顧一切國際公約、憲章、憲法和法律、人類的普世價值等等，毫不留情的予以鎮壓。

1 ·「以德治國」和「重德修善」是任何社會和諧、安定的前題

老子的《道德經》是一套「無為無不為」的領導藝術，展現出一幅平等和諧的理想社會之畫面。老子主張「以德治國」，理由是老子尊道貴德：《道德經》在第五十一章說：「『道』生之，『德』蓄之，『物』形之，『勢』成之。是以萬物莫不尊『道』而貴『德』。」因此，老子把『道』尊為萬物的起源，而『德』就是用以管治萬物的方式，也即「以德治國」。

社會和諧、安定的前題是人們具有高尚的道德修養和道德素質。現代人認為是社會的公平合理才是社會和諧、安定的前題。然而，任何的公平合理都是相對的。所以，最終解決問題是這個社會的人的道德水準。

李洪志先生在經文中也談到了治國安民的根本問題是「重德」的問題，因為人的道德風尚提高了，社會自然就和諧、安定。他在《修內而安外》的經文中寫到：

「人不重德，天下大亂不治，人人為近敵活而無樂，活而無樂則生死不怕，老子曰：民不畏死，奈何以死懼之？此乃大威至也。天下太平民之所願，此時若法令滋彰以求安定，則反而成拙。如解此憂，則必修德於天下方可治本，臣若不私而國不腐，民若以修身養德為重，政、民自束其心，則舉國安定，民心所向，江山穩固，而外患自懼之，天下太平也，此為聖人之所為。」[198]

這並不是李洪志先生管起人世間的事了，只是談到了由於法輪功學員

重德修煉時，對於社會、民族和國家也是有益的，從古至今的聖賢明君也是重德修善、以德治天下的。

2．法輪功適應於不同國家制度、民族和宗教信仰的情況

　　據法輪功方面的資料顯示，李洪志先生於1992年5月13日首次在中國長春市傳授法輪功，將「真、善、忍」的理念在世界廣泛傳播，使全球上億修煉者道德回升，走上返本歸真之路。19年後的今天，法輪大法已經傳到了一百多個國家和地區。

　　指導修煉的《轉法輪》這本書已被翻譯成30多種語言，是李洪志先生洪傳法輪大法於世的最重要的著作，這本書將修煉返本歸真的法理，用最淺白的語言深入淺出地娓娓道來，讓各階層、各種年齡的人，都能夠按照《轉法輪》這本書中闡述的法理，重德修善使心性提升，成為好人中的好人。

　　據明慧網報導，2009年5月9日，來自全臺灣及外島金門、澎湖等地約六千餘名法論功學員在南臺灣風光明媚的墾丁風景區埔頂大草原，將指導修煉的《轉法輪》這本書，金光燦爛的排演出來，慶祝法輪大法洪傳十七週年。這反映出一種社會現象和與中國大陸的鮮明對照。同是華夏子孫後代，然而，兩岸政權對法輪功的態度截然不同。

2009年5月9日早上，臺灣六千餘名法輪功學員在南臺灣風光明媚的墾丁風景區埔頂大草原，排出指導修煉的《轉法輪》這本書。

萬迷之謎 法輪功發展之研究 ｜ 兼論氣功與信仰及科學的關係

A Study on Factors Contributing to Rapid
Develoment of Falun Gong: ｜ with Discussions on Qi Gong and Its
Relations to Religion and Science

　　李洪志先生在寫給弟子的經文中有一篇談到：「法輪大法的法理對任
何人修煉，包括宗教信仰都是有指導作用的，這是宇宙的理，是從來沒有講
過的真法。過去也不允許人知道宇宙的理（佛法），他超越一切常人社會從
古到今的學術及倫理。過去宗教中所傳的和人們感受到的只是皮毛和現象。
而他博大精深的內涵只有修煉的人在不同的真修層次中才能體悟和展現出
來，才能真正看到法是什麼。」[199]

　　李洪志先生在北京《轉法輪》的首發式上的講話中談到：「我把這個
東西傳出來，高層次上可以指導人修煉；那麼低層次上可以指導人如何去做
人。確確實實他能夠起到這樣一種作用，所以我們很多學員都想學，都追著
學，認為很好。因為真正的法傳出來他是能夠度人的，而且學員感受很深。
不只是從理性上，從你的身體上，從素質上，從道德水準上，都發生很大的
變化，所以才能夠產生這樣大的影響。

　　那麼你說我不想修煉到高層次上去，或者這個理一旦叫常人知道的時
候，他會發現他做人也得按照這樣一個理去做。因為人類道德水準你不管它
滑到哪個危險的邊緣上去了，可是這個宇宙的理，他是不變的。因為這個宇
宙的理他不變，才能看出人類的道德滑下去了。如果他也變了，就看不到人
類的道德滑下去了。我講了人類的道德滑到這一步上來，很多人還不太理
解。特別是我們參加班學習的，往往在前一兩天之內，我講的問題他不太理
解，等這個學習班一結束之後，他回頭一看常人社會，他什麼都明白了。你
在這個洪流之中你是體悟不到的，你還覺的自己比別人強。當你思想一下子
昇華上來，你回頭再一看的時候，你才會發現它的危險。因為大法能夠有這
樣的力量，能夠起到這樣一種作用。雖然到了這一步上，人還是有善心的，
還是有佛性在的，所以你一說他是明白的。很多人還是要向善、要學，當然
還有很多根基不錯的人還要往更高修煉的，所以才能夠使我們這個功法在傳

播過程中形成這麼一種趨勢。[200]

其實法輪功在任何一種社會制度、任何的政權形式下他只對人心和人的道德起作用。他不管人類社會的事，因為修煉者認為人類社會中的一切事情都是有「定數」的，與修煉本身沒有關係，而且，人類社會也是有專門的神負責的。而修煉人在社會中的高尚言行會對社會本身起作用，使社會的道德風貌保持在一個相當高的水準上，也可以使一些敗壞了的人類道德得到回升。

李洪志先生在早期的《法輪功》這本書中也同樣談到：「構成宇宙所特有的性質是『真、善、忍』」一個煉功人與宇宙特性的同化就體現在個人的『德』上。『棄』就是要放棄那些貪、利、色、欲、殺、打、盜、搶、奸詐、妒嫉等等不良的思想和行為。如果往高層次上修煉，還要放棄人所有固有的對慾望的追求，也就是要放棄一切執著之心，就是把個人的一切名、利看的很輕、很淡。」[201]

人與人相處不可能沒有矛盾產生，關鍵是矛盾出現後怎麼樣對待和處理。1997年7月16日，李洪志先生在《濟南講法答疑》時講到：「……因為在現實利益當中很難把它放下，這利益已經在這兒，你說這顆心他怎麼放的下？他認為難實際上也就是難在這裡。我們在人與人之間發生矛盾的時候，忍不下，忍不了這口氣，甚至於不能把自己當作煉功人去對待，我說這就不行。」[202]

作為法輪功的修煉者一定是以「法」和李洪志先生的要求來嚴格對照自己的。在任何的社會環境下、在與任何人相處的時候，修煉人一定是一個道德品質高尚的人。實際上，法輪功在世界各地的表現亦是如此。

萬迷之謎　法輪功發展之研究 ┃ 兼論氣功與信仰及科學的關係

A Study on Factors Contributing to Rapid ┃ with Discussions on Qi Gong and Its
Develoment of Falun Gong: ┃ Relations to Religion and Science

註釋

[148] 明慧網：《明慧資料館》http://library.minghui.org/category/58,,,1.htm

[149] 明慧網：《明慧資料館》http://library.minghui.org/category/58,,,1.htm

[150]《國際教育發展組織在聯合國發表聲明：呼籲國際社會緊急處理中國國家恐怖主義局勢》聯合國人權促進和保護分支委員會第53次會議，[明慧網2001年10月20日]

[151]《國際教育發展組織在聯合國發表聲明：呼籲國際社會緊急處理中國國家恐怖主義局勢》聯合國人權促進和保護分支委員會第53次會議，[明慧網2001年10月20日]

[152]《美國第107屆國會眾議院第188號決議案》2002年7月24日眾議院通過，[明慧網2002年7月25日]

[153]《美國第107屆國會眾議院第188號決議案》2002年7月24日眾議院通過，[明慧網2002年7月25日]

[154] 戴康生，男，1937年11月生於上海，江蘇省揚州市人。自1964年開始在中國社科院世界宗教研究所任職，曾任中國宗教學會副會長，是全國宗教學學科規劃組成員、社科院東方文化研究中心常任研究員、社科院佛教研究中心及基督教研究中心顧問。長期從事伊斯蘭教、當代宗教及新興宗教研究。合著有《世界三大宗教》、《世界十大宗教》、《伊斯蘭教概論》、《伊斯蘭教史》、《伊斯蘭教》、《伊斯蘭教文化面面觀》、《社會主義與中國宗教》等，並參加《宗教辭典》、《中國大百科全書、哲學卷》、《社會科學新辭典》、《哲學大辭典》、《伊斯蘭教辭典》等的有關條目撰寫。

[155] 彌爾頓・英格：《宗教的科學研究》紐約：麥克米蘭出版公司，1970年，第2頁。

[156] 戴康生、彭耀：《宗教社會學》社會科學文獻出版社，2007年5月，第5~6頁。

[157] 李洪志：《北京《轉法輪》首發式上講法》《法輪大法法解》益群書店股份有限公司，2008

[158] 明慧網：《法輪大法究竟是什麼？》2002 年 7 月 5 日 http://www.minghui.cc/mh/articles/2002/7/5/32819.html；＜ "What Exactly is Falun Dafa?"＞ clearwisdom.net 7/9/2002 http://www.clearwisdom.net/emh/articles/2002/7/18/24242.html

[159] 法輪大法學會：《法輪大法簡介》2006 年 7 月 15 日，http://www.falundafa.org/chigb/introduction.htm

[160] 法輪大法學會：《法輪大法簡介》2006 年 7 月 15 日，http://www.falundafa.org/chigb/introduction.htm

[161] 明慧網：《淺說法輪功》http://falundafa.org

[162] 明慧網：《如何開始學煉法輪功？》2004 年 11 月 5 日 http://www.minghui.org/mh/articles/2004/11/5/88463.html

[163] 明慧網：《國家體總：法輪功祛病健身有效率高達 97.9%》《健康調查報告》1998 年 9 月 30 日 http://www.minghui.cc/mh/articles/1999/6/25/5629.html

[164] 胡玉蕙：《研究報告：臺灣法輪功學員人均一年只用一張健保卡，不良生活習慣大幅改善》【明慧網 2002 年 12 月 28 日】

[165] 李洪志：《北京《轉法輪》首發式上講法》1995 年 1 月 4 日《法輪大法法解》

[166] 李洪志：《濟南講法答疑》《轉法輪法解》1997 年 7 月 16 日

[167] 李洪志：《精進要旨》益群書店股份有限公司，2002 年，第 85 頁

[168] 李洪志：《轉法輪》中國廣播電視出版社 1994 年 12 月，第 140 頁

[169] 張麗：《放下名利心　經理好當了》[明慧網 1999 年 7 月 10 日] http://www.minghui.ca/mh/articles/1999/7/10/144055.html

[170] 張麗：《放下名利心　經理好當了》[明慧網 1999 年 7 月 10 日] http://www.minghui.ca/mh/articles/1999/7/10/144055.html

[171] 項甄：《馬英九為什麼頒獎給法輪功》【阿波羅新聞網 2009-05-28 訊】

[172] 項甄：《馬英九為什麼頒獎給法輪功》【阿波羅新聞網 2009-05-28 訊】

[173] 李洪志：《北京《轉法輪》首發式上講法》1995 年 1 月 4 日《法輪大法法解》

[174] 田豐和：《正己、正人、正行風》明慧網 2007 年 3 月 2 日，http://www.

萬迷之謎　法輪功發展之研究　兼論氣功與信仰及科學的關係

A Study on Factors Contributing to Rapid　with Discussions on Qi Gong and Its
Develoment of Falun Gong:　Relations to Religion and Science

minghui.ca/mh/articles/2007/3/2/149952.html

[175] 李洪志：《北京法輪大法輔導員會議建議》1994年12月27日《法輪大法義解》

[176] 李洪志：《轉法輪》中國廣播電視出版社，142 頁

[177] 李洪志：《轉法輪》中國廣播電視出版社，142 頁

[178] 李洪志：《北京《轉法輪》首發式上講法》1995 年 1 月 4 日《法輪大法法解》

[179] 李洪志：《精進要旨》益群書店股份有限公司，2002 年，第 42 頁

[180] 明慧網：《最好的攤位租給法輪功學員》2009 年 1 月 20 日，http://minghui.ca/
mh/articles/2009/1/20/193827.html

[181] 李洪志：《精進要旨》益群書店股份有限公司，2002 年，第 85 頁

[182] 李洪志：《轉法輪》中國廣播電視出版社，第 142~143 頁

[183] 李洪志：《精進要旨》益群書店股份有限公司，2002 年，第 40 頁

[184] 李洪志：《法輪佛法（在悉尼講法）》益群書店股份有限公司，2002 年

[185] 李洪志：《精進要旨》益群書店股份有限公司，第 67 頁

[186] 李洪志：《法輪佛法 精進要旨（二）》益群書店股份有限公司，第 78 頁

[187] 李洪志：《為長春法輪大法輔導員講法》1994 年 9 月 18 日《法輪大法義解》

[188] 李洪志：《廣州講法答疑》1997 年 7 月 16 日《轉法輪法解》

[189] 胡平：《從法輪功現象談起》2001 年 3 月 23 日，《胡平作品選編》獨立中文
作家筆會，http://www.boxun.com/hero/huping/2107_1.shtml

[190] 胡平：《從法輪功現象談起》2001 年 3 月 23 日，《胡平作品選編》獨立中文
作家筆會，http://www.boxun.com/hero/huping/2107_1.shtml

[191] 李洪志：《長春講法答疑》《轉法輪法解》1997 年 7 月 16 日

[192] 李洪志：《濟南講法答疑》《轉法輪法解》1997 年 7 月 16 日

[193] 李洪志：《廣州對全國部份輔導站站長的講法》1994 年 12 月 27 日《法輪大
法義解》

[194] 李洪志：《廣州對全國部份輔導站站長的講法》1994 年 12 月 27 日《法輪大法義解》

[195] 李洪志：《廣州對全國部份輔導站站長的講法》1994 年 12 月 27 日《法輪大法義解》

[196] 李洪志：《廣州對全國部份輔導站站長的講法》1994 年 12 月 27 日《法輪大法義解》

[197] 李洪志：《致北京老學員》1998 年 12 月 25 日《法輪大法 精進要旨》

[198] 李洪志：《精進要旨》益群書店股份有限公司，第 28 頁

[199] 李洪志：《精進要旨》益群書店股份有限公司，第 28 頁

[200] 李洪志：《北京《轉法輪》首發式上講法》1995 年 1 月 4 日《法輪大法法解》

[201] 李洪志：《第三章 修煉心性》《法輪功》第 51~52 頁

[202] 李洪志：《濟南講法答疑》1997 年 7 月 16 日《轉法輪法解》

CHAPTER—4

第四章

法輪功迅速發展的原因研究

萬迷之謎 法輪功發展之研究 | 兼論氣功與信仰及科學的關係

A Study on Factors Contributing to Rapid
Develoment of Falun Gong: | with Discussions on Qi Gong and Its
Relations to Religion and Science

 法輪功迅速發展的原因研究

一‧法輪功的發展情況

（一）初期的辦班階段

1‧概述

　　法輪功一開始是在中國的大城市進行傳播的。比如長春市和北京市等，傳功階段的辦班和講法都是通過「中國氣功研究會」以及全國各省市的氣功協會等出面組織和承辦的；同時還在像「清華大學」這樣的一流高等學府辦班講課。聽課的不乏一流的高級知識份子，在清華就讀的在校學生。特別是官方用以介紹中國傳統醫學和文化所舉辦的「東方健康博覽會」等等。這樣看來，法輪功一直就是走國家和政府組織和規劃的路線，也沒有什麼標新立異的或驚人的特殊性舉動。

　　李洪志先生也沒有什麼特別的待遇，為了參加「東方健康博覽會」，帶了幾個學員在火車站的候車室裡過夜。傳功過程中，為了節省經常是吃速食麵。

　　1992年5月13日在中國長春，李洪志先生第一次把法輪功介紹給社會。同年，中國氣功科學研究會的領導，充分肯定了法輪功的功理功法和功效，並將其接納為直屬功派，並為其普及傳授給予了許多具體的支持。

　　從1992年5月13日至1994年12月21日，李洪志先生應各地官方氣功科學研究會邀請先後在中國各地共辦班講法傳功56次，每期約10天，數萬人次親

自參加傳授班，所到之處，均受到學功者的熱烈歡迎和大力支持。

許許多多的法輪功煉習者都是正面的回饋，而負面的東西 幾乎是沒有的。實踐證明，法輪功的功效奇特，已產生了不可估量的作用。李洪志先生不知疲倦的奔走於各地。凡學過法輪功的人都能體悟到，法輪功不愧為修煉大法，其起點很高，給予很多，有很多至傳真寶都無私的奉獻給學功者，那是其他任何功派都不能做到的。

參加學習班的人認為，法輪功是無私的，首先表現在它收費很低。李洪志先生無論到何處辦班，都堅持最低的收費標準。他經常講：既然普度眾生，就不能增加煉功人的負擔。法輪功是給予，是奉獻，具有超自然的力量。在傳授班裡，李洪志先生首先要為學員調整身體，調整到適合於大法修煉的狀態。有病者要幫助其去掉病灶，然後為其疏通經絡。在此基礎上，要在每一位學員的小腹部位下法輪，這個法輪是幫助學員煉功用的，他24小時運轉，達到「法煉人」的目地，即人不能時時在煉功，而法輪在時時說明修煉者煉功。

法輪功學員認為，法輪功的修煉是安全的，它排除了一般氣功容易出偏的因素，比如功中不帶意念，不出自發功等。此外，每個學員都有師父的法身保護，每個學員的家庭乃至每個煉功場都進行了清理，都有「安全罩」，保證真正的修煉弟子不受外邪的侵擾。

李洪志先生辦班特點：每期學習班為7至10天；每堂課用一個半小時左右講法，半個小時學功，最後一堂課解答學員修煉中不明白的問題；收費低；主辦單位均為當地的官方氣功科研會。

2．最初法輪功書籍出版和發行情況

◎ 1993年4月，李洪志先生著作《中國法輪功》由軍事誼文出版社正式出版發行。

萬迷之謎　法輪功發展之研究　兼論氣功與信仰及科學的關係

A Study on Factors Contributing to Rapid　with Discussions on Qi Gong and Its
Develoment of Falun Gong:　Relations to Religion and Science

◎ 1993年12月《中國法輪功（修訂本）》由軍事誼文出版社出版發行。指導修煉的根本大法《轉法輪》出版後不久，本書中文版便停止再版發行，並更名為《法輪功》。

◎ 1994年9月，李洪志先生親自演示法輪功，教功錄影帶由北京電視藝術中心出版社正式出版發行。

◎ 1994年12月，李洪志先生主要著作《轉法輪》由國務院廣播電視部下屬中國廣播電視出版社出版發行。

3·傳法面授

1992年5月13日至22日，首期法輪功學習班在吉林省長春市第五中學開辦。李洪志先生首次面向社會傳授法輪功，參加人數約180人，主辦單位為長春市人體科研會。最後一期是1994年12月21日至12月29日，廣州第5期法輪功學習班在廣州體育館舉辦，參加人數約6000人，主辦單位為廣州市人體科研會。1994年12月31日，李洪志先生在大連法會上講法，參加人數約6600人。（見下面圖表）

中國國內（92/5/13 - 94/12/31，共56期法輪大法學習班，6萬多人次）

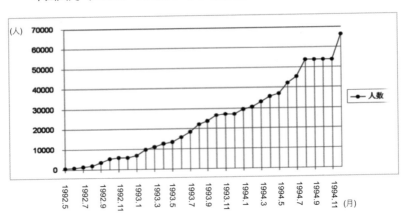

（二）海外面授班

◎ 1995年3月13日，李洪志先生赴法國巴黎傳授功法，與當時中國駐法國大使等使館官員進行了小範圍會面，並應邀在中華人民共和國駐法蘭西共和國使館文化處舉行了一場講法報告會。法輪功正式走向海外。

◎ 1995年3月13日至3月19日，第1個海外法輪功學習班在法國巴黎舉辦，授課時間為每日晚上。

◎ 1995年4月14日至20日，第2個海外法輪功學習班在瑞典哥德堡舉辦。這是李洪志先生最後一次開辦面授班。另在哥德堡市（Gothenburg）舉辦了3場講法報告會，斯德哥爾摩（Stockholm）舉辦了1場講法報告會，烏德瓦拉（Uddevalla）舉辦了1場講法報告會。每場時間約半天。

截止到2005年5月，法輪大法主要著作《轉法輪》已被翻譯成25種語言並在世界各地出版發行；《法輪功》已被翻譯成30種語言並出版發行；還有更多語種的翻譯正在進行過程之中。

在1999年迫害之初，除了中國大陸之外，法輪功在海外主要在包括香港、澳門和臺灣的亞洲地區以及北美、歐洲和澳洲等總共30多個國家。而迫害12年之後，法輪功已經傳遍了亞太地區、北美、南美、歐洲絕大部分地區，以及非洲的部分國家。

據不完全統計，法輪大法已傳至至少114個國家（地區）。

（三）「人傳人」的方式使法輪功迅速發展

在這一階段，法輪功發展十分迅速，從1992年5月至1999年7月，據公安內部調查煉法輪功的人數達到7000萬至1億人[203]。除去1992年5月13日到1994年12月31日有6萬人次直接參加傳授班的外。每月有差不多127萬人加入到法輪功修煉中（見下面圖表）。

1992年5月至1999年7月練法輪功人數增加情況表

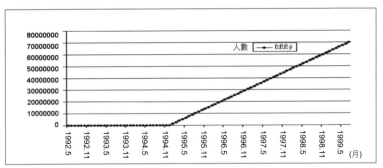

那麼是什麼原因使得法輪功如此迅猛發展呢？法輪功並沒有借助什麼特殊的傳播方式，最直接的表現就是每個法輪功學員各自的切身體會，他們真正受益去告訴自己最親近的人。

從法輪功方面來說，上億的法輪功修煉者，在他們各自的親身和親自寫的千千萬萬的心得體會中，無一不談到各自的身心受益。而這種不涉及任何利益，對親人，朋友，對每個人的身心健康都有益處；對社會有百利而無一害的功法，作為法輪功修煉者就會自覺自願的口耳相傳、廣而言之了。

作為因煉法輪功而直接受益的人來講，他們不得不思考一個非常重要和嚴肅的問題：如果說兩千年前耶穌用唾液和用泥復明盲者，以手加額痊癒痲瘋病人，那麼，李洪志先生具備怎樣一種功力和大能，僅僅憑籍一本《轉法輪》就可以隨心所欲地淨化億萬法輪大法弟子的身心，同時將那山海般深重的病氣業力，不動聲色的消弭於無形。通過法輪大法修煉，許許多多的修煉者身體得到淨化，頑疾祛除。

李洪志先生為千千萬萬的人去除了病苦，為中國社會道德回升起著具大的作用，中國政府不知感謝還在加罪、加害。翻過歷史這一頁的人，將來會看到事實的真相。

二・習煉者的現實效果使得法輪功迅速發展

（一）「神」一般地去病

經過查閱大量的資料，法輪功的最初興起是因為其「神」一般的治病效果。

1・李洪志先生出山的幾件事

法輪功有一份小冊子這樣寫到[204]：1992年的一天，一個來自中國東北，高高的中年人和他的幾個學生，來到北京參加北京東方健康博覽會。他們在擁擠的北京火車站度過了最初的幾個夜晚，在那裡吃東西並夜宿在長凳上。他，就是法輪功創始人——李洪志先生。在他們到達北京時，沒有人知道他們是誰。然而，1992年的5月法輪功在幾日內便轟動了北京。

為了吸引人們的注意，李洪志先生以及他的學生們在92年東方健康博覽會上用超自然的能力治癒了參加博覽會的人的疾病。「法輪功神啦！」消息在參觀的人群中不脛而走。

於是博覽會上，人們在法輪功的展臺前排成長隊等待治療、購買法輪功的書籍以及索求作者的簽名。法輪功贏得了褒獎，李洪志老師被授予「最受歡迎的氣功師」稱號。

該會總顧問姜學貴[205]教授說：「李洪志先生可以說是92年東方健康博覽會的一顆明星。我看到李老師為這次博覽創造了很多奇蹟：看到那些拄著拐棍，乘著輪椅和各種行動不便的病人，經李老師的調治，就能奇蹟般地站立行走了。我作為博覽會總顧問，負責地向大家推薦法輪功，我認為這個功法的確會給人們帶來健康的身體和新的精神風貌。」[206]

1993年，李洪志先生應東方健康博覽會的邀請再次參加治病活動。在

10天的時間裡，治病幾千人次，近期有效率達95％以上；大會授予李先生博覽會唯一的最高獎勵——「邊緣科學進步獎」。

在1993年的北京東方健康博覽會上[207]，李洪志先生挑戰現代醫學科學極限，動搖了世俗的世界觀。他揮手療疾，揚威京華。

「……一位老太太有乙肝病約20多年了，已發展到了腹水，飯也快吃不下了，中西醫皆束手無策，換句話說也可能是大限快到了……師父抓病時手一揮她就感到右邊肝區一股涼氣順著右腿下去了，從此乙肝病不翼而飛。這位老太太至今修煉很堅定……小學一年級的學歷能流暢的讀大法書，這樣的弟子在冠縣大有人在。

晚飯後是最後一堂課，課前有一個簡單結業儀式，有一個患有乳腺癌的女學員發言，醫生判了她死刑，一個班下來，絕症不翼而飛，激動的她在臺上說不成話，淚水一直往下淌，其情其景感人之深，銘心難忘。」[208]

中醫學者，氣功醫師邵曉東[209]查閱了1999年7月前中國官方的報刊、書籍資料並當面採訪了有關人士。在他的文章《淺談西醫、中醫、針灸、氣功與修煉》中寫到：「李洪志先生1992年5月以來，主要以傳功講法的方式弘傳大法，一般不給人治病，僅在極特殊情況下可以破例。如在1993年的北京『東方健康博覽會』上，李先生為北京市718廠工人孫寶榮調治因車禍腦外傷致癱臥床一年、大小便失禁的重症，幾分鐘的高功能治療後康復，患者是被兒子背著進來的，治癒康復後是自己走著出去了。另一例是北京食品配送中心退休幹部徐國華，1991年因患小腸平滑肌肉瘤（惡性腫瘤）做手術切除；1992年CT複查後發現腫瘤復發，瘤體已增大至20cm並多處轉移，醫院拒絕再動手術，屬危重病患，經李先生現場用高功能調治後，在眾目睽睽之下，頃刻間患者腹部縮小，自我感覺腫塊消失，立見奇效，患者激動得泣不成聲。隨後經醫院複查，腫瘤確實奇蹟般的消失了，患者全家感激不盡，寫

來感謝信。在博覽會上李先生還為原中共元老張聞天（長征時期的中共總書記）的夫人劉英女士和國際刑警組織中國局局長的夫人用功能調治，療效顯著。李先生還應邀為原中國公安部部長王芳調治身體，有感謝信為證。」[210]

邵曉東還特地當面採訪過泰國著名愛國華僑億利有限公司總經理鐘奕江先生，「……他原患有視網膜黃斑病變，是中西醫都棘手的不治之症，李先生曾破例為其調治，讓他閉眼後，幾分鐘內高功能治療，一次徹底治癒，沒收分文報酬。1999年10月1日中國北京國慶大典時，鐘先生是天安門觀禮台的海外來賓之一，當國家安全部官員向他詢問法輪功之事，他坦承上述事實。鐘先生至今仍在修煉法輪功並同意我將此事實公開報導。」[211]

2·煉功祛病

只要走訪真正的法輪功學員，無論局外人怎麼樣看待他們，如果你問他們「你為什麼還煉法輪功？」或「煉法輪功對你有什麼好處？」絕大多數人會談到法輪功給他們帶來的身體健康，自從煉法輪功後沒有看過醫生，沒有打過針、吃過藥。一句話：「自煉功以來就沒得過病！」其中也有千千萬萬個絕處逢生的事例。因為這對法輪功學員來說是最基本的，也是最普遍存在的。在此僅以例子說明。以下的例子均應提供者的要求不同，有的保留了他們的原單位和真實姓名、有的則略去，以避免中共的迫害。不過這僅僅只是滄海一粟，也正是因為這些，中共對法輪功的鎮壓並沒有改變法輪功學員的信仰和意志。

通過對法輪功的深入研究，本文可以有把握的認為：每一個法輪功學員一定有他們各自動人的故事和體會。下面列舉幾個例子。

一位大學「電腦經濟資訊管理」系的副教授，她愛人是研究員。在此之前他們是不相信任何佛呀道呀神等，也不相信任何氣功。一方面由於搞教

萬迷之謎　法輪功發展之研究 ｜ 兼論氣功與信仰及科學的關係

A Study on Factors Contributing to Rapid　with Discussions on Qi Gong and Its
Develoment of Falun Gong:　Relations to Religion and Science

學和科研工作總是多又累，無暇接觸與自己專業無關的東西；另一方面他
們對自己專業以外的任何事情、任何娛樂，不會也不感興趣，每天總是兢兢
業業的忙自己的專業，沒有享受過一天人間吃喝玩樂的幸福。愛人每年要有
2/3的時間出差在外。1990年突然昏迷不醒，住院一查得了嚴重的心臟病，
經北京市許多心血管專家會診，都說無法醫治。常用藥品已無法治療，建議
出10萬元更換心瓣膜。試著換，還不能保證治好。聽醫生這麼一說，她想：
這輩子還沒賺過10萬元。既然醫院沒有辦法，住院也就沒有意義了，早點出
院，還能給國家節省點醫藥費。出院後，身體更加虛弱，心臟病沒好，又得
了肺結核、胃炎、肝積水，好像五臟沒一個好的，每天病魔把她折磨的只求
一死，不想一生。

　　俗話說「禍不單行」。1992年5月的一天，他愛人突然得了大面積腦血
栓，嘴也歪了，人也痴呆發傻了，不能說話，不能走路，立即住院。經304
醫院搶救，病情有所好轉，但由於堵塞面積太大，後遺症用常人的辦法是沒
法根除的。當時兩個孩子還都小，他們真是活的很累，很痛苦。

　　天無絕人之路。1994年10月1日，她的一位朋友來看他們。那位朋友
說，法輪功很好，你們倆待人忠厚，一定會有緣分學好法輪功的。說著，就
把《中國法輪功》這本書給了她。她說：「當今騙人的事太多了，我不信，
你把這本書拿走吧，我也不想看。」那位朋友說：「先放在你這，有時間翻
翻看看。」那位朋友走後，她漫不經心的翻看著，看著看著就看進去了。越
看越愛看，越看越發現這本書與一般的書不一樣，有很深的哲理。

　　她在修煉體會中寫到：「在我所看過的國內外書籍中，第一次把宇
宙、時空、人體生命的奧祕說清楚的就是這本書了。我看完第一遍還想看第
二遍，邊看邊照著書上寫的功法一點點的去做。做著做著，感到全身特別舒
服，心臟也不那麼疼了。這是怎麼回事呢？不明白，我就打電話問我那位朋

友。她說這是好事，讓我繼續看書，繼續煉功。我就是這樣走進大法之門的。後來我們倆又找到煉功點。功友們都特別熱情，幫我們糾正動作，每個人都是那麼祥和，心懷坦然，我從心底裡喜歡這些人。

當我煉功一個多月時，奇蹟在我身上出現了。我只說一個事例。煉功前心臟病疼的有時昏迷過去，從學大法一年以來就沒昏迷過。過去心絞疼不能平躺著睡覺，只能用棉被墊在床背靠著坐著睡，而煉功不到一個月竟然能平躺在床上睡，每天睡的非常好，夢都很少做，一覺醒來是大天亮，舒服極了。就這樣，每天堅持看書，早晚煉功。現在心臟也不疼了，肺結核也好了，臉色由臘黃變成白裡透紅了，真是判若兩人。

我愛人的變化也相當大，腦子比以前清楚了，還會思考問題了。學大法切磋時他還說上幾句，大家都愛聽。見到同事還幽默的開個玩笑，逗的大家捧腹大笑。腿走路也利索多了，早上去煉功，還在路上跑幾步。每天笑眯眯的，退休和在職的軍人都叫他「活菩薩」。

通過學大法《轉法輪》，我們的心性也有很大提高。大法不僅給了我們新生，也改變了我們的人生。」[212]

一位名叫丁向蘭的女士，是吉林化工學院退休職工，54歲，家住吉林市龍潭區承德街。她身患晚期肺癌，竟然煉功5天不治而癒。

2004年10月份她去北京看兒子，在北京突發高燒，在北京的醫院就醫檢查，體溫39.5度，咳嗽。抽血化驗，白血球不高，拍片檢查，醫生確診為肺癌（晚期），CT片非常明顯。她在北京醫院治療，錢花光後回到吉林市，先到吉化二院打針一週，每天藥費二百元，又到化工一院做CT檢查，進一步確診為肺癌。

當時她人已經瘦的脫相，家裡經濟條件不好，全家人也都為她治病張羅錢，準備把家裡房子賣了做手術。與此同時，她們單位一個王姓職工也得

萬迷之謎　法輪功發展之研究　兼論氣功與信仰及科學的關係

A Study on Factors Contributing to Rapid　with Discussions on Qi Gong and Its
Develoment of Falun Gong:　Relations to Religion and Science

了肺癌，做化療三天後就死了，遭了很多罪，對於她的病，她已不抱任何希望，連活下去的勇氣都沒了。

　　這時，一個修煉法輪大法的親屬來到她家，勸她修煉法輪功說：「也許只有法輪功能救你的命了。」

　　她在修煉體會中寫道：「剛開始的時候我也半信半疑，後來一想：反正我也沒有別的希望了，況且這個功法有這麼多人在這麼嚴酷的打壓下，還在堅定的修煉下去，一定是有他超常的東西，真善忍肯定沒有錯。所以我就下決心：我也不做化療了，也不做手術了，就煉法輪功了。

　　11月20日，我開始學法煉功，太神奇了，從煉功的第一天，身體迅速在康復、一天一個樣，煉到第五天，我到吉化二院拍片，病灶消失，專家確診：肺癌完全康復。大夫都覺的不可思議：5天的時間，一個晚期肺癌患者，完全變成了一個健康人，而且我面色紅潤，渾身充滿活力，跟健康人一樣。

　　我的親朋好友都被我所發生的變化驚呆了：法輪功太偉大了！我和我的家人不知道用什麼語言來感謝和報答李洪志老師和法輪大法。在此只是把我的事，實事求是的寫出來，我對我說的話負責。」[213]

　　解放軍總參謀部試驗場的一名工程師。多年來，一直工作在科研試驗的第一線。由於長期在惡劣的環境下工作（整整18年），最終患了腦腫瘤。煉法輪功後神奇般的康復了。

　　94年，經301醫院檢查，CT查出雙額葉星型細胞膠質瘤二級，即惡性腫瘤。沒有幾天就不能走路了。馬上在301醫院做了長達7個多小時的腦瘤切除手術。手術後54天複查時發現舊病復發，腫瘤又長出4cmx3cm，84天長到6cmx5cm。301醫院束手無策，就讓他回家維持，實際上就是回家等死。當時他妻子拿著手術前後的片子去某醫院諮詢，通過熟人找到腦外科主任，這

位主任是一個年過花甲的老教授，看了片子後說，你先別哭，你愛人的腫瘤長在交叉神經上，手術是做不乾淨的，現在只能維持。當他妻子問能維持多長時間時，他說，根據目前的發展情況來看，最多能活3個月。

他妻子不死心，又去北京市抗癌協會諮詢，得知某醫院有一種藥叫抗癌粉，專治膠質瘤。他在無奈的情況下，一邊吃藥一邊練一種氣功，病情有所控制。某醫院屬於地方醫院，單位不給報銷藥費，每月個人要支付800元的藥費。當時夫妻倆的工資只有850元，家庭生活十分困難。

在他有病的幾個月之中，他妻子由於精神上的壓力和經濟上的負擔，再加上勞累，終於垮了。她頭髮白了一大半，盆腔炎、附件炎、宮頸糜爛、腸炎、胃炎、乳腺增生等疾病纏身。當時301醫院讓她住院治療，可是丈夫和孩子都離不開她。

他後來寫到：「是法輪大法讓她撐起了這個家。我愛人於95年開始煉法輪大法，參加煉功的第2天，她就開始拉肚子，一天拉7、8次，整整拉了兩個多月，沒吃過一粒藥。儘管拉肚子那麼嚴重，但精神狀態很好，身上感覺有勁，走路一身輕。兩個月過去之後，胃炎、腸炎全好了。煉功3個月後，她身體完全康復，疾病全部消失，白頭髮也慢慢的變黑。這一切我看在眼裡，喜在心上。當她晚上在床上煉靜功時，我身上有一種強烈的感覺，而且非常明顯。於是，我就開始看《中國法輪功》和《轉法輪》兩本書，看完兩本書後，對我觸動很大，我被李洪志老師深奧的法理所折服，我明白了做人的道理，人為什麼活著，我得病的原因所在，我的一切磨難都是業力所致，要想好病，就必須修煉，法輪大法使我從迷中醒悟過來。

我就和我愛人學煉法輪大法，決心做個修煉大法的人。從那天起，我真修苦煉，嚴格按照宇宙特性『真、善、忍』的標準要求自己。煉功的第3天，我手術前後的一切症狀全部反映出來了，腰痛、腿痛，頭頂抱輪（法

輪功功法中的動作）時，就像壓了一塊大石頭，頭感到非常重。10月23日中午，我頭痛的就像要裂開一樣，噁心想吐，渾身上下一點勁都沒有。在這種情況下，我堅持煉功學法。頭痛了兩天，右側病灶區出現了好大一個坑。前年手術時，我頭右側太陽穴處取下一塊骨頭，醫學上稱為減壓窗。12月25日我感到減壓窗處痛，痛的不能張嘴，就連吃飯都很困難。但痛了一個星期後就好了。10月30日晚上，大約12點10分左右，我從夢中驚醒，感到有一種強烈的熱流沖灌，我全身大汗淋漓，就像三伏天一樣的熱。到了夜間兩點多鐘，又來了一次。顯然這是老師法身給我調理身體，淨化身體，我得救了。從此以後，我身上的一切不適症狀完全消失。

煉功半年之後，我的身體就完全康復了，一年多來我的身體一直很好。是法輪大法給了我第二次生命。95年12月，單位給我分了一套新居，裝修房子時，100斤水泥，我從一樓扛上5樓，連續幹了20多天，沒有任何疲勞的感覺，總感到身上有使不完的力量。可以說，我現在比過去沒有病之前體力還好。」[214]

關於法輪功能如此迅速地在民眾中發展起來，他非凡的治病效果應該是其最直接，最明顯和最表面的一個最主要的原因。不過，在法輪功角度來看，這只是千千萬萬事例中微不足道的幾個，而且是擺在全人類面前，一個無可辯駁的鐵一樣的一個一個的真實事例。這不能不被認為是對人類的一種巨大的貢獻，也不能不被認為是這些苦難者的福音。

這就是法輪功迅速發展的最初的，也是最主要的原因之一。

（二）對法輪功的信念的產生

1．不是盲目的信仰

眾所周知，全世界有超過四十億人信仰「上帝」。據《聖經》記載，

兩千多年前，耶穌在傳講「上帝天國」的道時也講過，只要你對天父——上帝充滿信心，你的這個信心就將使你得救。耶穌當時是針對「門徒」講如何回到「上帝的國」那裡去。法輪功這兒講的還僅僅只是對法輪功相信、或有信心就能使相信者的疾病得到好轉和緩解，進而得到醫治。

儘管無神論者們可能連看都不願意去看一眼，就可以十分自信的給這些現象下結論：愚昧無知。然而大量「神奇」的事情的出現不能不使得大陸許許多多喪失了信仰的人們從新燃起「信仰之火」。特別是許許多多的因對法輪功的信念而獲救的人們。可是，這些對於不信法輪功，沒有宗教信仰或無神論者來說，根本就是無法、也不可能理解的事。

任何人對於事物的認識都是建立在各自認識能力的基礎上的。有些知識、已經掌握的規律和經驗教訓會有助於對事物進一步的認識；但有些也許會成為進一步認識其觀念以外事物的障礙。

法輪功說自己不是宗教，這裡我們撇開宗教這一概念來看一看，法輪功中所出現的這些真實的發生在他們身上或身邊的事情，難道由於這些與現代科學的觀念不符就視而不見、充耳不聞？如果這樣，那本身就不是一種科學的態度。

在中國大陸法輪功被中國共產黨最嚴酷的鎮壓後，還是有不少人由於種種原因加到法輪功的修煉之中。他們當中不乏有千千萬萬的人也是因神奇的治病效果而不顧當局的嚴密的監控而修煉法輪功的。

2．因信念而獲救

要真正瞭解和知道法輪功為什麼會發展那麼迅猛，而且許許多多人煉功後卻寧死不肯放棄修煉？對於沒有真正去用心接觸和瞭解法輪功修煉的人而言，確實是一件難以理解的事。

在修煉法輪功的人中，有許許多多的人，只不過是看《轉法輪》的書

萬迷之謎 法輪功發展之研究 | 兼論氣功與信仰及科學的關係

A Study on Factors Contributing to Rapid | with Discussions on Qi Gong and Its
Develoment of Falun Gong: | Relations to Religion and Science

時，還沒有開始煉功，甚至根本上不懂得煉功時，以前身上的各種疾病、甚至絕症就莫名其妙地好了。而且，不少人都有這樣的感覺，好像這一輩子就在等待著什麼。經過仔細深入分析也不奇怪。我一位熟識的法輪功朋友就是這樣。

戴美玲，68歲，一位氣質優雅的女士，現居澳大利亞悉尼。戴女士從小體弱多病，1989年由上海移民澳洲後，也許是工作的壓力與生活上的調適不良，得了一種怪病。此病很罕見，被醫生喻為無法醫治的疾病，病了好多年，當時，戴女士除了在公園早晚苦練太極拳之外，也積極尋訪名醫，最後連世界級的名醫也對她的病束手無策，當時專家醫師告訴她，這種病在世界上她是第7例，現在醫學還無法治療。後來因病情的發展嚴重到使她連坐都沒辦法坐，呼吸困難到要依賴呼吸器，到了1997年第3次住院時，她感到生命將要走到盡頭了，於是吩咐兒子戴東尼準備後事。深深感到生老病死沒得選擇的戴美玲，正在絕望之際，湊巧一位來看望同病房病人的女士問她：要不要試試看煉法輪功？曾經練過太極拳的戴女士心想反正試試也無妨就答應了，隔天該女士送來了一本書給她看，書名就叫做《轉法輪》。她就在病床上開始看，看啊看啊，猛然有一個念頭產生：「唉呀！這簡直是我一生中一直在尋找的一本天書。」所以，她就急著想出院去煉法輪功。幾天後，醫生看她病情突然好轉，同意她出院回家，隔一天，她就找到澳洲悉尼的一個煉功點開始煉了，沒過多久，身體就康復了，用不著吃藥了……。

「法輪功給了我第2次的生命」，戴女士不只一次公開場合告訴眾人，這是個發生在她生命中的，她親身體驗的奇蹟。

身體康復之後，她更勤於跑煉功點，同時把自身受益的情形分享他人，後來，想學的人更多了，她乾脆在自己家裡開辦9天法輪大法學習班，義務教功，讓更多人受益。同時，兒子戴東尼也一起修煉法輪功，兩個修煉

人起了矛盾時，彼此向內找，家庭氣氛更和諧。直到現在，十幾年都過去了，她一直健康的、生氣勃勃的奔走世界各地，用她自己的微薄之力告訴人法輪功的真相。

也許會有人認為不應該拿這種「根本就沒有科學依據的」例子在這討論。有不少無神論者的意識中根本就不認為有這類事情存在，除非用現代科學的語言包裝一番、再用現代科學的某個學科對這一現象「解釋」一番、然後徹底否定這類現象。最後，以不屑一顧的口氣丟出一句：只有崇尚科學才能避免迷信和愚昧。

不過法輪功學員中這種事例確有千千萬萬，這與人們知道的，但現代科學還不能解釋和證明的許許多多，全人類各民族和各人種都有流傳的神話幾乎十分相似。儘管對於法輪功的「局外人」來說是根本無法相信的事，由於太多的人有這種體驗和經歷，所以在此列出數例。

一位山東濰坊昌邑南逄人，35歲時得了乳腺癌，當時親戚給她送來一本《轉法輪》。親戚告訴她只要堅信大法，堅信師父，並按照書上說的去做，什麼樣的病也能好，修煉的事和常人中的事不一樣，常人追求、奮鬥或許能得到，修煉正好相反，無所求而自得。由於當時她對法論功還不相信，再加上病魔的折磨，一看書就心煩得很，所以沒看《轉法輪》這本書，就去濰坊人民醫院做了切除手術。手術後生活不能自理，上有父母，下有孩子。

手術後7個月，癌細胞擴散，引起了胸膜炎、胸部積水、腹部積水，肚子腫得穿不上衣服，腳腫得穿不上鞋子，渾身疼痛無力，坐不能坐，躺不能躺，痛苦不堪。白天黑夜的咳嗽。沒辦法又去第二人民醫院進行住院治療，在醫院裡每隔一天抽一次水，多時抽6斤，少時抽2斤，就這樣住了18天，醫院看她沒救了，就讓出院。出院時她哪件衣服也穿不上，沒有一雙能穿上的鞋，是穿著母親的衣服和丈夫的大拖鞋回來的。

　　出院後的第三天，娘家的嬸母知道了來看望她。嬸母告訴她真心默念「法輪大法好」、「真善忍好」，什麼樣的病都會好。當嬸母知道她有《轉法輪》時，告訴她不帶任何觀念和執著心去學，不能學幾天體察病輕了就不學了。還告訴她：要記住一點，做個夢或發生什麼事，任何生命來叫你，你都不能跟它走，如果它強拉你走，你就喊：「李洪志師父來救我，我要跟師父修大法，一修到底。」你如果真修，修一天師父也認你這個弟子，就會來救你。因嬸母知道她生命快走到盡頭了，不一定哪一天就結束，所以她嬸母告訴她自救的辦法。

　　儘管法輪功被中共嚴厲鎮壓，但她還是把她的親身體會公佈出來。她寫到：「我第一天看《轉法輪》就覺的精神和體力都很好，坐著也不覺的累，夜深了，躺下就咳嗽，睡不著，我就想睡不著也別浪費時間，我就坐起來看書，看了幾頁就不咳嗽，也能睡著了，我覺的這本書怎麼這麼有神奇。學法一星期後，奇蹟出現了，腿腳消腫了，肚子的積水也沒有了，我的變化使全家人和親朋好友歡天喜地，前來祝賀。原來我扶著凳子出不了門口，學法兩星期後，我走在大街上，鄰居看見了我都驚呆了，好半天才回過神來和我打招呼。三星期後，我能看著孩子做飯了。接下來農忙——開始「出薑」（一種農活）了，家裡人出去農忙，這時我自己帶著孩子上集買菜回來做著十多個人的飯，一點不覺的累。

　　現在2個月過去了，我的身體一直很好，和沒得病前沒什麼兩樣，實踐證明是李洪志師父給了我第二次生命，是千金難買的。

　　因為家人不放心，催我去醫院檢查，我住院時的主治大夫非常驚奇，問我回去怎麼治的。因有怕心，我沒有敢說實話，因為我們這裡那些煉法輪功的人，有的被抄家，有的被勞教，宋莊的劉述春（大法弟子，在濰坊勞教所被活活打死）被迫害死了。從醫院回來後，我越想越對不起師父。師父救

了我的命，叫我們講真相救度世人，我怕邪惡找麻煩不敢說實話。要不是師父救度，我的這條命該不在了，難道還怕死嗎？我現在寫出起死回生的經過讓世人瞭解，能夠清醒，以救度世人，感謝師恩。讓見到此文的人共同分享我的幸福。」[215]

一位哈爾濱的新學員，是在中共鎮壓法輪功後才學煉法輪功的，法輪功讓他從絕症中起死回生：2003年，他因得腦垂體瘤做了兩次開顱手術，花了幾萬元錢，也沒治好，每天在病痛折磨和絕望中度日如年。這時有朋友向他介紹法輪功能夠使人道德高尚，還能祛病健身。當時他看了一些有關材料，知道法輪功好。當時由於腫瘤壓迫視神經，眼睛幾乎失明，所以他就聽李洪志師父的講法錄音帶，功也煉，但心裡還是不相信能有那麼大的神奇會使他的病好起來。

就在2005年12月，又一次發病，頭疼的直撞牆，滿地打滾，家人把他送進了醫院搶救。醫院檢查後告訴家屬，不能治了，腦子裡長滿了瘤子，連鼻子裡都是了，即使手術也只能拿出幾個大一點的瘤子，而且很可能下不來手術臺。醫生說回去吧，想吃什麼就吃點什麼，其實就是讓他回去等死了。

他自己寫到：「……我回家後躺在床上，不能自理，吃不進喝不下，小便失禁，單位同事來了很多人看我，幾乎都是哭著走的，說我這次算是完了。這時那位朋友又來到我家，在我耳邊告訴我：只有大法能救你的命了。朋友讓我在心裡念「法輪大法好」，「真善忍好」。我就在心裡默念。沒想到奇蹟出現了，我能吃流食了，幾天以後能坐起來了，慢慢下地走了，全家人都有說不出的高興。

打那以後，我開始真正的信師信法，認真學法，明白了什麼是真正的修煉，以前的壞脾氣改了不少，說話也不帶髒字了，也能把個人利益看淡了，求治病的執著也去掉了，總之注重提高心性，精神狀態越來越好，周圍

萬迷之謎　法輪功發展之研究 ┃ 兼論氣功與信仰及科學的關係

A Study on Factors Contributing to Rapid ┃ with Discussions on Qi Gong and Its
Develoment of Falun Gong:　　　　　　　Relations to Religion and Science

的人都說我變了一個人，我自己也感到沒有了有病的狀態，體重由180多斤下降到160斤，視力也在恢復，做家務，去樓下早市買菜都行。

當我真正的在法中精進提高心性的時候，有好幾次我體會到了大法的神奇，僅舉一例。有一次白天女兒跟我為一點小事發脾氣，我沒動氣，忍住了，晚上我上廁所的時候，突然眼前一亮，眼睛像正常人一樣，什麼都看見了，當時我很激動，知道是師父在鼓勵我，一會兒這個狀態就過去了。

今年2月份，同事陪我到醫院複查，核磁共振片子出來後，醫生看完後說瘤子一個都沒有了，同事都驚呆了，說真是奇蹟。其實我早就感到沒有了，只是在親朋好友的一再要求下到醫院複查，我想檢查結果能證實大法才來的。從醫院回來，親朋好友以及鄰居等知道我煉法輪功後腦瘤沒有了，都嘖嘖稱奇，一些人也因此走上了修煉的道路……。」[216]

廉忠平，他願意並希望用自己的真名和真實地址。他是山東省平度市張舍鎮廉家村人，55歲。他是從2002年4月開始煉法輪功的。得法前患蛛網狀重症肺結核，是被醫院判處死刑的危重病人煉法輪功後重獲新生。

97年，通過CT檢查結果是肺結核後期，從99年春開始，病情開始惡化，整日吐血不止，劇烈的疼痛幾次昏死過去。後來吐出的不是鮮血，而是肺部的爛肉。醫院作進一步檢查，發現雙肺已爛成蛛網狀。最大洞孔像乒乓球一樣大。整個肺部幾乎全部爛掉，醫生告訴家人，醫院是不能治療了，給他準備後事吧。因為躺著憋氣，4年多的時間沒躺下睡過一個囫圇覺，只能倚著被子半靠坐，因不能下床，吃藥、打針、大小便都是妻子、女兒照顧。為治病花盡了家中所有的積蓄。最後，妻子不得已求親告友，多方求借，債臺高築。因無錢治病不能住院治療，只能在家吃藥打針，病魔折磨得他骨瘦如柴。1米75的個子，只剩下30多公斤重，不像人樣，連醫生來打針都害怕，不願意來。那幾年的時間裡，他看到勞累憂愁的妻子和女兒，再看看度

日如年，生不如死，苦苦掙扎的自己，還不如一死了之。每次想到死都被家人發現，未能如願。

就在這時，妻子、大女兒也出現咳嗽不止等症狀，到醫院一檢查也染上此病，真是禍不單行，雪上加霜。當他知道這一消息時有如晴天霹靂，當時就昏死過去。當醒來時就感覺到人生已經走到盡頭。欲哭無淚，好像是魔鬼把自己趕到了絕望的境地。

他在心得體會中談到：「就在我在死亡線上掙扎的時候，2002年4月23日是我終生難忘的日子，就從這一天開始改變了我的命運。同修到我家讓我學法，一邊聽著同修介紹法輪大法，一邊就感到渾身熱乎乎的非常舒服，心裡非常清亮。同修拿來師父講法和《轉法輪》。我聽了師父講法後，第二天就不吐血了。此後病情逐漸好轉，學法後第七天的晚上，我剛想睡覺就看見一個又高又大的人把我領到了一個非常美妙的地方見到了師父，我心裡非常高興。師父一句話也沒講，就在我的前胸用手指一節一節的往下量，就感到師父的手指熱乎乎的非常舒服。心裡想：『莫非師父要給我換一雙新肺？』我激動不已。夢中見到師父的第二天我就能下床了。隨著不斷的學法煉功，我的身體變化越來越大，思想境界也在不斷的提高，下床後我就鍛鍊走路，從第一步開始，5步，10步，逐漸加大步數。一天，我走出家門時，街坊鄰居都驚呆了：『廉忠平能出門走路了？！』當聽說我是學了法輪大法後奇蹟般的活了過來時，大家都不約而同的讚歎：『法輪大法真神奇，真的了不起。』

4個月後的一天，同修約我到10里路以外的同修家學法切磋。我當時很猶豫，因為身體剛剛恢復，家人都不同意，擔心我走不了那麼遠的路。但我堅定信心，一定能去。在回來的路上，就感到好像有人推我一樣輕鬆，一點都不覺的累，心裡高興極了。回來後，我跪在師父法像前淚流滿面，心裡感

萬迷之謎　法輪功發展之研究 | 兼論氣功與信仰及科學的關係

A Study on Factors Contributing to Rapid
Develoment of Falun Gong: | with Discussions on Qi Gong and Its
Relations to Religion and Science

慨萬千，發自內心的感謝師父，感謝大法。是大法給我第二次生命，是偉大慈悲的師父把我從死亡線上拉了回來。」

以下的內容對於一般人來說更是無法相信的。而且人們會提出許許多多的疑問。確實，它真的太離奇和神聖。可是這一現象在法輪功學員中的確大有人在。所以，在此還是提出來。這是這位學員談到的：「我出生在貧寒的農家，因家裡窮，沒上過一天學。學法初期只能聽師父講法錄音或家裡人唸給我聽。在一次集體學法時，同修們輪流讀師父講法，當輪到我時，因我不識字，只能跳過我，由我身後同修讀，當時我心裡非常難過。我要能讀師父講法該有多好，心裡便暗下決心：一定要通讀《轉法輪》。我開始拿起書來，只見滿書是字，不知念什麼，我就求師父教我。就此一念，我翻開書就感到這些字好像都見過，看完一頁除有幾個字不認識之外，幾乎都能讀了下來。到了晚上，我就看到師父的法身一行一行用手指給我學，我白天黑夜，學法從不間斷，不到4個月的時間，我這個目不識丁，大字不識一個的文盲能通讀《轉法輪》全書和師父其他講法。

大法在我身上顯現出人間奇蹟，奇蹟的出現震驚了我們廉家村。全村老少沒有不知道我這個被醫院判處死刑的危重病人學大法後起死回生的，沒有不知道我大字不識一個能通讀《轉法輪》的。是大法救了我和我的一家，我無法用語言表達對師父的感恩之情，只能牢記師父的話，不斷學法，不斷精進。同時，我和妻子、女兒用我親身的經歷向世人介紹法輪大法的神奇，介紹法輪大法是萬古不遇的高德大法。走到哪裡講到哪裡，逢人便講，從不間斷。向人們講清著真相，揭露邪惡謊言，使更多的人能瞭解法輪大法，使有緣人得法，學法，走進大法中修煉。」[217]

在這裡，我們看到了信仰的力量。人是需要一種精神的，這種精神是一個人存活於世的生命支柱和力量源泉，信仰就是這樣的一種精神。法輪功

的信仰來源於學員們對於法輪功法理的認識和理解。人一旦知道了真理和生命存在的真正意義，什麼樣的奇蹟都有可能出現，為其捨命而不足惜的。就像全世界幾十億的宗教信徒們認識到的一樣：神創造人類和世間的萬事萬物，那麼神同樣可以主宰和改變人的本身。

那麼法輪功的信仰者也同樣具備這基本的對神、佛的信仰。上面是讓現代人難以相信、或不可能相信的故事。由於這種事在法輪功修煉的學員中是普遍存在的一種現象。正是由於學員們親眼所見、親耳所聞，許多就發生在自己本人的身上，才使得法輪功發展如此之快，而且即便是中共如此殘暴的鎮壓，也改變不了修煉者這顆堅定不移的心。

三‧中國以外的法輪功

李洪志先生是於1994年在大陸停止傳功的。也就是說，法輪功在大陸的傳功的時間總共是兩年。在中國以外的地區，李洪志先生只在歐亞做了幾期的傳功，其後李洪志先生只講法，不再傳功了。所有學煉法輪功都是由學員去教。到中共鎮壓法輪功，學員們開始向世界說明法輪功的真相。海外法輪功學員的數量無法統計，因為法輪功學員大量的都是各自修煉，還是一樣的「大道無形」，沒有組織、沒有名冊，個人想煉就煉、想走就走，從不拉人來學法輪功。2009年6月初在美國紐約舉行法會，當時紐約的組織者多次發出通知，無法找到可容納想參加者的場地，各地還是去了差不多近7千人。

（一）臺灣地區

大陸以外地區，亞洲國家的法輪功學員可能偏多，臺灣大約是60萬，韓國約10幾萬左右……，實際資料應該遠多於這個數。這也說明一個問題，

臺灣那麼小，那麼多法輪功學員能夠享有自由修煉的權力。更沒有像中共恐懼的，人數這麼多而給社會帶來什麼麻煩，而且一直被各屆政府和各級政府部門大力支持。

　　2002年12月29日，當時擔任臺北市長的馬英九出席了臺灣法輪大法修煉心得交流會，公開批評中共鎮壓法輪功運動。馬英九表示，宗教自由、信仰自由是自由社會的普世價值，也是基本自由和人權，他看到法輪功學員在大陸被迫害、被殺害，心中非常不忍。他說，「他不擔心會得罪哪一個政府、哪一個政權」[218]。

　　呂秀蓮任副總統時，於2005年4月10日下午出席臺灣公共衛生學會主辦的「健康人生導師研習營」，並當場學習了法輪功第一套功法──佛展千手法。

　　當時呂副總統致辭後也聽取了與會來賓的學習成果以及對於健康政策方面的建議，隨後主辦單位安排臺灣法輪大法學會祕書長洪吉弘示範法輪功，呂副總統及現場150多位來賓，學煉了法輪功第一套功法──佛展千手法。[219]

　　法輪功是修煉，因為他不僅僅只是使煉功人身體健康，成為一個好人。法輪功的真正目的是使修煉的人能達到圓滿的境界。所以不會所有人都來煉法輪功。修煉界常說「佛度有緣人」。當然，對於一個社會來說，修煉

左圖：2002年12月29日，當時的臺北市長馬英九出席臺灣法輪大法修煉心得交流會，致詞譴責中共迫害法輪功。

右圖：呂秀蓮（右一）副總統學煉法輪功第一套功法。

的人越多越好，也就是說，好人越多越好。

臺灣法輪大法學會祕書長洪吉弘，他曾經擔任楊家太極拳協會副祕書長，從小對武術充滿興趣，歷經陳式、鄭家、楊式太極等各家功派，認為太極的究竟乃是無形，但現在的太極只是學手法，真正的心法並未流傳。他本身也曾是教會長老，學習許許多多的功法與宗教信仰，最終發現，從人的內心向內找，重視道德、為人著想才是最重要的。而作為法輪功的功法，簡單易學，也沒有時間、地點的限制，相當適合現代人的作息。

（二）其他地區

按法輪功的說法，世界各國註冊的「法輪大法佛學會」只是為了方便法輪功平時舉辦活動，或符合各國的國情做一些協調工作。人們也可以把它看作組織，否則，也不好讓人理解。而法輪功沒有組織是法輪功修煉中的事情，因為一個修煉者要從一個普普通通的常人，修煉到一定的更高的境界中去，只有一條路就是嚴格遵照法輪功的法理，也就是《轉法輪》去修煉。任何人間的形式加到修煉中，都可能是修煉中一個障礙。所以，如果要真正認識法輪功，站在外邊是很難的，除了各自認識到自己所認為的法輪功外，法輪功的真實情況是不知道的。但是，非常重要的一點就是，法輪功給人類帶來了美好的未來，這也許就是「天賜給」人類的「恩典」。

就法輪功而言，無論是世界上任何民族、任何人種的男女老少都能煉法輪功。只要按照「真、善、忍」來嚴格要求自己的心性，再加上圓滿的輔助手段練功，就可以祛病健身、做一個本民族和人種當中的好人、更好的人、並修到很高境界中去。法輪功的動作簡單易學，五套功法一步到位。

一位25歲的美國人（Brandon Sang Jin Park），現住在維吉尼亞州的弗爾弗克斯郡。1999年2月，他突然得了重病，根本無法工作。先後看了4

萬迷之謎　法輪功發展之研究 | 兼論氣功與信仰及科學的關係

A Study on Factors Contributing to Rapid | with Discussions on Qi Gong and Its
Develoment of Falun Gong: | Relations to Religion and Science

個醫生、針灸師和氣功師，他們都有一套說法，但卻無任何幫助。當年10月4日，他被確診為患有三種不治之症：Gastroparesis（胃輕癱）、Globus Sensation（癔球症）和Aerophagia（神經性噯氣，吞氣症）。由於這些病症，致使消化不良，胸部不舒服、氣悶、喉阻、壓抑憂鬱等等。一年四季，都感到不舒服。

生病期間，當想到身體狀況和前途時，總是憂鬱。他已經失去了信心。簡直無法相信，剛剛23歲，難道生活就這樣痛苦無望了嗎？淚水常常浸濕了枕頭。多麼希望從這些無休無止的病痛中解脫出來。他也曾想一死了之。這也許是唯一的道路。也常問自己：「如果是上帝在用這些病痛懲罰我，我到底是做了什麼錯事？相比之下，我覺的自己還是個不錯的人。這樣的懲罰是不是過於嚴厲而有些不公平了？」

他在當時的心得體會中寫到：「……今年1月，我的氣功師告訴我在互聯網上有『法輪功』的材料。我和他關係很好，他幫我做氣功治療，我幫他管理生意，我們互不收錢。幾天後，我給了他關於『法輪功』的材料。我很高興能幫助他，但我並不瞭解『法輪功』，我以為這不過是另一種氣功，我也不懂，儘管氣功師講他好，但我並不很相信，因為他的氣功也沒有治好我的病。如果這功這樣好，為什麼他自己不練呢？

今年2月的一天，我讀了李老師的《轉法輪》一書，開始瞭解生活的祕密。讀完第一章，正如許多其他人所感受的一樣，美妙的令人難以置信。我想放棄一切來追求他，但我並不知道「他」是什麼。我想當務之急是離開這位氣功師。但我對大法的理解還太淺。所以我決定不告訴他真實的理由，而只告訴他我想找個新的工作。2個月前，我又和他談大法。首先，我向他道歉，我沒有和他講實話，並介紹法輪功的神奇。他講他知道的，因為很多人在煉「法輪功」，當我最後一次見他，我讓他多讀《轉法輪》，並教給他前

三節功法。我並不知道他是否就此得法，還是繼續在用氣功為人治病。

第一次讀《轉法輪》時，我感到李老師在講祕中之祕，沒有什麼不能接受的，只是這一段話不能理解：「身體上的痛苦最容易承受，咬咬牙就過去了。人與人之間勾心鬥角的時候，那個心是最難把握的」。我想李老師並沒有經歷過我所經歷的病痛，所以他才會這樣說。過後我才發現我錯了。身體上的病痛可以忍受，但生病時，有人講了我不愛聽的話，我就覺的不能容忍了。我對講話的人很生氣，很想報復他而讓其後悔。現在，我不再與人計較了。有時，儘管我對某人或某事不滿，也能很快的平靜下來，在自己身上找原因。

我讀書學法，注意提高心性。身體狀況發生了很大的變化。得法後的前2個月，我吐了4次，一次腹瀉，一天劇烈頭痛，另有一天身體上痛。我知道這是淨化身體，但也有點迷茫。我並沒有驚慌，實際上當我經歷這些淨化的過程時，我微笑著感謝在我身上發生的一切。我經歷了很多書上描述的境界。我不敢相信發生的事。我多次感到額頭發緊。我感到有能量集中在額頭，並往裡鑽。一開始很強烈，現在已經弱多了。過了一段時間，我覺的有一種不可形容的力量從頭頂向下流動。

我遵循書中的指導，讀書學法2個月之後，病痛全部消失了。那時，我還沒有煉過功。病痛消失之後我才開始煉功，現在我每天打坐一小時左右，並延長打坐時間。儘管『法輪功』治癒了我的病，但『法輪功』並不是為治病和健身的。他是高層次的修煉方法，他告訴了我們宇宙的特性－－真、善、忍。法輪功的修煉者就是要同化宇宙特性。」[220]

這裡列舉的例子極其有限，而且很不全面。如果想要瞭解法輪功的情況，你周圍的任何法輪功學員都會細心、認真的以他所認識的告訴你。當你不帶觀念的，多聽幾個法輪功學員講的情況和他們的體會，你就會知道不少

了。因為任何一個法輪功學員，如果他沒有切身的收穫和體會，他不可能堅持到現在。

四‧媒體的零星報導

法輪功的傳播途徑主要是通過口耳相傳，不借助媒體，不通過或借助於任何官方途徑。由於法輪功傳出後對社會影響很大，而且基本上都是一些正面的影響，所以就免不了某些媒體的零零星星報導而忘記了當時的「三不政策」。以下是幾條及其珍貴的媒體的零星報導。這些報導無疑對法輪功的迅速發展起到了一定的正面作用。

（一）羊城晚報

1998年11月10《羊城晚報》以題目為「老少皆煉法輪功」報導了當時廣州地區的廣州烈士陵園等處法輪功的大型晨練活動，並當場訪問了幾位法輪功受益者的情況。

「星期二，8日早上，廣東省體委武術協會有關領導到廣州烈士陵園等處，觀看了5000名法輪功愛好者的大型晨練活動。煉功者來自各行各業，年齡最大的93歲，最小的僅兩歲。

據介紹，目前，廣東省有近25萬人修煉此功法。在煉功現場，體委的同志詢問了幾位法輪功的受益者，他們的修煉故事非常感人。有一位叫林嬋英的女士介紹說，她是廣州皮革迪威有限公司統計員，原患高位癱瘓，全身70%部位麻木失靈，大小便失禁，修煉了法輪功以後，不久便可以站立，爾後又可以行走，見她現在的樣子紅光滿面，煉功的動作靈活自如。法輪功強調傳功不收費，義務教功。」[221]

（二）人民公安報

　　早在1993年8月25日，由中宣部和公安部聯合召開的「第三次全國人民群眾與犯罪分子作鬥爭見義勇為先進分子表彰大會」在北京召開。會議期間，應中華見義勇為基金會的邀請，在中國氣功科學研究會張健祕書長，管謙副祕書長和費德泉主任的支持下，中國法輪功創始人李洪志先生率領一批弟子來到會議代表駐地，為全國見義勇為先進分子作義務諮詢。1993年9月21日，由中華人民共和國公安部主辦的《人民公安報》就這件事對法輪功進行了報導。

　　「8月30日中國法輪功研究會會長李洪志先生，率弟子們為參加全國第三屆見義勇為先進分子表彰大會的代表們提供康復治療。李洪志先生說：『凡是經中華見義勇為基金會確認的全國見義勇為先進分子，都有資格獲得本功法的免費諮詢。』

　　……據知，本屆會議代表來自全國30個省市，他們中大多數人是因為與犯罪分子作鬥爭而致病的。經調治後普遍收到了非常好的效果，受到了一致好評，有的代表說這是會議為他們作的一件實事。為此，中華見義勇為基金會曾專門致函中國氣功科學研究會，北京市公安局豐台和李洪志老師表示感謝。

　　1993年9月21日人民公安報刊載了北京市公安局李曉津副處長拍攝的一幅諮詢現場，希望北京的法輪功修煉者繼續以本功法的功德，在嚴於內修的基礎上，努力為社會……」[222]

（三）中國青年報

　　1998年8月28日《中國青年報》以題目為《生命的節日》在報導「1998

年中國瀋陽亞洲體育節中華傳統養生健身活動周開幕式巡禮」中以濃厚的筆
墨述寫了對幾位法輪功學員的採訪，他們講述了修煉法輪功後各自身心受益
的體會：

「……入場式上，來自少林武校。太極拳、法輪功……等等25個功法
的仗隊人員個個英姿颯爽、朝氣蓬勃。少林武功，太極拳……等在陽光燦
爛、綠草如茵的體育場內做了大型表演，舒緩柔慢、飄逸瀟灑，淋漓著生命
之樹常青的喜悅。

……觀眾席上1500人組成的法輪功觀眾隊型令人讚嘆，隊員們頭頂烈
日，端坐6個小時，自始自終整齊威儀。

走進法輪功的陣容，學員們熱切地向我介紹練功的收穫，44歲的劉菊
仙，因患股骨頭壞死而臥床不起。痛不欲生。96年夏由姐姐介紹學煉法輪功
後。堅持煉功，至今跑跳自如，入場式上步輕盈。

年逾古稀的王效鹽是瀋陽醫大退休的醫生，過去患十多種病（冠心
疾、哮喘、肺氣腫），年年住院，氧氣筒子不離辦公室與居室，天天吸氧度
命。公傷造成股骨骨折使她拄拐行走。96年春開始煉功，改變了大把吃藥的
生活，成為一位健康的學員。

84歲的陳桂華是瀋陽音樂學院的退休教師，她過去患冠心病、高血壓
等多種老年病。經練功強健了身體。她的病癒吸引了50多名人，連音樂學院
很有名望的老院長丁鳴，也堅持每日參加晨煉。尤其感人的是，陳教授工資
600元並不富裕，卻每年資助東工特困生程輝1760元，並連簽了3年協定，需
付出5000多元……。（節選）」[223]

（四）醫藥保健報

1997年12月4日《醫藥保健報》以題目「祛病健身首選法輪功」介紹了

中國的氣功以其獨具的古老和神奇的風姿風靡神州，即而又飄洋過海湧向國外令世界震驚。生活中有識之士無一不想穿過撲朔迷離的玄妙，撥雲破霧尋得一種切合自身修煉的功法。作為保健報的記者，他曾決心在修煉的瀚海中尋到一座燈塔，發現一種對袪病健身有顯效的功法以饗讀者。

保健報的記者在97年11月8日這個冬令時節的「小陽春」裡，與李洪志老師的「法輪功」望花立交橋活動站及新新社區活動站的學員結緣，竟使他實現了這一心願。

在學法輔導站中，輔導員李希哲與王功告訴他：望花立交橋站有450人能無論嚴寒酷暑堅持戶外集體煉功。李老師功法的修煉宗旨是：修在先煉在後；以學法修心，改變觀念，提高心性為前題；以「真、善、忍」的宇宙特性同化自身，配以科學的修煉動作，從而達到淨化內心，強身健體，精神變物質的功效。學員們都能自覺地從內心修，除去私心，吃常人不能吃的苦，淡化世俗之念，達到凡事以他人利益高於個人利益，無私無我的境界，做於社會於家庭的好成員。真正實現「修得執著無一漏，苦去甘來是真福」的心性標準。

對於法輪功袪病健身進行了簡單扼要的採訪報導，學員分別向保健報的記者介紹了修煉大法的神奇功效：

「……65歲的溫素清是患病20多年的老病號，肝、肺、胃、關節全有病，體重只有35公斤。修煉法輪大法後經過了一個多星期的病灶加重反應後，一天比一天強壯起來，至今體重55公斤，面色紅潤，年輕。她的老伴是冠心病、小腦萎縮、腦血栓患者，經常處於休克與住院搶救的狀態。學習法輪大法後出現了上吐下瀉的全是黑色餅的現象，持續一週處於間斷休克狀態，但老夫妻二人道心堅定，相信這是退病過程，互相鼓勵闖過生死大關。現在他們已煥然一新。

　　李希哲的老伴噙著淚花說，煉功前她患糖尿病4個「＋」號。那年冬天她犯病臥床不能動時，正遇李希哲的心臟病也犯了，她讓他下樓買幾個饅頭，他竟然走不回來。後來二人雙雙修煉大法，身心康健。

　　年逾古稀的王功患多種慢性病：脈管炎、肩周炎、頸椎增生、前列腺炎，痛苦不堪。學大法後全身康復，決心以後半生刻苦修煉，弘揚大法。

　　新新社區的王晶患白癜風病20多年，省內醫院治遍也未見效。煉此法2個多月奇蹟出現，腦門、嘴唇、雙手等處的白斑全部消失。她的老伴因此也加入了修煉行列。

　　43歲的李亞斌於95年底忽然心臟病發作，經過8天8夜的搶救後，一直處於生命垂危狀態，對生活喪失了信心。看了李洪志老師的《轉法輪》書之後，出院到北陵公園參加晨煉。一個月後重返工作崗位，如今已是體魄健壯的男子漢。他高興地說：是李老師讓他與死神告別。

　　70歲的曲連生是省政府的退休幹部，患胃病、腦血栓，每年都進行稀釋血液治療，每日都口服藥物。煉此功法幾個月後，一切症狀都消失，連混合痔瘡都好了，滿面紅光。

　　曾是副廠級幹部的杜洪傑37歲，因患乙型肝炎四處求治無效而與法輪功結緣，之後才真正扔掉藥罐。現在其父母兄弟及妻子都進入這個行列，一家人身心健康，和睦幸福。

　　交談之中令我體悟到，人之將老、死之將至，人生之秋烏雲密佈，無以寄託的恐懼換成了大法在握，病奈我何的曠達。

　　來到煉功場地，仍是綠樹蔥蘢河水清悠，怡然自得的人們陶醉生機盎然，其樂無窮，世外桃源人間淨土般的境界。」[224]

（五）中國經濟時報

1998年7月10日《中國經濟時報》的「百姓廣場」欄目以題目為《我站起來了！》刊登了一位隨軍家屬謝秀芬，53歲，河北邯鄲農村人。丈夫退伍後在301醫院當水暖工40多年。

1979年，她到河北邯鄲農村公社醫院做了結紮手術。在腰椎部位打了麻藥，沒想到騎著自行車去的，做完手術後就再也沒法走路了，一躺就是16年。301醫院診斷結論是：脊椎損傷半截癱。癱瘓的痛苦是難以言表的。她當時已有4個孩子，最小的只有2歲。本人生活不能自理，全靠她媽照顧；而她媽媽也有一個5口之家，幹不完的農活和家務，累得精疲力盡。她常常淚流滿面，心如刀絞。什麼時候是頭啊？她想不出活路來。甚至想吃老鼠藥一死了之，但為了親人活了下來。

1989年，她隨軍來到北京。當時，丈夫每月工資只有4、50元，一家6口。吃飯都成了問題。丈夫上班累，下班忙：做飯、洗衣、看孩子，全是他的事；真是又當爹又當媽，還得伺候她。因為怕尿床，只好少吃、少喝。誰知在床上越養毛病越多，什麼萎縮性胃炎、冠心病、高血壓、食道炎、結腸炎、頸椎炎、肛裂等等十幾種病，躺在床上下肢不能動，脖子也不能動，簡直是活受罪！有一次，她渴了，伸手去拿水杯，搆不著，一下子摔下床來，牙也磕掉一顆，趴在地上動不了，直到丈夫下班後才把她抱上床。她心中萬分痛苦，真想一死了之。她說：「我這樣拖累你，還不如死了好！」丈夫安慰說：「有爹不如有媽好。你死了4個孩子怎麼辦？你躺一輩子，我照顧你一輩子。這樣總是一個完整的家呀！要找到好醫生還能治好呢。」就這樣，她住了幾個大醫院，找了名醫也治不了她的病，一直在痛苦中煎熬著……

文章敘述了謝秀芬癱瘓了整整16年，如何通過修煉法輪功而獲得了新生的經過：

「……16年過去了。1996年4月，我妹妹告訴我，他倆口子練了法輪大

法很好。她說：『煉了法輪大法什麼病都沒有，你這個病是小菜一碟！』我一聽很高興，但又覺得沒見老師能行嗎？她說行！還給我寄來了《轉法輪》。

我想，我是個重病人，怕人家不要我。於是，我先得練腿，讓自己能站起來。我試著靠牆站著，邊練腿邊讀《轉法輪》。由站幾分鐘到10分鐘，有時讀著讀著摔倒在地上，我就跪著讀。就這樣，不斷地讀呀練呀，練了3個月腿，感覺腿比以前有點勁了，站的時間慢慢長了。我心裡真高興！

一天，我讓丈夫用輪椅推著我到某公司煉功點去煉功。負責人老安問我：『你有病嗎？』我連連地說：『我沒病！我沒病！』他笑了笑，什麼也沒說。我心裡才踏實了點。我遠遠地站在西頭自己煉，慢慢地向裡蹭。

後來他們讓我過來煉。我才放心了。這一天，我會永遠記住的：1996年7月1日，我也能和正常人一樣煉功了！

從煉功開始，就按照李老師在《轉法輪》中的要求去做，我從沒想過自己有病。這樣，堅持學法，堅持煉功。

兩個月後，我身體不痛不癢，原來的什麼病也沒了，飯能吃了，體重增加了，腿的感覺也越來越有勁了。

我坐輪椅去煉功點煉功有一年了。一天，我和丈夫商量，讓他陪我試試拄拐棍去煉功。開始，我走得很艱難，丈夫在一邊照看我，走一段在路邊坐一坐。我一直堅持自己走。

這樣，大約又煉了3個月。1998年2月2日，我拄著拐棍和丈夫去小組集體學法。學完了，我叫丈夫快回家給孩子做飯去。我自己慢慢走著。剛走不遠，「放下！放下！」我不由自主地叫著。我以為是別人叫我呢，轉過頭去看，旁邊也沒人。沒走多遠，我又叫起來。我捂著嘴往回走，行人望著我，弄得我特狼狽。

晚上，我一直想這事，我從老安家走到家裡用了45分鐘，我一直不停地叫著「放下！」這兩個字，這是為什麼呢？我反覆想，反覆悟，終於想明白了：我拄著拐棍怎麼弘揚大法呀？

於是，第二天一早，我在屋裡開始練走路，就像孩子學走路晃晃悠悠的。嘿！還行。丈夫看見了，焦急地說：「你瘋了！這是幹嘛？摔著了可就壞了。」我堅定地說：「我要扔掉拐棍走路了！看，這不好好的嘛！」從此，我甩掉拐棍去煉功點煉功了。

這一天，功友們看見我一扭一扭走來了，大家驚奇地笑了，祝賀我重新站起來了！我激動得真想大喊：「我站起來了！是李老師救了我！」

每當我看到老師的照片就想哭！我讀著《轉法輪》就想笑，有時還笑出聲來。我怎能不從心裡感謝李老師呢！我要堅定地煉下去。無論吃多少苦我也不怕！我在煉打坐時，用兩個十斤重的槓鈴壓腿，痛得直掉淚。到現在，我能雙盤1個鐘頭了。

我從2月3日開始恢復走路，堅持學法煉功，我簡直像小鳥一樣老想要飛起來，一般的人走路都走不過我。這就是法輪大法發生在我身上的真真切切的事實！」**[225]**

這篇文章所描寫的情況，在法輪功學員中有許許多多。如果只是一件兩件，人們可能認為是不是會有別的原因，或是巧合。有的甚至於會認為是由於心理學上認為的因素。然而，無論是科學也好，還是人們對事物的瞭解和認識能力而言，難道這種成千上萬的活生生的事實不正說明問題嗎。

（六）深星時報

眾所周知，煉功有益身心健康，這是法輪功發展迅速的一個最為直觀的原因。1998年12月31日《深星時報》報導了深圳法輪功的一次活動：

萬迷之謎　法輪功發展之研究 ｜ 兼論氣功與信仰及科學的關係

A Study on Factors Contributing to Rapid ｜ with Discussions on Qi Gong and Its
Develoment of Falun Gong: ｜ Relations to Religion and Science

　　「12月26日上午，深圳體育館前面的廣場上，兩千多名來自各行各業的法輪功愛好者排著整齊的方陣，集體匯煉法輪功，這是南天居委會從10月1日第一次組織匯煉法輪功後第二次組織法輪功愛好者在體育館廣場集體煉功，人數比第一次增加了1千多人。他們中年齡最大的80多歲、最小的4歲半，當中有企業家、大學教授、員警、大、中、小學生，都是抱著一個共同的目的而來：健身祛病、提高心性。近年來，在熱心人士的推廣下，越來越多的人加入了練功的行列，從大鵬灣畔到松崗鎮，都有法輪功的練功點，法輪功熱潮湧動，已逐漸成為都市人休閒健身的一種時尚。」[226]

　　《深星時報》——熱點專題——用了一個整版通過報導深圳法輪功的一次活動，簡要介紹了法輪功：

　　「……法輪功，亦稱法輪修煉大法，係法輪佛法大師李洪志先生創編的佛家上乘功法，1992年開始傳播，1994年傳入深圳，主要是通過修煉心性，提高心境，並兼有治病健身的作用。目前全國各地修煉此功法的人數達幾千萬之眾，在世界各地亦很受歡迎。」[227]

　　《深星時報》1998年12月31日還介紹了在深圳大學晨練的人當中，一群由30多人組成的習練法輪功的小方隊，在祥和的音樂中格外引人注目，這些人中既有高級知識份子，又有學生。他們都是看到周圍的同事或同學受益於法輪功而加入練功行列的，通過修煉法輪功，強健了身體。

　　「……深圳大學經濟學院王永昆副教授告訴記者：『練功前我患有肝炎、糖尿病、耳聾等多種疾病，對於前兩種我可以用藥抑制，但我是個教育工作者，耳聾對我帶來的壓力太大了。在我修煉法輪功，這麼多疾病完全消失了，精力、體力都越來越好，使我增加了對工作的信心，承擔的課程越來越多，人也變得開朗。』

　　建築研究院高級工程師王建俊女士告訴記者，已有5位同事和朋友看到

了她的變化而參加了習練法輪功的行列。最近，又有4名在讀的學生也參加了這個行列。」[228]

法輪功修心健身走俏鵬城 3千學員勤修煉樂此不疲

《深星時報》還以《法輪功修心健身走俏鵬城 3千學員勤修煉樂此不疲》為題報導了法輪功在深圳的發展情況：「法輪功於1994年傳入深圳的。法輪功的創始人李洪志先生於1993年4月至1994年12月先後5次來廣州傳功，當時深圳只有10幾個人先後赴廣州參加傳授班，之後發現身體上的疾病都消除了，她（他）們打心眼裡認為這是一種好功法，於是熱心地將此功介紹給親人朋友。練功的人數日益增多。1995年，她們在荔枝公園設立了第一個法輪功練功點，當時只有40人，到目前為止，全市5區學法輪功的人數已逾3千多人，共有68個練功點。」

同時也介紹了法輪功的學法煉功的某些部分的要求：「法輪功各站、點的主要任務是組織法輪功愛好者練功學法，管理形式為鬆散管理和義務服務，不搞經濟實體和行政機構的管理方式，不存錢物、禁止收費收禮，不搞治病活動。學員練功以自發為主，以修煉心性為本，加上健身治病效果明顯，因此得到了許多人的青睞。他們除了平時堅持練功學法，一有大型的練功活動，不管家住多遠，都樂此不疲。

12月26日上午的法輪功大匯練從8點鐘開始，而剛到7點半鐘，大部分人已早早來到廣場，並有條不紊地鋪好坐墊，排成方陣。整個方陣橫排和豎排整齊如一。方陣前面是幾十名小孩組成的小方陣，他們和大人一樣，非常投入地做著同樣的動作。練功方陣的旁邊，幾位義務傳功者一絲不苟地在教初學者練功、兩個小時的練功過程，無需人號召，秩序非常好，許多圍觀的路人也加入到練功的行列。練功活動結束後，人們自覺地帶走自己的物品，

萬迷之謎　法輪功發展之研究

A Study on Factors Contributing to Rapid
Develoment of Falun Gong:

兼論氣功與信仰及科學的關係

with Discussions on Qi Gong and Its
Relations to Religion and Science

整個廣場沒有留下一個紙袋和一片紙屑。」 [229]

法輪功祛病效果明顯 不少病患者深受其益

《深星時報》1998年12月31日還以《法輪功祛病效果明顯，不少病患者深受其益》為題介紹了：修煉法輪功的人，大多要經歷一個從不信到信的過程。一些病患者，初時是抱著試試看的心情去練功，當多年的頑症奇蹟般地消失後，他們不但深信法輪功的效力，而且投入到義務傳功者的行列。同時也介紹了幾個實際的例子。

「……深圳一家企業的女老闆李力小姐談起法輪功時非常激動，據她介紹，她3歲時得了牛皮癬，30多年來四處求醫，試過多種療法，花了不少錢，反而越治越厲害，炎熱的夏天也不得不用長衣長袖遮蓋自己，受過無數罪，已到了無法承受的地步。1996年5月經人介紹修煉法輪功，連她自己也不敢相信，僅僅是一個月，多年的頑症竟消失了。他的丈夫初時也不信，在活生生的例子面前，也深信不疑，加入了練功的行列，夫妻雙雙成了義務傳功的骨幹。

深圳市工業展覽館辦公室主任高晶女士亦得益於法輪功。據她介紹，她身患多種疾病，光是糖尿病每年支付藥費就達3千多元。1996年7月修煉法輪功後，至今從未吃過一粒藥，每年節約藥費5千元以上。身體改變了，心情也變得樂觀祥和，1996年至今從未請過一天病假，並按法輪功的要求嚴以律己、寬以待人，工作成績突出。

深圳大學建築研究院高級工程師王建俊曾參與深圳地王大廈、深圳特區報業大廈的設計工作。據她介紹說，練功前患有嚴重的類風濕關節炎，用過多種治療方法也無效，以致思想負擔過重，徹夜難眠，最後連下樓梯也要由丈夫摻扶著。每年要花掉醫藥費1萬多元，係單位報銷醫藥費的冠軍。有

人介紹她練法輪功，她不信有那麼神奇，她的丈夫讀了《轉法輪》那本書後，覺得裡面說的很有道理，便鼓動她試試。她便抱著試試看的心情練了3個月，折磨了她4年之久的病痛竟消失了，人也變得神采奕奕。現在除了在研究院內的正常工作外，還能夠一天跑幾個工地去處理技術問題。『我就是一個活標本，現在我們全家練功，同事們也在我身上看到了法輪功的威力，我多麼希望像我們這樣的知識份子能儘快受益於法輪功。』她如是對記者說。」[230]

　　與此同時，還有一些廣播電視對法輪功的報導。如1998年上海電視臺的新聞節目：「晨練－－申城又一道亮麗的風景」等等。

　　可以說，凡是煉法輪功的，沒有一個人不是因為從修煉中獲益而留在法輪功內堅持修煉的。

五・發現了「世俗」之外「神聖」的精神世界

　　儘管人類社會的道德規範在近代發生了翻天覆地的變化，在一些宗教看來是一日千里的下滑，也許在這潮流中的人並沒有多大的感覺，有的人甚至於還覺得很不錯，或誤認為是社會的某種意義上的進步。而且只要略加思索，或看看我們上一輩人的道德規範就知道現在社會道德已經到了何等程度。然而人生命中向「善」的本性依然存在。就像伊利亞德[231]在《神聖與世俗》一書中寫到：「人類的第一次墮落後，其宗教感雖然因此而降到了『被分裂的意識』的層次上。但人類卻還是『保留了』足夠的智力使他能重新發現塵世中可見的上帝的痕跡一樣。人類在第二次墮落後，雖然下降得更深，甚至於墮落進了『無意識的深淵』。但是在他最深層的存在之中，他仍然保有對宗教的記憶。」

　　神聖與世俗是人類精神生命的兩種存在向度或者樣式。在一般人的思

萬迷之謎 法輪功發展之研究 ┃ 兼論氣功與信仰及科學的關係

A Study on Factors Contributing to Rapid ┃ with Discussions on Qi Gong and Its
Develoment of Falun Gong: ┃ Relations to Religion and Science

維中，宗教選擇了神聖，而「現代人」選擇了世俗；現代人認為神聖屬於過去，世俗則屬於現在和未來；許多人把神聖當成是人類理性前夜的情感和心理、愚昧和智慧的混合產物，世俗則是科學主義、理性主義和工業時代的必然結果等等。

「……由於人們的這種心態和認識，在一個滿足於解析和實證的時代，神聖的處境就極為尷尬，幾無立足之地。理性主義者把神聖視同為神祕主義，審問它在這個世界上存在的理由；唯科學主義者則認為神聖屬於迷信，是愚昧無知的同義語，要它提供自己存在所依存的法則；消費主義思想則把它看成是一個落伍的、落魄的怪物，雖有談資但卻是一文不值；現代社會中的非宗教徒又往往認為神聖即是宗教。總之，在現代人看來，神聖是自己在現實發展中的最大障礙。但是，每當人們沉醉於自己世俗的獲得時，他都會發現在自己生命之中好像少了某種東西。經過漫長的思想歷程，終於有一天，他才驚恐地發現：他所缺少的、他所魂牽夢繞的正是他曾經深惡痛絕並已摒棄的東西──神聖。神聖正在離人類而去，生命也因缺少神聖而顯得蒼白。顯然，在世俗的生活中回歸神聖，在後工業化和全球化的過程中重新建構神聖應該成為人類精神追求的一個新的目標。」[232]這是在伊利亞德的《神聖與世俗》中譯本的《序》中所概括的。

然而，即使在最世俗化的現代社會裡，人們在無意識中也會有一些宗教體驗，譬如在一些音樂和儀式中感受到崇高。宗教的許多觀念之所以能夠以各種各樣式存在，說到底還是人類對它有著基本的需要。許多組織的社會運動，包括所謂的「共產主義運動」標稱自己是「無神論」者，但是在它的宣言中，即使他們在宣稱自己是「徹底的唯物主義者」時無不充滿了宗教的衝動，宗教的犧牲概念在那些意志堅定、百煉成鋼的烈士身上得到了最好的顯現，這些活的「榜樣──顯聖物」又指引著後來人前仆後繼。其實，宗教

提供的途徑對人類來說意味著救贖世俗罪惡的可能。

自從法輪功在長春的第一期學習班開班。許多人開始向親朋好友推薦法輪功，也有一些人開始追隨李先生，到全國各地參加法輪功的學習班。通過明慧網2002年9月發表的一篇文章《隨師萬里行》，我們可以略微想像一下當時的情景。

文章的作者稱，她出生於1948年，自幼多病，自1993年在北京第一次參加了法輪功學習班後，在接下來的兩年中分別跟到了武漢、廣州、天津、合肥、長春、成都、鄭州、濟南、大連、哈爾濱和延吉，共參加18次法輪功學習班，全部行程超過了萬里。

也許我們很難想像她為什麼有那麼大的「幹勁」。其實她自己剛開始也沒有想到。「（法輪功）第11期班在北京公安大學禮堂，我坐在20幾排。第一堂課就吸引了我，老師在講史前文化，我聚精會神地聽，心裡暗暗吃驚：怎麼這些事這幾年自己也想過？……今天一下聽到了這麼新鮮的東西，覺得好透氣，很興奮。每堂課我都津津有味地聽，每天從課堂上下來，身體的難受程度都緩解許多，每天下午都早早準備著上路。一期學習班結束了，我想再能參加一期就好了。」

「一期接一期地聽課，老師講得越來越高，都是我從來沒聽過的全新的領域。那麼信與不信呢？……我想人的生命是短暫的，經歷也是有限的，不可能什麼都親身去體驗。那麼信與不信就看老師本人，老師可信那麼老師講的就可信。我仔細地觀察老師，只要老師在場，我的眼睛就不離開，每一個音容笑貌，每一個細小的動作，都看在眼裡，放在心上。所以下課了我總是磨磨蹭蹭的，走在後面。有一天從12期班上下課回家，在五棵松地鐵站等車，看到老師從後面走來，旁邊有他的家人，還有一位學員，他們提著飯盒，車來了人們擁著進車門，我儘量向老師所在的這邊擠，想和老師他們進

萬迷之謎　法輪功發展之研究 | 兼論氣功與信仰及科學的關係

A Study on Factors Contributing to Rapid | with Discussions on Qi Gong and Its
Develoment of Falun Gong: | Relations to Religion and Science

一個車廂。人們本能地擠著，進了車門第一眼就瞟一下哪有位子，稍有可能就一步竄過去。等我進來發現老師他們進了隔壁的一節車廂，我趕緊走到兩節車廂連接處的車門，隔著玻璃向那邊望，見到老師一點不著急，讓別人先進，幾乎是最後進來。我注意到他進來時還有一兩個位子，如果動作快就能坐上。我在心裡著急，心想快點，可他靜靜的，似乎根本就沒感覺。人們瞬間就擠著坐定了，幾乎剩他一人站在那裡。我的心在翻動，就感到他和我們那樣地不同。我默默地想，他是以什麼樣的心態來對待周圍的世界呢？漸漸地我心裡升起了一個字，就是『正』……靜下來時我不禁問自己，我為什麼這麼被打動？漸漸地我感到，老師的為人和老師所講的一切，都和我內心的很深很深的地方有一種呼應，或是共鳴，或是感應。有一天我終於明白了，就是那個『真』。我一生崇尚『真』，感到世上最美的就是『真』。為此我拚命抗拒著不入世俗，不墮人流，一生付出了巨大的代價，身心很苦。今日遇老師，我默默地體會，他真的是那樣的高潔，那樣的堅不可摧。我的心在震顫。」

這位學員這樣形容李洪志先生的講課的：「一切都是那麼真實，沒有造作，沒有誇張，沒有牽強，沒有掩飾。開課的方式也不同於我所見過的任何一個集體講話的方式。到點就上課，不繞彎，直奔講課內容。所到之處也沒見哪個社會名流來捧場，沒有前呼後擁一群人磕頭作揖要治病。……成都的班在一個招待所的禮堂。老師辦班從來不做廣告，那時各種氣功班多了，人們也不在乎，所以第一天開課人沒坐滿，可一聽老師的課就大不一樣，於是消息急速地傳開，到結束時已有800多人。……」

「廣州第5期據說來了5千多人，可能更多。廣東省氣功協會很早就把票賣完了，我的票是托廣州的親戚10月份買的，後來的學員就買不到票。第一天離上課時還早，體育館前的廣場就已人山人海，聽說有500多人沒有

票，可體育館的工作人員無論如何不允許超員，過道一律不准坐人。北京的部分學員把票讓給了新學員，交票時，雙方眼裡含著熱淚，邊上的人也熱淚盈眶。開課了，沒有票的學員就守在體育館門口的廣場上。這樣的鍥而不捨讓體育館的工作人員感動不已，他們破例打開了旁邊的一個館，接了一個同步錄影的電視機，讓餘下的學員進去聽課。

「廣州第5期盛況空前……有一天，學員很早就到了，在體育館大門通往大廳的沿途兩邊，裡三層外三層站滿了，中間讓開一條通道，就這樣靜靜地站著，一直等老師來。老師來了，大家簇擁著老師向老師表達敬意，大家從內心發出來的對老師的崇敬讓體育館的工作人員目瞪口呆，他們問學員，你們老師是什麼人？這場景從未見過，體育館大場面不少，可從沒見過這麼多人這樣地虔誠。」[233]

這篇文章中提到的「廣州第5期」便是法輪功54期學習班中的最後一期，開設於1994年年底。到那時為止，全國各地大約共有10萬以內的人次參加了法輪功的學習班。

看過以上那篇文章的片段，也許我們就不難理解這樣的事情：雖然從95年起，法輪功停止了學習班的開設，但僅僅靠著參加過學習班的人自己拎著答錄機在公園裡建起來的義務教功煉功點，法輪功的學煉人數在幾年之中便通過「人傳人、心傳心」的方式迅速發展到了7千萬到1個億之多。

據官方後來公佈的資料，全國各地的法輪功煉功點共有2萬8千多個。這個資料也許準確，也許不準確。但從當時的一些照片和錄影片中，我們可以看到，不論是大都會還是小鄉鎮，不論是公園裡還是馬路旁，或多或少的閉目練習法輪功的人群已經成了中國大地清晨裡的一道特有而平常的風景。

六‧最樸素、淺顯的語言表達了最高深的「法理」

　　無論是哪一門宗教、信仰；無論是什麼氣功門派都有其不著邊際的部分。不是各種各樣的清規戒律、活動儀式，就是成百上千的難以理解的經書。而法輪功的法理言簡意賅。都是以最簡單的語言，表達最深奧的道理。沒有任何的清規戒律，每個人都是憑藉各自對法理的認識去做一個好人，進而做一個更好的人，一個完全為了他人好的好人。而且，所有的法輪功學員都是不斷地反覆通讀《轉法輪》這本書。一旦他們在修煉中遇到了什麼問題或者疑問，他們就會去靜心地讀《轉法輪》這本書，而且什麼問題或者疑問基本上都能得到解答。

　　比如「什麼是一個好人？」這是一個簡單、樸素，人類從孩童時期就開始提出的問題，而且是沒有普遍意義上的定義的問題。然而對於這個問題的一個普遍意義和信仰意義上的解答，給予許多人找到了某種意義上的心靈深處的慰籍。

　　什麼是一個好人？「真、善、忍是衡量好壞人的唯一標準」。[234]

　　「真、善、忍這種特性是衡量宇宙中好與壞的標準。什麼是好什麼是壞？就是用他來衡量的。我們過去說的德也是一樣。當然今天人類社會道德水準已經發生了變化，道德標準都扭曲了。現在有人學雷鋒，可能就得說他是精神病。可是在5、60年代，有誰會說他是精神病呢？人類的道德水準在大滑坡，世風日下，唯利是圖，為了個人那點利益去傷害別人，你爭我奪，不擇手段這樣幹。大家想一想，能允許這樣下去嗎？有的人做壞事，你告訴他是在做好事，他都不相信，他真的不相信自己是在做壞事；有些人他還用滑下來的道德水準衡量自己，認為自己比別人好，因為衡量的標準都發生了變化。不管人類的道德標準怎麼變化，可是這個宇宙的特性卻不會變，他是衡量好、壞人的唯一標準。那麼作為一個修煉人就得按照宇宙這個特性去要求自己，不能按照常人的標準去要求自己。你要返本歸真，你要想修煉上

來，你就得按照這個標準去做。作為一個人，能夠順應宇宙真、善、忍這個特性，那才是個好人；背離這個特性而行的人，那是真正的壞人。在單位裡，在社會上，有的人可能說你壞，你可不一定真壞；有的人說你好，你並不一定真好。作為一個修煉者，同化於這個特性，你就是一個得道者，就這麼簡單的理。」[235]

氣功在中國現代社會是一個被普遍認識的現象，它的祛病健身效果已普遍被接受。然而沒有任何一種功法能像法輪功這樣來得迅速和有效。對於許許多多的氣功愛好者，都會關心自己功煉得怎麼樣？許多人的病通過煉功好了，我怎麼沒有太大的反應呢？煉功為什麼不長功？

「煉功為什麼不長功？好多人有這樣的想法：我練功沒得到真傳，哪個老師教我點絕招，來點高級的手法，我這個功就長上去了。現在有百分之九十五的人都是這樣的想法，我覺的很可笑。為什麼可笑？因為氣功不是常人中的技能，它完全是一種超常的東西，那麼就得用高層次的理來衡量它了。我跟大家講，功上不去的根本原因：「修、煉」兩個字，人們只重視那個煉而不重視那個修。你向外去求，怎麼也求不到。你一個常人的身體，常人之手，常人的思想，你就想把高能量物質演化成功？就長上來了？談何容易！叫我看就是笑話。這就等於向外去求，向外去找了，永遠也找不到。

真正修煉得修煉你這顆心，叫修心性。比如說，我們在人與人的矛盾中，把個人的七情六慾、各種慾望放的淡一些。為了個人利益去爭去鬥的時候，你就想長功，談何容易！你這不是和常人一樣了嗎？你怎麼能長功呢？所以要重心性修煉，你的功才能長上來，層次才能提高。

……不知道高層次中的法就沒有法修；沒有向內去修，不修煉心性不長功。就這兩個原因。」[236]

什麼是佛法？自古以來，修佛修道的人都在尋找佛家裡面講的「佛

萬迷之謎　法輪功發展之研究｜兼論氣功與信仰及科學的關係

A Study on Factors Contributing to Rapid　with Discussions on Qi Gong and Its
Develoment of Falun Gong:　Relations to Religion and Science

法」和道家裡面講的「道」。幾千年來，人們（包括僧人和道士）有的把「佛經」或「佛陀」們講的話叫做「佛法」；有的把「老子」講的話或「道德經」叫做「道」。

「這個宇宙中最根本的特性真、善、忍，他就是佛法的最高體現，他就是最根本的佛法。佛法在不同層次中有不同的體現形式，在不同層次當中有不同的指導作用，層次越低表現越龐雜。」[237]

「走火入魔」在社會上和修煉界影響很大，其實所謂的「走火入魔」的現象都是由於煉功人自己心不正所致。綜觀古今中外所有的正法正道應該都是這麼認為的。《轉法輪》中講道：「其實煉功是不會走火入魔的，多數人主要是從藝術作品中聽來的，什麼武俠小說等等當中聽到這一名詞的。不信你翻一翻古書、修煉的書中，沒有這樣的事。哪有什麼走火入魔呀？根本就不會出現這種事情。」[238]

有不少的法輪功學員都有這樣的體會：「好像一直在尋找著什麼東西，當遇到法輪功後就覺得這就是我要找尋的。」當人一接觸並開始煉功後變化很大；有的「天目」開了，看到了許許多多奇妙的，被稱為另外空間的壯觀景象；有的看到了過去發生過的事；有的看到將要發生的事，後來果然真的發生了……一切讓一些學員感觸到，法輪功和師父所講的都是真的！與此同時，就像人們公認的氣功修煉可以激發人的特異功能一樣，法輪功的修煉可以激發人的生命中「善」的本性。

七‧中華民族重新獲得人類的道德生機

人類社會發展的不同時期會給這一時期帶來不同的人的價值觀和道德觀。這是不同社會時期的不同社會環境和不同社會風氣所造成的。正是由於這種發展和進步，使人類漸漸遠離原本的人的行為規範。

　　宗教信徒們認為，在這物慾橫流的社會，人類本質的「善」並沒有完全迷失掉。因為他是生命的本源。李洪志先生於1996年7月20日的一篇文章中寫到：「善是宇宙的特性在不同層次、不同空間的表現，又是大覺者們的基本本性。所以，一個修煉者一定要修善，同化真、善、忍宇宙特性。龐大的天體是由宇宙真、善、忍特性所成，大法的傳出是他給宇宙中生命們先天歷史特性的再現……」[239]

　　也許由於修煉法輪功，人的生命中「善」的本性被激發，就好像人的歸屬有了答案一樣，人對於無可奈何的「生、老、病、死」有了著陸，人可以通過修煉進入到更高層生命的境界中去，而且真有相當一部分學員「天目」開了後也看見了另外空間的真實景象……。這怎會不讓人動心，並下定決心一修到底。

　　人缺乏信仰會使人感到空虛。當中國大陸民眾的「共產主義信仰」破滅以後，人的靈魂失去了立足點。民眾四處尋找依靠，從傳統宗教、巫醫神漢到時髦的拜金拜物主義等等。本來屬於中華大地上的神傳文化也被共產主義徹底砸爛。中華文化不外乎「善惡有報」、「行善積德」加上「仁、義、禮、智、信」等等之類。

　　正在此時，也是人們所講的，大陸民眾出現了信仰危機和信仰真空時代。有人認為法輪功抓住了這個時機，但也許是「天賜」的，法輪功以最好的形式解除了這一危機、彌補了這一真空。同時，法輪功的法理涵蓋了宗教的內容，指出了修煉的實質。

　　也許正是法輪功的完整的傳出，將使中國重新獲得人類道德生機。修煉法輪功後知道了人生的真諦，真善忍成為修煉者的堅定信仰。這就是為什麼法輪功能如此迅速發展的根本原因所在。1995年1月2日，李洪志先生在北京輔導員會上的講話就談到了這個問題。

萬迷之謎 法輪功發展之研究 ｜ 兼論氣功與信仰及科學的關係

A Study on Factors Contributing to Rapid ｜ with Discussions on Qi Gong and Its
Develoment of Falun Gong: ｜ Relations to Religion and Science

「我們今天，就在北京這個地方，輔導員已經能夠達到這麼多了，說明我們這個大法已經被更多的善良的人們所認識，能夠在這個法中得到提高，修煉自己，這是個非常可喜的事情。現在具體統計修煉我們法輪大法有多少人，也很難統計了，人傳人，不計其數。有的地方是一個縣或者一個城市有一倆個人學，結果發展到上千人。好些地區都是這種形勢，發展非常快。

我們大法的發展越來越快，人數越來越多。之所以能夠發展的這麼快，當然這要從兩方面來看：一個原因是有很多氣功是假的、騙人的，是不講道德的，人家上一次當兩次當，時間長了人家也就明白了，這是一個方面；再有一個原因呢，我們法輪大法從傳出以後，我們本著對學員負責、對社會負責，使很多人真正的能夠受益，也使很多人真正的在大法的修煉當中對社會的風氣能夠起到一種促進作用，所以，他會收到這樣好的效果。

現在的人道德水準已經很低了，各行各業中很難找到一塊淨土。然而，法輪功將重新創造一片人間淨土，任何法輪功聚集的場合，我們可以感到都是非常祥和的場。」[240]

李洪志先生在傳功結束後給濟南學員答疑時講到：

「……主要是我想哪，我傳這個功的時間基本上就是結束了，所以想要把真正的東西都給大家留下來，以便大家在今後的修煉過程中，有這個功和法來指導大家。在整個傳功過程當中，我們也是本著對大家負責，同時也是對社會負責，這樣我們才能收到一個很好的效果。實際上我們也是本著這樣一個原則在做。至於做的好與壞我也不想講了，因為做的好壞，我做的怎麼樣，對大家負不負責任，在座的自有公論，所以我不再講這些事情了。當然我的願望就是想要把這個東西傳出來，叫我們更多的人能夠受益，真正的能夠想修煉的，有法能夠往上修煉。同時在傳法過程當中，我也講出了作為

一個人，應該怎樣做人的道理。也希望在我們這個學習班上下去不能夠按照大法修煉的人，最起碼也要做一個好人，其實你已經會做一個好人，我知道。就是你在這兒不想修煉，下去之後你也一定會做一個好人，這樣對我們社會也是有利的。」[241]

人類社會的長治久安依賴於社會道德和社會風尚，同樣修煉者的境界取決於修煉人的心性。只是對修煉人的要求更高而已。換句話說，一個社會中修煉的人越多，社會道德和社會風尚將更好。這對任何社會都是有百利而無一害的。

看看下面，李洪志先生關於修煉人長功的關鍵所在，也許可以明白修煉人一定得首先是個好人的道理：

「我剛才講功，談到這個問題，實際上我們動手去煉的那個功，只不過是術類的東西，加持功能和改變身體、長生。可是要沒有那個能量，沒有層次高低的功，你就長生不了。反過來我們在最低層次跟大家談，你不重視心性的修煉，你不重德，你的病都祛不了。你做體操能祛病嗎？祛不了。氣功它不是體操，它是超常的手段來改變人的，那麼你就必須得用這個超常的理去要求你。有的人練功的時候挺虔誠，可是一出門就不是他了。在社會上為所欲為，為了個人那點蠅頭小利，互相去爭啊、鬥啊，甚至為一口氣去鬥，你說你那個病能好嗎？那是絕對好不了。剛才我談一談人為什麼他不長功。其實這還是一方面的原因。

還有另外一方面不長功的原因，說你不祛病、不長功的原因，就是你不知道高層次中的法，不知道高層次中的理，你也無法修煉的。」[242]在這裡，李洪志先生所講的高層次的法應該就是「真、善、忍」。

八‧結論

萬迷之謎 法輪功發展之研究 | 兼論氣功與信仰及科學的關係

A Study on Factors Contributing to Rapid | with Discussions on Qi Gong and Its
Develoment of Falun Gong: | Relations to Religion and Science

　　法輪功現象是一個巨大的研究課題。本論文依據李洪志先生已發表的全部講話文本，大量被中共嚴格禁止的法輪功和法輪功學員的一手材料，包括中國政府對法輪功進行鎮壓前後的媒體報導，特別是中共對法輪功鎮壓前的媒體報導尤其珍貴。鎮壓以後的關於法輪功的批判文章可以說是堆積如山，本論文對於引起全中國，以及全世界都極度關注的「法輪功現象」從對法輪功進行了系統的研究。

　　針對大陸和海外學者關於法輪功研究的資料進行了系統的梳理，結合對人類宗教，特異功能現象的探究，通過對這一巨大課題的核心問題「法輪功為什麼能迅速發展」進行研究。

　　本論文有如下的看法，供同行們參考和指正：

　　（一）法輪功的出現是在廣大的中國民眾對「氣功」現象有較成熟認識和認可的背景下，而所有氣功門派在社會上逐漸萎縮之時；此時，中國正處於打開國門，對外開放，意識形態上正在為經濟技術開放進行鬆綁的「解放思想」運動時期；

　　（二）法輪功出現的同時也正是中國改革開放時期，廣大的中國民眾對「共產主義理想」的破滅，加上民眾在「解放思想運動」後出現了信仰真空。法輪功的理念對於相當廣大的氣功愛好者而言，完美無缺的填補了這一真空。

　　（三）法輪功是佛家上乘修煉大法，以宇宙最高特性「真善忍」為根本指導，按照宇宙演化原理而修煉。法輪功直指人心，指出真正修煉就得按照「真善忍」的標準修煉自己的這顆心；

　　（四）法輪功是大法大道，在把真正修煉的人帶到高層次的同時，對穩定社會、提高人們的身體素質和道德水準，也起到了不可估量的正面作用。廣大民眾通過修煉法輪功獲得了健康的身體，這一點每一個法輪功修煉

者都有體會和經歷；法輪功的理念和法理，通過各行各業中的法輪功學員修煉過程中體現出的高境界思想和行為，有利於建立和維持高尚、文明的社會風氣；

（五）法輪功的法理要求「法輪功不能參與政治」，以「真、善、忍」為標準要求自己的言行，在任何環境下「做一個好人」，所以法輪功對於任何社會制度和政權形式下的社會風氣都是有利的；

結語

現代哲學研究表明：哲學無法回答人類的終極問題。而伴隨人類走到今天的各種宗教、信仰和神傳文化幾乎都是首先就回答了這個問題。也許正是因此，各個民族、人種都有各自信仰的上帝、神、佛和道。而這些都為各自留下了文化、傳說、經書，甚至戒律——直接告訴人「該做什麼、不該做什麼」。

人從一來到世間就是個迷，剛開始想事的時候想的就是「迷」的問題：「我是誰？我從哪來？我將到哪去？」當人開始認識和適應這個社會的時候就進入到了「人生」，即入迷——入世間之迷。這時的人會認為自己已經清楚世間的一切，特別是一些小有成就的人。可不知這也許是更進一步的被世間所迷。

人來世間也許是為了能在迷中釋謎、解迷，能夠跳出這個迷，從而進入到真實的世界和生命之中。為此，專門為人安排了獨特的解謎之寶——修煉。走出迷、走向永恆的智慧與光明。

註釋

[203] 明慧資料中心，http://package.minghui.org/mh/center

[204] 新生網：《回歸的旅程》http://xinsheng.net/xs/journey2Return/BIG5/index.html

[205] 姜學貴教授：1992 年東方健康博會總顧問

[206] 大紀元時報編輯部：《江澤民其人》博大出版社，2005 年 5 月 28 日（第八章：搶灘北京希同束手），第 77 頁，http://www.epochtimes.com/gb/nf3154.htm

[207] 正見編輯：《醫學奇蹟》─法輪大法學員修煉故事集，第 3 頁，2007 年 11 月 19 日 http://zhengjian.org/zj/articles/2007/11/19/49418.html

[208] 山東冠縣法輪大法弟子：《法輪功創始人在山東冠縣傳法的故事》【大紀元 2007 年 3 月 8 日訊】http://www.epochtimes.com/gb/7/3/1/n1633778.htm

[209] 邵曉東：中國醫師，也是美國執照針灸中醫師，從事醫學實踐多年，獲中西醫學雙學位、中西醫師雙資格和針灸、氣功雙專業碩士學位。

[210] 邵曉東：《淺談西醫、中醫、針灸、氣功與修煉》《新生網》2001 年 11 月 20 日

[211] 邵曉東：《淺談西醫、中醫、針灸、氣功與修煉》《新生網》2001 年 11 月 20 日

[212] 正見編輯：《醫學奇蹟》法輪大法學員修煉故事集，第 68~69 頁，http://www.zhengjian.org/zj/articles/2007/11/19/49418.html

[213] 正見編輯：《醫學奇蹟》法輪大法學員修煉故事集，第 12 頁 http://www.zhengjian.org/zj/articles/2007/11/19/49418.html

[214] 正見編輯：《醫學奇蹟》法輪大法學員修煉故事集，第 55~56 頁 http://www.zhengjian.org/zj/articles/2007/11/19/49418.html

[215] 正見編輯：《醫學奇蹟》法輪大法學員修煉故事集，第 47~48 頁，http://www.zhengjian.org/zj/articles/2007/11/19/49418.html

[216] 正見編輯：《醫學奇蹟》法輪大法學員修煉故事集，第 58~59 頁，http://www.zhengjian.org/zj/articles/2007/11/19/49418.html

[217] 正見編輯：《醫學奇蹟》法輪大法學員修煉故事集，第 64~65 頁，http://www.

zhengjian.org/zj/articles/2007/11/19/49418.html

[218] 陳正洪：《臺灣總統馬英九獲贈《九評共產黨》》[明慧網 2008 年 10 月 25 日]

[219] 陳怡文：《臺灣副總統呂秀蓮學煉法輪功》[明慧網 2005 年 4 月 12 日]

[220] 正見編輯：《醫學奇蹟》法輪大法學員修煉故事集，第 85~86 頁，http://www.
     zhengjian.org/zj/articles/2007/11/19/49418.html

[221] 孫璿、曉明 攝影報導：《老少皆煉法輪功》《羊城晚報》1998 年 11 月 10

[222] 中國法輪功北京輔導總站報導：由中宣部和公安部聯合召開的「第三次全國
     人民群眾與犯罪分子作鬥爭見義勇為先進分子表彰大會」《人民公安報》1993
     年 9 月 21 日

[223] 中國青年報記者：《生命的節日》98 年中國瀋陽亞洲體育節中華傳統養生健
     身活動周開幕式巡禮，《中國青年報》1998 年 8 月 28 日

[224] 保健報記者：《祛病健身首選法輪功》，《醫藥保健報》1997 年 12 月 4 日

[225] 謝秀芬：《我站起來了！》《中國經濟時報》的 [百姓廣場]1998 年 7 月 10 日

[226] 小城：《法輪功 -- 熱點專題》《深星時報》1998 年 12 月 31 日

[227] 小城：《法輪功 -- 熱點專題》《深星時報》1998 年 12 月 31 日

[228] 小城：《大學校園設煉功點 教授學生自發煉功》《熱點專題》《深星時報》1998
     年 12 月 31 日

[229] 小城：《法輪功修心健身走俏鵬城 3 千學員勤修煉樂此不疲》《熱點專題》《深
     星時報》1998 年 12 月 31 日

[230] 小城：《法輪功祛病效果明顯 不少病患者深受其益》《熱點專題》《深星時報》
     1998 年 12 月 31 日

[231] 米爾恰·伊利亞德（Mircea Eliade，1907 年 3 月 9 日 ~1986 年 4 月 22 日）20
     世紀西方頗有影響的西方著名宗教史家、宗教現象學家、旅美羅馬尼亞人

[232] 伊利亞德，譯者：王建光：《序》中譯本《神聖與世俗》華夏出版社，2003-
     05-08

[233] 大法弟子：《隨師萬里行》明慧網 2002 年 9 月

萬迷之謎 法輪功發展之研究 | 兼論氣功與信仰及科學的關係

A Study on Factors Contributing to Rapid | with Discussions on Qi Gong and Its
Develoment of Falun Gong: | Relations to Religion and Science

[234] 李洪志：《轉法輪》中國廣播電視出版社，11 頁，1995 年

[235] 李洪志：《轉法輪》李洪志，中國廣播電視出版社，第 13~14 頁，1995 年

[236] 李洪志：《轉法輪》李洪志，中國廣播電視出版社，第 32 頁，1995 年

[237] 李洪志：《轉法輪》李洪志，中國廣播電視出版社，第 12 頁，1995 年

[238] 李洪志：《轉法輪》李洪志，中國廣播電視出版社，第 183~184 頁，1995 年

[239] 李洪志《精進要旨》益群書店股份有限公司，第 59 頁，2002 年

[240] 李洪志：《北京法輪大法輔導員會議上關於正法的意見》1995 年 1 月 2 日《法輪大法義解》

[241] 李洪志：《濟南講法答疑》1997 年 7 月 16 日《轉法輪法解》

[242] 李洪志：《北京《轉法輪》首發式上講法》2002 年《法輪大法法解》

參考文獻

一、英文部分

· Bureau of Democracy, Human Rights and Labor, International Religious Freedom Report 2005, on May 11, 2005. http://usinfo.state.gov

· Chang, Maria Hsia: *Falun Gong: the end of days,* Yale University, New Haven and London, 2004

· Farrington, Karen, *History of Religion*, Octopus Publishing Group Ltd, 1997

· Hubble, Edwin, A Relation between Distance and Radial Velocity among Extra-Galactic Nebulae, (1929) Proceedings of the National Academy of Sciences of the United States of America, Volume 15, Issue 3, pp. 168-173 (Full article, PDF)

· King, Winston, Religion, [First Edition]. *Encyclopedia of Religion.* Ed. Lindsay Jones. Vol. 11. 2nd ed. Detroit: Macmillan Reference USA, 2005. p7692-7701.

· Ownby, David, *Falun Gong and the Future of China,* Oxford University Press Inc. 2008

· Schechter, Danny, *Falun Gong's Challenge to China: spiritual practice or "evil cult"*, Akashic Books, New York 2001

二、中文部分

· 愛因斯坦：《愛因斯坦文集》第 1 卷，第 22 頁

· 百動百科，《紅移現象—其他說法》http://www.hudong.com/wiki/ 紅移現象

· 百度：《說文解字》http://www.esgweb.net/html/swjz/imgbook/index1.htm

· 百度百科，《超能力》http://baike.baidu.com/view/38395.htm

· 百度百科，《錢學森》http://baike.baidu.com/view/4213.htm

萬迷之謎　法輪功發展之研究　｜　兼論氣功與信仰及科學的關係

A Study on Factors Contributing to Rapid　｜　with Discussions on Qi Gong and Its
Develoment of Falun Gong:　｜　Relations to Religion and Science

‧ 百度百科：《人體特異功能》http://baike.baidu.com/view/586035.htm

‧ 百度知道：《特異功能簡介》（中國大陸的研究）http://zhidao.baidu.com/
question/41404238.html?fr=qrl&fr2=query

‧ 鮑東海：《「上帝區」，揭開「法輪功」惑人之謎》人民特稿，《人民網》http://
www1.peopledaily.com.cn/GB/shizheng/8198/9354/12841/1946145.html

‧ 陳守良、賀慕嚴、五楚、朱汆:《名姜燕特殊感應機能的衰退與恢復》《自然雜誌》
1979 年第 12 期

‧ 陳怡文：《臺灣副總統呂秀蓮學煉法輪功》[明慧網 2005 年 4 月 12 日]

‧ 陳正洪：《臺灣總統馬英九獲贈《九評共產黨》》[明慧網 2008 年 10 月 25 日]

‧ 大法弟子：《隨師萬里行》明慧網 2002 年 9 月

‧ 大紀元編輯部：《江澤民其人》（第八章：搶灘北京希同束手）第 77 頁，2005 年
5 月 28 日 http://www.epochtimes.com/gb/nf3154.htm

‧ 大衛‧休謨：[英]《宗教的自然史》上海人民出版社，2003 年 8 月 1 日

‧ 戴康生、彭耀，《宗教社會學》社會科學文獻出版社，2007

‧ 丹尼、謝特，《法輪功給中國帶來的挑戰》博大出版社，2004

‧ 段德智，《宗教概論》人民出版社，2005

‧ 段德智：《試論當代西方宗教哲學的人學化趨勢及其歷史定命》《哲學研究》1999
年第 8 期

‧ 法輪大法學會：《法輪大法簡介》2006 年 7 月 15 日，http://www.falundafa.org/
chigb/introduction.htm

‧ 法輪大法之友電臺網站，《法輪功傳遍世界 正信勇氣感天撼地》http://www.
falundafaradio.org/show_article.asp?id=8518

‧ 範岱年：《唯科學主義在中國歷史的回顧與批判》《科學文化評論》2005 2（6）

‧ 範麗珠、James D. Whitehead and Evelyn Eaton Whitehead，《當代世界宗教學》
時事出版社，2006

‧ 范良藻、薛明倫、談洪：《氣功筆談》《自然雜誌》1979 年第 ll 期。

‧ 范良藻、薛明倫、談洪：《氣功與生物電異常》《力學與實踐》1979 年第 3 期；

‧ 封莉莉，《我回來，因為我看到了這個國家的希望》2003 年 5 月 22 日 http://news.epochtimes.com.tw/112/3347.htm

‧ 佛光電子大藏經：《中阿含》http://dblink.ncl.edu.tw/buddha/main_2a.htm；

‧ 佛光電子大藏經：《中國佛教——佛經中的神通》http://cul.shangdu.com/fjwh/20090311-21608/index.shtml

‧ 高藤聰一郎著：《道家仙術神通祕法》（台版原版書複印），第 233 頁

‧ 顧涵森、趙偉：《氣功『外氣」物質基礎的研究》《自然雜誌》1979 年第 5、6 期

‧ 顧涵森等：《氣功「外氣」物質基礎的研究——受意識控制的靜電增量實驗結果》《自然雜誌》1979 年第 10 期；

‧ 何祚庥主編：《中國科學與偽科學鬥爭大事記（1979 － 1999）》《偽科學再曝光》中國社會科學出版社 1999 年

‧ 和合本：《創世記》第 6 至 8 章《聖經》

‧ 和合本：《利未記》26 章 44 節，《聖經》串珠‧註釋本

‧ 和合本：《路加福音》，《聖經》串珠‧註釋本

‧ 和合本：《路加福音》《聖經》串珠‧註釋本

‧ 和合本：《馬太福音》5 章 39 至 38 節，《路加福音》，《聖經》串珠‧註釋本

‧ 和合本：《馬太福音》第 5 章第 43 節，44 節，《聖經》串珠‧註釋本

‧ 和合本：《民數記》23 章 9 節，《聖經》串珠‧註釋本

‧ 和合本：《申命記》30 章 3 至 4 節，《聖經》串珠‧註釋本

‧ 和合本：《耶利米書》24 章 8 至 10 節，《聖經》串珠‧註釋本

‧ 和合本：《耶利米書》24 章 8 至 10 節，《聖經》串珠‧註釋本

‧ 和合本：《耶利米書》24 章 9 節，《聖經》串珠‧註釋本，

萬迷之謎 法輪功發展之研究 ｜ 兼論氣功與信仰及科學的關係

A Study on Factors Contributing to Rapid
Develoment of Falun Gong: ｜ with Discussions on Qi Gong and Its
Relations to Religion and Science

· 和合本：《耶利米書》32 章 37 節，《聖經》串珠·註釋本

· 和合本：《以西結書》28 章 25 至 26 節，《聖經》串珠·註釋本

· 和合本：《以西結書》36 章 33 至 36 節，《聖經》串珠·註釋本

· 和合本：《以西結書》37 章 21 至 22 節，《聖經》串珠·註釋本

· 胡平《從法輪功現象談起》2001 年 3 月 23 日《胡平作品選編》獨立中文作家筆會，
http://www.boxun.com/hero/huping/2107_1.shtml

· 胡平《對法輪功定性的不斷升級說明了什麼？》2001 年 6 月 12 日《胡平作品選編》
獨立中文作家筆會，http://www.boxun.com/hero/huping/121_1.shtml

· 胡平《法輪功抗暴三週年》2002 年 7 月 24 日《胡平作品選編》獨立中文作家筆會，
http://www.boxun.com/hero/huping/210_1.shtml

· 胡平：《從法輪功現象談起》《胡平作品選編》獨立中文作家筆會，2001 年 3 月
23 日 http://www.boxun.com/hero/huping/2107_1.shtml

· 胡玉蕙：《研究報告：臺灣法輪功學員人均一年只用一張健保卡，不良生活習慣
大幅改善》《明慧網》2002 年 12 月 28 日

· 黃平、羅紅光、許寶強合編：《社會學、人類學新詞典》2002 年版

· 記者：《祛病健身首選法輪功》，《醫藥保健報》1997 年 12 月 4 日

· 記者：《生命的節日》—— 98 年中國瀋陽亞洲體育節中華傳統養生健身活動周開
幕式巡禮，《中國青年報》1998 年 8 月 28 日

· 季石編，《欺世害人的李洪志及其「法輪功」》新星出版社，1999 年 9 月

· 冀壽康，《中國氣功史料初輯（二）——（十四）》

· 冀壽康，《中國氣功史料初輯（一）》

· 居頂 [明代僧人]：《續傳燈錄》卷第七，大正新修大藏經第五 11 冊 No. 2077，
CBETA 電子佛典 V1.33 普及版

· 鞠曦：《生命科學研究及其哲學問題》《中華傳統文化交流暨天津市人體科學（第
四屆）學術研討會論文集》1998 年 8 月

· 康曉光，《關於「法輪功問題」的思考》天益網天益思想庫－學術，1999 年 12 月 7 日

· 孔祥濤《宗教、教派與邪教－國際研討會論文集》廣西人民出版社，2004

· 賴永海，《宗教學概論》南京大學出版社，2004

· 李海求，《揭祕呂光榮「數理醫學論」》（雲南日報），2007 年 12 月 28 日 http://www.sina.com.cn

· 李洪志：《法輪大法　澳大利亞法會講法》益群書店股份有限公司，2002

· 李洪志：《法輪大法　北美首屆法會講法》益群書店股份有限公司，2002

· 李洪志：《法輪大法　北美巡迴講法》益群書店股份有限公司，2002

· 李洪志：《法輪大法　長春輔導員法會講法》益群書店股份有限公司，2002

· 李洪志：《法輪大法　大圓滿法》益群書店股份有限公司，2008

· 李洪志：《法輪大法　導航》益群書店股份有限公司，2002

· 李洪志：《法輪大法　二零零三年元宵節講法》益群書店股份有限公司，2002

· 李洪志：《法輪大法　二零零四年紐約國際法會講法》益群書店股份有限公司，2002

· 李洪志：《法輪大法　二零零五年三藩市法會講法》益群書店股份有限公司，2002

· 李洪志：《法輪大法　各地講法二》益群書店股份有限公司，2002

· 李洪志：《法輪大法　各地講法六》益群書店股份有限公司，2002

· 李洪志：《法輪大法　各地講法七》益群書店股份有限公司，2002

· 李洪志：《法輪大法　各地講法三》益群書店股份有限公司，2002

· 李洪志：《法輪大法　各地講法四》益群書店股份有限公司，2002

· 李洪志：《法輪大法　各地講法五》益群書店股份有限公司，2002

· 李洪志：《法輪大法　各地講法一》益群書店股份有限公司，2002

萬迷之謎　法輪功發展之研究

A Study on Factors Contributing to Rapid
Develoment of Falun Gong:

兼論氣功與信仰及科學的關係

with Discussions on Qi Gong and Its
Relations to Religion and Science

・李洪志：《法輪大法　加拿大法會講法》益群書店股份有限公司，2002

・李洪志：《法輪大法　精進要旨》益群書店股份有限公司，2008

・李洪志：《法輪大法　精進要旨二》益群書店股份有限公司，2008

・李洪志：《法輪大法　洛杉磯市法會講法》益群書店股份有限公司，2002

・李洪志：《法輪大法　美國東部法會講法》益群書店股份有限公司，2002

・李洪志：《法輪大法　美國法會講法》益群書店股份有限公司，2002

・李洪志：《法輪大法　美國西部法會講法》益群書店股份有限公司，2002

・李洪志：《法輪大法　美國中部法會講法》益群書店股份有限公司，2002

・李洪志：《法輪大法　歐洲法會講法》益群書店股份有限公司，2002

・李洪志：《法輪大法　瑞士法會講法》益群書店股份有限公司，2002

・李洪志：《法輪大法　悉尼法會講法》益群書店股份有限公司，2002

・李洪志：《法輪大法　新加坡法會講法》益群書店股份有限公司，2002

・李洪志：《法輪大法　新西蘭法會講法》益群書店股份有限公司，2002

・李洪志：《法輪大法　休斯頓法會講法》益群書店股份有限公司，2002

・李洪志：《法輪大法　音樂與美術創作會講法》益群書店股份有限公司，2008

・李洪志：《法輪大法義解》益群書店股份有限公司，2008

・李洪志：《法輪功》益群書店股份有限公司，2008

・李洪志：《洪　吟》益群書店股份有限公司，2002

・李洪志：《洪吟二》益群書店股份有限公司，2002

・李洪志：《轉法輪（卷二）》益群書店股份有限公司，2002

・李洪志：《轉法輪》中國廣播電視出版社 1994 年 12 月

・李洪志：《轉法輪法解》益群書店股份有限公司，2008

· 李慶利、杜學仁，《用微觀實驗手段研究人體特異功能使物體穿過器壁的現象》《原子能科學技術》1990年第1期

· 李申:《科學與宗教簡論》http://www.confucius2000.com/confucian/rujiao/kxyzjjl.htm

· 李慎之，《風雨蒼黃五十年——國慶夜獨語》1999 年 10 月《李慎之全集》明報出版社

· 李嗣涔，《手指識字（第三眼）之機制與相關生理檢測》《中國人體科學》1996；6 卷 3 期

· 李嗣涔:《人體特異功能－走向深層的真實世界》臺灣大學電機系，http://sclee.ee.ntu.edu.tw/english/mind/humandoc/The%20Extraordinary%20Human%20Ability.pdf

· 李小青、朱慧勤、許峰:《氣功概念淺議》《現代養生》2004 年 02 期

· 里程:《遊子吟－永恆在召喚》里程，（基督教內部書籍）1999

· 林海:《氣功與科學的 20 年》《氣功與科學》1999 年第 11 期

· 劉貴珍:《氣功療法實踐》序言，河北人民出版社（82 年出版）

· 劉詩雨:《馬英九為什麼頒獎給法輪功》《阿波羅新聞網》2009 年 5 月 28 日

· 劉瀅、李小津:《第三次全國人民群眾與犯罪分子作鬥爭見義勇為先進分子表彰大會》《人民公安報》1993 年 9 月 21 日

· 盧仙文：《中國古代的幾種宇宙學說》中國科學院上海天文臺，2006年2月26日

· 呂大吉:《宗教學綱要》高等教育出版社，2006

· 呂光榮:《氣功的起源與發展》http://www.huaxiaculture.com/html/jianshenqigong

· 羅冬蘇:《為什麼耳、手能辨色認字－ 再談人體第七感受器》《科學園地》（天津市科協）1980 年 1 月 10 日及《光明日報》1980 年 2 月 13 日。

· 美國國會:《美國第 107 屆國會眾議院第 188 號決議案》2002 年 7 月 24 日眾議院通過，《明慧網》2002 年 7 月 25 日

· 美國國務院國際資訊《2005 年度國際宗教自由報告》http://usinfo.state.gov/mgck/Archive/2005/Nov/08-706773.html

· 彌爾頓。英格：《宗教的科學研究》紐約：麥克米蘭出版公司，1970 年，

· 宓海江、宋培基：《宇宙能量流動論》《科技資訊（科學‧教研）》2007 年 第 01
期

· 明慧叢書編輯組：《絕處逢生》，益群書店股份有限公司，2004 年 7 月

· 明慧網，《錄影：98 年國家氣功評審調研組在長春座談會上的發言》2000 年 2 月
21 日 http://www.minghui.org/mh/articles/2000/2/21/8913.html

· 明慧網：《長春 1998：三組珍貴的歷史照片》2003 年 4 月 27 日，http://www.
minghui.org/mh/articles/2003/4/27/49057.html

· 明慧網：《法輪大法究竟是什麼？》2002 年 7 月 5 日，http://www.minghui.cc/mh/
articles/2002/7/5/32819.html

· 明慧網：《法輪大法究竟是什麼？》2002 年 7 月 5 日 http://www.minghui.cc/mh/
articles/2002/7/5/32819.html; < "What Exactly is Falun Dafa?"> clearwisdom.net
7/9/2002 http://www.clearwisdom.net/emh/articles/2002/7/18/24242.html

· 明慧網：《揭露長春極少數人的陰謀（修訂版）》1999 年 7 月 7 日

· 明慧網：《如何開始學煉法輪功？》2004 年 11 月 5 日 http://www.minghui.org/mh/
articles/2004/11/5/88463.html

· 明慧網：國家體總：法輪功祛病健身有效率高達 97.9%》《健康調查報告》1998
年 09 月 30 日 http://www.minghui.cc/mh/articles/1999/6/25/5629.html

· 明慧資料館：《迫害致死案例》http://library.minghui.org/category/32,,,1.htm

· 歐洲圓明網：《淺說法輪功》2001 年 9 月 3 日，http://www.yuanming.net/
articles/200109/1079.html

· 潘嶽：《馬克思主義宗教觀必須與時俱進》《深圳特區報》2001 年 12 月 14 日

· 錢學森：《對人體科學研究的幾點認識》在人體科學學會首屆理事會召開第四次
會議上的講話

· 錢學森：《這孕育著新的科學革命嗎？》《錢學森網》http://www.hd-qxs.com.cn/
index.php

· 錢學森：《自然辯證法、思維科學和人的潛力》《論人體科學》

· 錢學森等著：《論人體科學》人民軍醫出版社，1988 年

· 錢學森著：《人體科學與現代科技發展縱橫談》第 119~120 頁

· 乾龍：《大陸的超能力研究》《靜逸堂》2005 年 7 月 13 日 http://www.leisures.cn/

· 人權促進和保護分支委員會：《國際教育發展組織在聯合國發表聲明：呼籲國際社會緊急處理中國國家恐怖主義局勢》聯合國人權促進和保護分支委員會第 53 次會議，《明慧網》2001 年 10 月 20 日

· 山東冠縣法輪大法弟子：《法輪功創始人在山東冠縣傳法的故事》【大紀元 2007 年 3 月 8 日訊】http://www.epochtimes.com/gb/7/3/1/n1633778.htm

· 邵曉東：《淺談西醫、中醫、針灸、氣功與修煉》《新生網》2001 年 11 月 20 日

· 沈今川：《著名科學家錢學森、貝時璋談人體特異功能研究 ——實踐是檢驗真理唯一標準》2007-05-06《意識—能量和資訊的重要載體》http://hi.baidu.com/yi_shi

· 史密斯 [加]（Wilfred Cantwell Smith）：《宗教的意義與終結》中國人民大學出版社，2005

· 斯米諾夫 [俄]：《門捷列夫傳記》http://www.cjjh.tc.edu.tw/chem.htm

· 四川省大足縣聯合考察組：《關於唐雨耳朵辨色認字的考察報名》《自然雜誌》1979 年第 12 期；

· 宋士傑、姜鐵軍：《宗教論》山東人民出版社，2005

· 孫慕天：《「李森科事件」的啟示》《民主與科學》2007 年第三期

· 孫璿、曉明、攝影報導：《老少皆煉法輪功》《羊城晚報》1998 年 11 月 10

· 陶祖萊、林中鵬：《氣功研究的現狀和未來》《力學與實踐》1979 年第 3 期；

· 王水：《物理學面臨的危機》蘭州大學物理系《神奇的氣功與特異功能》東西南北雜誌社編 吉林人民出版社出版 第 156 頁

· 微言：《「聖經」的可信》《科學與信仰》，2006 年 10 月 2 日 http://www.fuyinchina.com/n1797c262p4.aspx

· 維基百科：《1998 年體總對法輪功的調研》http://falungongtruthpedia.com/

萬迷之謎　法輪功發展之研究｜兼論氣功與信仰及科學的關係

A Study on Factors Contributing to Rapid　with Discussions on Qi Gong and Its
Develoment of Falun Gong:　Relations to Religion and Science

· 維基百科：《佛誕》http://zh.wikipedia.org/w/index.php?title=

· 維基百科：《贖罪日戰爭》http://zh.wikipedia.org/wiki/ 贖罪日戰爭

· 維基百科：《偽科學與意識形態》

· 吳東昇：《邪教的祕密－當代中國邪教聚合機制研究》社會科學文獻出版社，
2005

· 吳國盛：《科學的歷程》[緒論] 湖南科學技術出版社出版發行，1995 年 12 月

· 小城：《大學校園設煉功點 教授學生自發煉功 -- 熱點專題》《深星時報》1998 年
12 月 31 日

· 小城：《法輪功祛病效果明顯 不少病患者深受其益——熱點專題》《深星時報》
1998 年 12 月 31 日

· 小城：《法輪功 -- 熱點專題》，《深星時報》1998 年 12 月 31 日

· 小城：《法輪功修心健身走俏鵬城 三千學員勤修煉樂此不疲——熱點專題》《深
星時報》1998 年 12 月 31 日

· 小城：《熱點專題》《深星時報》1998 年 12 月 31 日

· 謝琉渝、王志秀：《觀察謝朝暉用耳認字辨圖辨色的小結》《自然雜誌》1979 年
第 12 期；

· 謝秀芬：《我站起來了！》，《中國經濟時報》的 [百姓廣場] 1998 年 7 月 10 日

· 楊喜潔、常征編：《氣功奇人》吉林科學技術出版社 1988 年 6 月版

· 伊利亞德：《序》中譯本《神聖與世俗》華夏出版社，2003-1-1

· 于光遠：《論科學與偽科學》《自然辯證法通訊》1990 年第 6 期

· 張洪林：《對「特異功能」問題的反思》《家庭中醫藥》2004 年 11 卷 5 期 35-38

· 張洪林：《氣功的起源、發展及其在中醫學的地位》《家庭中醫藥》2003 年第 01 期

· 張洪林：《氣功定義的重大歷史失誤》《家庭中醫藥》2003 年第 03 期

· 張惠民：《遠紅外信　息治療儀試製成功》《自然雜誌》1979 年第 7 期；

· 張麗：《放下名利心　經理好當了》[明慧網一九九九年七月十日] http://www.minghui.ca/mh/articles/1999/7/10/144055.html

· 張天戈：《氣功名詞的由來與發展演變》中國健身氣功協會網，2008-08-06

· 張鬱嵐：《猶太民族證明聖經是神的話》《聖經是神所默示的麼》臺灣福音書房，2005 年 7 月 1 日

· 章天亮：《對法輪功事件的一點反思》[大紀元]，2004 年 3 月 24 日 http://epochtimes.com/b5/4/3/24/n491442.htm

· 正見編輯：《醫學奇蹟》法輪大法學員修煉故事集，2007 年 11 月 19 日 http://zhengjian.org/zj/articles/2007/11/19/49418.html

· 中共中央宣傳部、國家科委、中國科協：《關於加強科普宣傳工作的通知》在 1996 年 6 月份，聯合發出

· 鐘芳瓊：《疾風勁草》，益群書店股份有限公司，2004 年 11 月

· 鐘科文：《法輪功何以成勢—氣功與特異功能解析》當代中國出版社，1999年7月

萬迷之謎：法輪功發展之研究：兼論氣功與信仰
及科學的關係/凌曉輝著. -- 台北市：
博大國際
文化, 2011.12
面： 公分

ISBN 978-986-85209-8-1(平裝)
1. 民間信仰 2. 氣功 3.健康法

271. 96　　　　　　　　　　　100025450

萬迷之謎
法輪功發展之研究

作　　　者：凌曉輝
編　　　輯：黃蘭亭
責 任 編 輯：洪月秀
美 術 編 輯：曹秀蓉
出　　　版：博大國際文化有限公司
電　　　話：886-2-2769-0599
網　　　址：http://www.broadpressinc.com
台灣經銷商：采舍國際通路
地　　　址：台北縣中和市中山路2段366巷10號3樓
電　　　話： 886-2-82458786
傳　　　真： 886-2-82458718
華文網網路書店：http://www.book4u.com.tw
新絲路網路書店：http://www.silkbook.com
美 國 發 行：博大書局(www.broadbook.com)
Address: 143-04 38th AVE. Flushing, NY 11354 USA
Telephone: 1-888-268-2698, 718-886-7080
Fax: 1-718-886-5979
Email: order@broadbook.com
規　　　格：14.8cm x 21cm
國 際 書 號：ISBN 978-986-85209-8-1(平裝)
定　　　價：新台幣 320 元
出 版 日 期：2011年 12 月